普通高等职业教育“十三五”规划教材

大学生心理健康教育

主　编　李　艳
副主编　杨　洋　郝冬梅　陈志罵　周立国

北京邮电大学出版社
www.buptpress.com

内容简介

《大学生心理健康教育》一书，基于大学生实际存在的心理问题，重视理论性与操作性的并重，不但阐述了心理学方面的相关知识原理，同时还提供了切实可行的心理辅导与心理训练方法。本书既可以作为对大学生进行心理健康教育的教材使用，也可以作为大学生进行自我心理修养的辅导书，还可以作为关心大学生健康成长的教师、辅导员、家长等指导大学生心理健康发展的参考书。

图书在版编目（CIP）数据

大学生心理健康教育 / 李艳主编. -- 北京：北京邮电大学出版社，2017.8（2021.7 重印）
ISBN 978-7-5635-5181-1

Ⅰ.①大… Ⅱ.①李… Ⅲ. ①大学生－心理健康－健康教育 Ⅳ.①G444

中国版本图书馆 CIP 数据核字（2017）第 191373 号

书　　名：大学生心理健康教育
著作责任者：李　艳　主编
责 任 编 辑：满志文　穆菁菁
出 版 发 行：北京邮电大学出版社
社　　址：北京市海淀区西土城路 10 号（邮编：100876）
发　行　部：电话：010-62282185　传真：010-62283578
E-mail：publish@bupt. edu. cn
经　　销：各地新华书店
印　　刷：唐山玺诚印务有限公司
开　　本：787 mm×1 092 mm　1/16
印　　张：13. 25
字　　数：312 千字
版　　次：2017 年 8 月第 1 版　2021 年 7 月第 4 次印刷

ISBN 978-7-5635-5181-1　　定　价：31. 80 元

前　言

大学生作为一个特殊的社会群体，正处在心理成长的重要时期。经历了高考，大部分的高校大学生开始从紧张、封闭的高中生活中走出来，进入期望已久的大学校园，开始了属于自己的崭新生活，离开父母、老师无微不至的关怀与照顾，投入到相对独立、必须自己去面对和解决问题的微型社会当中，如何激发大学生自身成长的积极力量，帮助他们尽快调整好心态，适应大学生活，树立明确的学习和生活目标，妥善处理各种人际关系，调节自身波动的情绪，专研好专业学习，同时尽早地做好大学生职业生涯和职业规划，是高等院校心理健康教育工作刻不容缓的责任。

大学阶段本是人生当中一段既特殊又美好的时期。大学生们青春热血澎湃，怀抱着远大的理想，心中涌动着激情与渴望。然而，面对社会的急剧变化、经济迅速发展、学习生活以及就业压力日趋明显的情况，大学生们普遍意识到现代社会给他们提供了充分施展自我才能的舞台，提供了多方面发展的机遇，但现代社会的竞争已经不单单是体力与智力的竞争，更重要的是心理素质、健全人格的较量。

近年来，很多大学生对他们成长中出现的问题感到苦恼和困惑，对各种心理压力产生的心理矛盾和冲突无所适从，从而影响了学习和生活。层出不穷的大学生心理健康问题告诉我们：大学生，这群未来中国的建设者，其心理问题已经不容忽视。同时，为了深入贯彻落实全国教育工作会议和《国家中长期教育改革和发展规划纲要（2010—2020年）》、教育部办公厅《关于印发〈普通高等学校学生心理健康教育工作基本建设标准（试行）〉的通知》（教思政厅〔2011〕1号）、教育部办公厅《关于印发〈普通高等学校学生心理健康教育课程教学基本要求〉的通知》（教思政厅〔2011〕5号）等文件精神；满足高校开展心理健康教育教学的需要，培养大学生良好的人格品质，提高大学生心理调适能力，促进其健康成长，结合高校心理健康教育工作以及教学实际开展的情况，我们编写了《大学生心理健康教育》。

本书根据大学生的实际情况，遵循素养提高的目的和理论与实践相结合的原则，涵盖认识心理健康、心理调适、自我意识、人格发展、情绪管理、人际交往、恋爱心理、学习心理、心理障碍、就业心理十个章节的内容。本书既可以作为普通高校大学生心理健康教育的教材使用，其中也考虑到了高职高专教育这一特殊高校学生群体的实际情况，因此，也可以作为高职高专大学生心理健康教育教学的教材，学生进行自我心理修养的辅导书，还可以作为关心大学生健康成长的教师、辅导员、家长等指导大学生心理健康发展的参考书。

本书共分十个章节，由大连汽车职业技术学院李艳担任主编，各章的具体分工如下：第一章、第二章、第三章、第五章、第八章、第十章由李艳撰写；第四章由大连汽车职业技术学院郝冬梅撰写；第六章由大连汽车职业技术学院杨洋撰写；第七章由大连汽车职业技术学院陈志罍撰写；第九章由大连汽车职业技术学院周立国撰写。全书由李艳负责统稿、审稿、定稿。

本书在编写过程中，得到了大连汽车职业技术学院领导的大力支持，在此向学院领导深表谢意！同时还查阅、参考、引用了许多国内外的相关著作、书籍以及网络资料，在此对所有专家与作者表示谢意。由于作者水平有限，时间仓促，书中难免存在疏漏和错误，不当之处恳请各位学者、专家以及广大读者批评指正，特在此表示感谢！

编　者

2017 年 4 月

目　录

第一章 认识心理健康，走进心理课堂

※ 心灵导读

“如果说人生的成功是珍藏在宝塔顶层的桂冠，那么，健康的心理就是握在我们手中的一柄利剑。只有磨砺好这柄利剑，才能一路披荆斩棘，最终夺取成功的桂冠。”

——著名心理学家 乔治·斯格密

作为思想最活跃、感受最灵敏、对自己的期望很高、对挫折的承受能力不强的一个特殊群体，大学生的心理健康更承受着极大的威胁和考验。然而，由于长期对心理健康的误解，许多人对心理健康缺乏正确的认识，对自己的心理状态缺乏了解，对自己的发展更缺乏明确的规划，所以，对大学生进行心理健康教育已成为当务之急，而首要的问题就是要澄清对心理健康的误解，确立一个健康的正确观念。

通过对本章的学习，了解心理、心理健康含义和标准；理解大学生心理发展的特点和大学生心理健康的标准；明确大学生心理健康教育的重要意义，影响大学生心理健康的因素；掌握大学生心理健康维护的层次及途径。

第一节 不可忽视的心理健康

对于每一个迈入大学校园的大学生而言，大学生活都是一个无法割舍的人生体验，开始独立地面对现实生活，自主地解决人生难题。然而，社会的变革、环境的改变、学习的压力、生活的烦恼、竞争的加剧等必然要给他们带来巨大的心理矛盾和困惑。怎样才能避免和消除各种矛盾引发而来的心理压力、心理困惑甚至是心理障碍，增进大学生心理健康、优化心理素质、预防心理疾患已成为高校面临的一个重要问题。

一、心理与心理健康

(一) 什么是心理

什么是心理？这是一个既简单又复杂、既古老又新鲜的话题。

心理是指感觉、知觉、记忆、思维、意志、性格、意识倾向等心理现象的总称。人的心理并不是虚无缥缈、神秘莫测的东西，人们每时每刻都在体验着、经历着，只要处在清醒状态下，就会感到它的存在。但人的心理现象又是丰富多彩、错综复杂的，它摸不着，看不见，很难把握和控制。为了了解人类自身的心理世界，探索其发展、变化的规律，为了研究的方便，心理学把人的复杂多样的心理现象划分成相互联系的两大方面：心理过程和人格心理特征。

心理过程是人的心理活动发生、发展的过程。具体来说，是指在客观事物的作用下，在一定时间内大脑反映客观现实的过程。根据心理过程的性质和形态的不同，可将其分成认识过程、情感过程和意志过程。

认识过程是人在认识事物中产生的心理活动，包括感觉、知觉、记忆、想象和思维。感觉是人脑对直接作用于感觉器官的事物的个别属性的反应；知觉是对作用于感觉器官的事物的整体的反应；记忆是经历过的事物在人脑中的反应；想象是在原有感性形象的基础上创造新形象的心理过程；思维是人脑对客观事物本质属性及其规律的间接、概括反应。

情感过程是人对客观事物是否符合自己需要所产生的一种态度体验。人们在认识客观世界时，并不是无动于衷的，总是要伴有一定的态度体验，或喜或悲，或欢欣跳跃，或忧愁悲伤，这些都是情感（或情绪）的实际表现。

意志过程是人自觉地确定目的并克服困难去实现目的的心理过程。人不仅能够认识世界，而且能够改造世界，但是，在这个过程中会遇到许多困难和挫折，克服这些困难和挫折主要取决于人的意志过程。

心理过程的三种形式并不是彼此孤立的，而是一个相互联系、相互制约的一体。认识是情感和意志产生的前提，情感和意志随着认识活动的变化而变化；反过来，人的情感和意志也影响认识过程，对人的认识起着动力的作用。

（二）心理健康的含义

1. 健康

长期以来，人们都觉得“只要躯体上没有疾病、没有缺损、不虚弱就是健康”。换句话说，过去人们把健康与疾病看成是两个非此即彼的两个极端，无病便是健康，健康就是无病。而现在人们更多地把健康看成是一个连接体，在健康与疾病之间没有截然的分界点，在两个端点之间有一个很大的空间，既非健康又非疾病，人们把这一空间状态称为“亚健康状态”或“第三状态”。

从医学上讲，处于“亚健康”的人，虽然各项体检指标均为正常，也无法证明有某种器质性的疾病，但与健康的人相比却又显得生活质量差、工作效率低、易疲劳、食欲不振、睡眠不佳、腰酸背痛、疲乏无力等不适。

从心理健康的角度来看，处于“亚健康”的人，虽然没有明显的精神疾病和心理障碍，但却表现为工作、学习效率不高，注意力易分散，情绪烦躁焦虑，缺乏生活目标与动力，常常感到生活无聊，提不起劲，人际关系紧张等。

通过以上的分析可以了解到，随着社会文化的发展，健康的内涵和外延也发生了重大的变化。世界卫生组织提出：健康不仅局限于躯体没有疾病、没有缺损、不虚弱，还

要有完整的生理、心理状态和社会适应能力。这明确地告诉我们，健康应该包括四个基本方面：一是生理方面，即躯体、器官方面；二是心理方面，即认识、情感、意志及人格；三是社会适应方面，即个体存在于社会的关系能动的调适能力；四是道德方面，道德健康也是健康新概念中的一项内容。主要是指能够按照社会道德行为规范准则约束自己，并支配自己的思想和行为，有辨别真与伪、善与恶、美与丑、荣与辱的是非观念和能力。

2. 心理健康

对心理健康的概念，历来有不同的看法：美国心理学家马斯洛和密特尔曼提出过10条被认为是经典的标准：①有充分的自我安全感；②能充分了解自己，并能恰当地估计自己的能力；③生活理想切合实际；④不脱离周围现实环境；⑤能保持人格完整与和谐；⑥善于从经验中学习；⑦能保持良好的人际关系；⑧能适度地宣泄情绪和控制情绪；⑨在符合团体要求的前提下，能有限度地发挥人格；⑩在不违背社会规范的前提下，能适当地满足个人的基本需要。

国内有些学者，如马建青在1992年提出了心理健康的7条标准：①智力正常；②情绪协调，心境良好；③具有一定的意志品质；④人际关系和谐；⑤能动地适应环境；⑥保持人格完整；⑦符合年龄特点。

结合国内外专家、学者的不同见解，我们认为，所谓心理健康，最概括、最一般地说，是指人的心理，即知、情、意活动的内在关系协调，心理内容与客观世界保持统一，并据此能促使人体内、外环境平衡和促使个体与社会环境相适应的状态，并由此不断地发展健全的人格，提高生活质量，保持旺盛精力和愉快的情绪。

二、心理健康的标准

关于心理健康的标准，不同学者的观点不同，并且随着社会文化和时代的不同，心理健康标准也在不断地发展和变化。比如，在封建社会，安贫乐道可能是一种理想的保持心理平衡的观念，但是在现代社会，如果安于现状而不思进取，就可能在激烈的社会竞争中被淘汰。

人格心理学家奥尔波特对心理健康提出了7条标准：①自我意识广延；②良好的人际关系；③情绪上的安全性；④知觉客观；⑤具有各种技能，并专注于工作；⑥现实的自我形象；⑦内在统一的人生观。

我国著名心理学家林崇德认为："心理健康标准的核心是：凡对一切有益于心理健康的事件或活动做出积极反应的人，其心理便是健康的。"他认为心理健康主要有以下10条标准：①了解自我，对自己有充分的认识和了解，并能恰当地评价自己的能力；②信任自我，对自己有充分的信任感，能克服困难，面对挫折能坦然处之，并能正确地评价自己的失败；③悦纳自我，对自己的外形特征、人格、智力、能力等都能愉快地接纳认同；④控制自我，能适度地表达和控制自己的情绪和行为；⑤调节自我，对自己不切实际的行为目标、心理不平衡状态、与环境的不适应性，能做出及时的反馈、修正、选择、变革和调整；⑥完善自我，能不断地完善自己，保持人格的完整与和谐；⑦发展自我，具备从经验中学习的能力，充分发展自己的智力，能根据自身的特点，在集体允许的前提下，发展自己的人格；⑧调适自我，对环境有充分的安全感，能与环境保持良好的接触，理解他人，悦纳他人，能保持良好的人际关系；⑨设计自我，有自己的生活理想，理想与目标能切合实际；⑩满足自我，在社会规范的范围内，适度地满足个人的基本需求。

因为人的心理是知、情、意、行的统一体。心理健康是一个人整体的适应良好状态，是人格健康、全面发展。因此，在借鉴国内外学者对心理健康研究的基础上，综合国内外学者的观点，本书认为，心理健康的标准主要可以体现在以下8个方面：

1. 智力正常

智力正常是人正常生活最基本的心理条件，是心理健康的主要标准。智力是人的观察力、记忆力、想象力、思考力和操作能力的综合。一般常用智力测验来诊断智力发展水平。一般认为智商低于70分者为智力落后，智商在80分以上为心理健康的标准。

2. 人际关系和谐

人际关系的协调与否，对人的心理健康有很大的影响。人际关系包括正向积极的关系和负向消极的关系。心理健康的人乐于与人交往，不仅能接受自我，也能接受他人，悦纳他人，能认可别人存在的重要性和作用。心理健康的人能为他人所理解，为他人和集体所接受，能与他人相互沟通和交往，人际关系协调和谐。心理健康的人乐群性强，既能在与挚友团聚之时共享欢乐，也能在独处沉思之时而无孤独之感。在与人相处时，积极的态度（如同情、友善、信任、尊敬等）总是多于消极的态度（如猜疑、嫉妒、畏惧、敌视等），因而在社会生活中具有较强的适应能力和较充足的安全感。一个心理不健康的人总是独立于集体之外，与周围的环境和人格格不入。

3. 心理与行为符合年龄特征

在生命发展的不同年龄阶段，人们都有相对应的不同的心理与行为表现，从而形成不同年龄阶段独特的心理与行为模式。心理健康的人应具有与同年龄段大多数人一样的心理与行为特征。如果一个人的心理与行为表现和同年龄阶段的其他人相比，存在明显的差异，一般就是心理不健康的表现。

4. 了解自我，悦纳自我

一个心理健康的人能体验到自己存在的价值，既能了解自己，又能接受自己，具有自知之明，即对自己的能力、性格、情绪都能做到恰当、客观的评价，对自己不会提出苛刻的期望与要求，对自己的生活目标和理想也能定得切合实际，因而对自己总是满意的；同时，努力发展自身潜能，即使对自己无法补救的缺陷，也能安然处之。一个心理不健康的人则缺乏自知之明，由于所定的目标和理想不切实际，因而总是自责、自怨、自卑，心理状态无法平衡。

5. 面对和接受现实

心理健康的人能够做到：面对现实；接受现实，并能够主动地去适应现实，进一步地改造现实，而不是逃避现实；对周围事物和环境能做出客观认识和评价，并能与现实环境保持良好的接触；既有高于现实的理想，又不会沉湎于不切实际的幻想与奢望；对自己的能力有充分的信心，对生活、学习、工作中的各种困难和挑战都能妥善处理。心理不健康的人往往以幻想代替现实，不敢面对现实，没有足够的勇气去接受现实的挑战，总是抱怨自己生不逢时或责备社会环境对自己不公，因而无法适应现实环境。

6. 能协调与控制情绪，具有良好的心境

心理健康的人的愉快、乐观、开朗、满意等积极情绪占据优势，虽然也会有悲、忧、愁、怒等消极的情绪体验，但一般不会长久。心理健康的人能适当地表达、控制自己的情绪，喜不狂，忧不绝，胜不骄，败不馁；在社会交往中既不妄自尊大，也不畏缩恐惧；对于无法得到的东西不过于贪求，争取在社会规范允许范围内满足自己的各种要求，对于自己能得到的一切感到满意。

7. 人格独立完整

心理健康的人的人格即人的整体精神面貌能够完整、协调、和谐地表现出来。思考问题的方式是适中和合理的，待人接物能采取恰当灵活的态度，对外界刺激不会有偏颇的情绪和行为反应。

8. 热爱生活，乐于工作

心理健康的人珍惜和热爱生活，积极投身于生活，在生活中尽情享受人生的乐趣。他们在工作中尽可能地发挥自己的个性和聪明才智，并从工作的成果中获得满足和激励，把工作看作是乐趣而不是负担。他们能把工作过程中积累的各种有用的信息、知识和技能存储起来，便于随时提取使用，以解决可能遇到的新问题，使自己的行为更有效率，工作更有成效。

综上所述，心理健康的标准是多层次、多方面的，要科学、正确地判断一个人的心理是否健康，必须从多个角度进行考察，同时还应该结合不同地区、不同民族、不同文化、不同时代的具体情况。

第二节　大学生心理健康面面观

在校大学生正处于人生发展阶段青春期的中后期，这一阶段，他们在人格上将逐步完成从青少年向成年人的过渡和转变，从而建立起自己稳定的人格结构，在心理上与经济上逐步摆脱对家庭和父母的依赖，从而走向独立和成熟。在这一人生发展急剧变化的时期，在校大学生面临很多重要的人生发展课题，必然会遇到各种困惑和矛盾。在大学期间，有相当一部分大学生不能正确对待遇到的各种问题，从而感到困惑和迷茫，有的甚至发展为心理障碍。

一、大学生心理发展的特点

处在青年中后期的大学生风华正茂，正处于人生中的黄金季节，但在其心理发展过程中依然存在各种不平衡和不协调的因素，由此导致大学生的心理活动呈现出矛盾的状况。

（一）独立与依赖的矛盾

大学生离家求学，脱离了家庭的约束，同时也摆脱了升学的压力，有更多的机会来观察世界、发现自我。他们想用自己的眼睛寻找真理，不再一味地遵从师长和世俗的左右，可是他们经济不独立，经历还不丰富，思维还不深刻，他们想独立但是又很难摆脱依赖。大学生有时是大人，有时又是孩子。就像空中的风筝，既想自由翱翔，又不忍挣断风筝线，风雨来时，还想投回母亲的怀抱。

（二）闭锁心理与渴望理解的矛盾

由于拥有了人格化的自我，大学生再也无法把自己完全地融入他人之中。每个人都有了一片只属于自己的田野，别人无法涉足。但这又是个渴望友谊、期待理解的年龄，一声赞许会令他们欣然，一丝微笑会使他们兴奋。他们把自己的心灵之门小心地锁上，又把钥匙挂在旁边，多么希望一个细心的人能开启他的心灵之锁，然后推门而入，那小心翼翼的心原来并不设防。

（三）理想与现实的矛盾

大学生是天之骄子，象牙塔中充满了理想与梦幻。他们指点江山、针砭时政，政府多年来无法解决的难题在他们看来却易如反掌。他们有的是热情，有的是精力，总觉得自己是未来社会的撑船人，世界属于他们。可是一接触现实则会发现，社会并不完全按照他们的思维运转，他们的高谈阔论很少被别人采纳，一腔热血有时换来的是冷冷一笑。理想的肥皂泡在现实面前破碎后，他们痛苦、愤怒、郁闷，找不到自己的位置和自己的路。这世界充满了成功的机遇，但挫折和失败却比成功更多。大学生还处在一个太容易欣喜和沮丧的年龄，还不知道如何面对成功和失败。

（四）求知欲强与鉴别力低的矛盾

上大学前，他们一直埋头于课本与参考书中，一旦没有了升学的压力，那处于巅峰的感知力和记忆力则令他们胃口大开。他们像节食多年的孩子一样涌向大学图书馆，哲学、文学、艺术……饥不择食。这种没有指导，没有鉴别的盲目阅读使他们吸收了许多营养，也吃进了许多毒素。先入为主，许多思想涌入他们缺乏鉴别力的大脑，读了一阵子书后，他们又陷入了新的迷茫与困惑。学海茫茫，不带着自己的指南针去读书，终究会在书堆里迷失的。

（五）性生理早熟与性心理晚熟的矛盾

处于20多岁的大学生，他们生理迅速发展成熟，但由于在学校生活的时间长，与社会实践接触得少，使他们出现与生理发育不协调的心理晚熟现象。性生理的基本成熟，使大学生有了异性交往的需要和欲求。但大学生恋爱的成功率很低。因为除了感情以外，两个人在经济、社会、心理方面都还缺乏承担爱的责任和能力。如果把爱和性分开，把爱和责任分开，那么爱只不过是一场浪漫的游戏。在大学中，有许多人恋爱，都无法回避性的骚动和爱的困扰所带来的震撼。

二、大学生心理健康的标准

大学生的普遍年龄一般在18～25岁，从心理学的观点来看，正处在青春期的中后

期。大学生的心理具有青春期中后期的许多特点，但作为一个特殊群体，大学生又不能完全等同于社会上的青年。根据我国大学生的实际情况，评判大学生的心理健康水平应从以下几个标准着重考虑。

（一）智力正常

智力正常是大学生学习、生活、工作的最基本的心理条件，是大学生胜任学习任务、适应周围环境变化所最需要的心理保证，因而也是衡量大学生心理健康的首要标准。一般来说，经过高考的选拔，足以表明大学生的智商是正常的，且总体水平会高于同龄人。衡量大学生的智力，关键在于大学生的智力是否正常、充分地发挥了效能。大学生智力正常且充分发挥的标准是：有强烈的求知欲和浓厚的探索兴趣；智力结构中各要素在其认识活动和实践活动中都能积极协调地参与，并能正常地发挥作用；乐于学习。

（二）情绪健康

情绪健康的主要标志是，情绪稳定和心情愉快。这是大学生心理健康的一个重要指标，因为情绪在心理变化中起着核心的作用，情绪异常往往是心理疾病的先兆。大学生的情绪健康应包括以下内容：①愉快情绪多于不愉快情绪，一般表现为乐观开朗，充满热情，富有朝气，满怀自信，善于自得其乐，对生活充满希望；②情绪稳定性好，善于控制和调节自己的情绪，既能克制约束，又能适度宣泄，不过分压抑，使情绪的表达既符合社会的要求，也符合自身的需要，在不同的时间和场合恰如其分地表达情绪；③情绪反应是由适当的情境引起的，反应的强度与引起这种情绪的情境相符。

（三）意志健全

意志是人在完成一种有目标的活动时，所进行的选择、决定与执行的心理过程。意志健全者在行动的自觉性、果断性、顽强性和自制力等方面都表现出较高的水平。意志健全的大学生在各种活动中都有自觉的目的性，能适时地做出决定并运用切实有效的方法解决所遇到的各种问题，在困难和挫折面前，能采取合理的反应方式，能在行动中控制情绪和言行，既不顽固执拗、轻率鲁莽、言行冲动，也不意志薄弱、优柔寡断、害怕困难。

（四）人格完整

人格，在心理学上是指个体比较稳定的心理特征的总和。人格完整，就是指有健全统一的人格。即个人的所想、所说、所做都是协调一致的。大学生人格完整的主要标准是：①人格结构的各要素完整统一；②具有正确的自我意识，不产生自我同一性混乱；③以积极进取的人生观作为人格的核心，并以此为中心把自己的需要、愿望、目标和行为统一起来。

（五）自我评价正确

正确的自我评价乃是大学生心理健康的重要条件。大学生是在与现实环境、与他人的相互关系中，在自己的实践活动中，认识自己的。一个心理健康的学生对自己的认识，应比较接近现实，有“自知之明”。对自己的优点感到欣慰，但又不狂妄自大；对自己的弱点既不回避，也不自暴自弃，而是善于正确地“自我接纳”。

（六）人际关系和谐

人总是处在一定的社会关系中的，大学生也同样离不开与人打交道。和谐的人际关系，既是大学生心理健康不可缺少的条件，也是大学生获得心理健康的重要途径。其表现为：①乐于与人交往，既有稳定而广泛的人际关系，又有知心朋友；②在交往中保持独立而完整的人格，有自知之明，不卑不亢；③能客观评价别人和自己，善于取别人之长补己之短；④宽以待人，乐于助人；⑤积极的交往态度多于消极态度；⑥交往动机端正。

（七）适应能力强

较强的适应能力是心理健康的重要特征。不能有效处理与周围现实环境的关系是导致心理障碍的重要原因。心理健康的大学生，应能与社会保持良好的接触，对社会现状和未来有较清晰正确的认识，思想和行动都能跟上时代的发展步伐，与社会的要求相符合。这里所讲的适应，不是被动、一味地迎合，甚至与不良风气、落后习俗同流合污，而是在认清社会发展趋势的基础上，主动适应社会发展的要求。不逃避现实，也不妄自尊大、一意孤行，更不与社会需要背道而驰。

（八）心理行为符合大学生的年龄特征

大学生是处于特定年龄阶段的特殊群体，大学生应具有与年龄和角色相应的心理行为特征。一个大学生若经常严重地偏离这些心理行为特征，则有可能是心理异常的表现。

※ 探索自我

心理成熟水平测试

【测试说明】下面有15道题，你认为每题与自己情况相符的打“√”，与自己情况不相符的打“×”。

1. 你是否特意选定一个夜晚独自度过？
2. 你提议去某餐厅吃饭，而你的同学决定去另一家，结果那家餐厅的菜糟糕透顶了，你会向同学抱怨吗？
3. 对一项同学们都赞同的议案，你觉得不妥，在投票前你会据理力争吗？
4. 如果学习紧张，你会放弃一些课余活动吗？
5. 如果有一项重要的方案需要你参加推行，你是否要比别人多出一点力？
6. 几年前你对事物的看法是否比较有趣？
7. 对同学的一项新发明，你是否急着要看它的效能？
8. 听到老同学取得了重大成绩，你是否觉得有点嫉妒？

9. 有耐心等待一件你非常想得到的东西吗？

10. 在课堂上，你是否害怕因提问的措辞不当而不敢发问？

11. 你对社会工作热心吗？

12. 对自取其辱的人，你是否不予同情？

13. 在过去的一两年，你曾深入研究过一些事物吗？

14. 学生时代的生活是最快乐的吗？

15. 上列的问题，你是否据实回答？

【计分办法】单数题答案为“√”的每题得 2 分，双数题答案为“×”的每题得 2 分，15 道题相加在一起得出总分。

【测试结果】总分在 24 分以上的，心理比较成熟，能够很好地处理日常生活中的事物；总分在 18～22 分之间的，心理不是很成熟，容易感情用事；总分在 16 分以下的，则是一个心理不成熟的人，遇到问题总是优柔寡断。

第三节　大学生心理健康的维护

一、大学生心理健康教育的重要意义

心理素质是个人整体素质的一个重要方面，加强学校心理健康教育，不仅对提高大学生个体的心理素质，对他们在校期间的身心健康和德智体美等全面发展有着重要的指导作用，而且对他们毕业后的发展，尤其对国家一代新人总体素质的提高有着极其深远的影响。

（一）开展心理健康教育是社会发展的需要

我们人类已发展到了 21 世纪，21 世纪对人才的心理素质提出了更高的要求，要想在 21 世纪取得成功，不仅要有良好的思想道德素质和科学文化素质，还要有创新的精神、进取的态度、竞争的意识、应变的能力、沟通的技巧、充分的自信、积极的思维、乐观的态度、健康的情绪、成熟的人格。因此，要想在未来的社会中生存和发展，没有良好的心理素质作保证是不行的。

（二）开展心理健康教育是适应全面推进素质教育的需要

近年来，我国大学生心理健康教育工作虽然得到较大的推进和加强，在推进大学生素质教育中，发挥了重大作用。但是我们还应该看到，我国大学生心理健康教育工作还远远不能适应形势的发展，特别是还不能满足全面推进素质教育的需要，还存在着在新形势下对大学生心理健康教育的任务、对象、特点和规律认识不高、研究不深的问题，尤其还存在着对心理健康认识上的不到位，还远远没有把这项工作放到应有的位置上。因此，我们要通过对大学生心理健康教育活动，引导和帮助大学生提高对心理素质在人的整体素质中的作用的认识，引导和帮助大学生正确处理好心理素质与其他素质的关

系，引导和帮助大学生了解和掌握心理健康的必要知识，引导和帮助大学生优化人格品质，增强心理调适能力和适应社会能力，为大学生全面发展和协调发展创造相应的条件。

（三）开展心理健康教育是适应新形势下高校德育工作的需要

近年来，中共中央、国务院及其教育行政部门逐渐将大学生心理健康教育纳入学校德育范畴，使高校德育工作的外延和内涵有了新的拓展。《中共中央国务院关于进一步加强和改进大学生思想政治教育的意见》（中发〔2004〕16号）、教育部《普通高等学校学生心理健康教育工作基本建设标准（试行）》（教思政厅〔2011〕1号）、教育部《普通高等学校学生心理健康教育课程教学基本要求》（教思政厅〔2011〕5号）中都明确要求把大学生心理健康工作纳入到学校德育工作管理体系中，要进一步把大学生心理健康教育作为对大学生思想政治教育的重要内容。由此可以看出，加强大学生心理健康教育不仅是德育的重要组成部分，而且是加强改进德育工作的重要保证。随着我国社会改革的深入开展，社会情况发生复杂而深刻的变化，高校德育工作面临的形势更复杂、任务更繁重、工作更艰巨。面对新情况、新特点，增强高校德育工作的时代感及针对性、实效性，不但迫切需要马列主义的强有力的指导，也迫切需要包括心理健康教育在内的多方位、多形式的强有力的配合。因此，心理健康教育作为德育工作的重要组成部分，不仅是因为国家教育部的规定和要求，更重要的还是适应新形势下高校德育开展的迫切需要。

（四）开展心理健康教育是大学生综合素质提升的需要

1. 开展心理健康教育是提高大学生综合素质的有效方式

心理素质是个体在心理方面比较稳定的内在特点，包括个人的精神面貌、气质、性格和情绪等心理要素，是其他素质形成和发展的基础。学生求知和成长，实质是一种持续不断的心理活动和心理发展过程。教育提供学生的文化知识，只有通过个体的选择、内化，才能渗透于个体的人格特质中，使其从幼稚走向成熟。这个过程，也是个体的心理素质水平不断提高的过程。正是从这个意义上，可以说大学生综合素质的强弱，主要取决于他们心理素质的高低，取决于学校心理健康教育的成功与否。

2. 开展心理健康教育是驱动大学生人格发展的基本动力

心理健康教育与受教育者的人格发展密切相关，并直接影响个体人格的发展水平。一方面，学生以在心理健康教育过程中接受道德规范、行为方式、环境信息、社会期望等来逐渐完善自身人格结构；另一方面，客观存在的价值观作为心理生活中对自身一种衡量、评价和调控，也影响着个体人格的发展，并且在一定条件下还可转化为人格特质，从而使人格发展上升到一个新的高度。同时，心理健康教育不是消极的附属于这种转化，而是在转化过程中能动地引导受教育者调整方向，使个体把握自我，对自身的行为进行认识评价，从而达到心理优化、健全人格的目的。

3. 开展心理健康教育是开发大学生潜能的可靠途径

教育的目的之一就是要开发受教育者的潜能。良好的心理素质和潜能开发是相互促

进、互为前提的，心理健康教育为二者的协调发展创造了必要条件。心理健康教育通过激发受教育者的自信心，帮助个体在更高的层次上认识自我，从而实现角色转换，发展对环境的适应能力，最终使潜能得到充分发展。

二、影响大学生心理健康的因素

影响大学生心理健康的因素是多种多样的，既有个体发展过程中的家庭环境、教育环境、社会环境等因素，也有个体发展过程中自身主观的因素。

（一）社会因素的影响

正如著名社会学家费孝通先生所说："我国当前正处在一个大变革时期，这个变革包括几千年沿袭下来的文化、观念的变革，因此不可避免地会出现因适应不良而产生的各种心理障碍。"这都要求人们及时地进行自我调整，以便适应新的社会生活环境。然而，大学生正处于世界观、人生观的形成期，生理和心理处于不稳定阶段，心理素质还十分脆弱，容易造成价值观的混乱和情绪的起伏不定，致使他们心理复杂而动荡不安，加之缺乏社会经验，心理承受能力和调节能力较低，因而在发展变化迅速、高效率、快节奏和激烈竞争的社会中出现各种心理困惑也就在所难免。

（二）家庭因素的影响

家庭环境和教育对个体人格的形成具有重要的影响。家庭是每个人成长的第一环境，父母是大学生的第一任老师。父母的文化程度、职业特点、性格特征、价值观、人生观以及教养态度、教养方式直接影响着孩子的人格特点和心理素质，对大学生的性格塑造，人格形成，人生观、价值观、世界观的形成有着重要影响。父母的病态心理常常会引发子女的心理病态，父母心理不健康也成为家庭不安定的潜在因素，并直接影响到子女的心理健康。不正常的家庭内部关系会造成一个人不适当的心理行为。父母关系恶劣，家庭气氛紧张，尤其是父母离异，往往会使孩子形成不良的性格特征，如冷漠、孤僻、自卑、多疑等。这些不良特征使得大学生在人际交往方面出现障碍，表现为缺乏生活热情、缺乏爱心、人际关系淡漠、人际交往羞怯、恐惧等心理问题。

（三）学校因素的影响

学校是大学生生活、学习的主要场所，对大学生的身心健康会产生直接影响。我们的中小学教育一直是围绕着高考的指挥棒而运转的，成绩的高低，能否考上大学，使得我们的老师和家长把目光死死地盯住学生的分数，而他们的身心是否健康发展几乎被遗忘。即使有人想重视，也会被"考不上大学，什么都不是"的理由顶回来。当这些心理素质极其薄弱的学生进入大学后，面对新的环境、学习方式、人际交往等需要选择、竞争时，便会出现各种各样的烦恼和困惑，如果得不到及时地调整和解决，就会产生心理问题或心理疾病。

（四）大学生自身因素的影响

大学生个体因素是影响和制约大学生心理健康的主要内因，其着重表现为如下几个方面：

1. 个体的人格缺陷

有研究表明，大学生中有相当一部分人存在不同程度的人格发展缺陷，表现为孤僻、冷漠、多疑、悲伤、急躁、冲动、固执、好钻牛角尖、易偏激、骄傲、虚荣、以自我为中心等。近年来，在对学生进行心理健康教育和咨询中，我们发现，不少心理障碍都与人格缺陷有关。如偏执型人格障碍导致固执、多疑，好嫉妒，难以与同学相处；强迫型人格障碍具体表现为过分的自我束缚，自我怀疑，常常紧张、苦恼和焦虑；自恋型人格障碍的主要特点则是自负，不接受批评和建议，人际关系紧张。

2. 自我意识缺乏客观性和正确性

大学生的自我意识是大学生心理发展中具有突出特色的方面，是人格发展的最集中的表现之一。自我意识包括自我体验、自我控制等。大学生对自我意识和自我评价有浓厚的兴趣，但却常常缺乏客观性、正确性。有时自我感觉太好而自负骄傲，自我期望值过高，偏离实际水平，而一旦遇到挫折和不幸时，又因偏离而出现逆转，走向对立面，产生自卑情绪，自我评价过低，不能客观、正确地认识自己。自我体验强度大但却不稳定。由于大学生对自己的发展以及对自己的社会地位日渐关心，他们对自己的一切行为举止极易产生强烈的内心体验，但自我体验有着较多的情感性，故不够稳定。他们常常会因为自我目标和现实目标有差距而心灰意冷、意志消退，出现自卑、抑郁、悲伤、痛苦等负性情绪体验。大学生自我控制水平明显提高，但却缺乏持久性。大学生进入大学后，总是按照自己的理想和追求，规范自己的行动，并能逐渐以社会标准和社会需求调节自己的行动。但同时，青年大学生的自我控制还缺乏持久性，经常出现忽高忽低的起伏现象。大学生中存在的自由散漫、懒惰、沉沦、失落、迷茫、情绪过度高涨和过度低落就是具体表现。

3. 缺乏科学的社会认知

在社会的急剧变革中，传统文化体系开始衰落，人们所推崇的价值体系和行为规范受到冲击，而新的道德行为规范又尚未完全建立起来，人们普遍感到困惑、焦虑、无所适从，出现价值失落、道德滑坡和人格扭曲现象。社会行为中短期行为、享乐主义、拜金主义和极端个人主义等非理性行为，也比比皆是。这使处于敏感期的大学生出现种种心理不适应，对社会的复杂性缺乏科学、全面、正确的认知，受社会消极面影响较多，产生悲观、失望、消沉、偏激等心理问题，甚至导致攻击型和反社会型人格障碍。

4. 缺乏正确的人际交往能力

由于大学生面对来自不同地域、不同教育背景、不同经济状况、不同风俗和生活习惯、不同学业的新同学，如何建立协调、友好的人际关系是非常重要的。虽然大学生们整天在一起学习、生活，交往的机会很多，交往的内容也非常丰富，但大学生之间的交往较中学时期要复杂难处理得多，而大学生中不少人既缺乏应有的交往意识和能力，又缺乏良好人际关系所必需的人格品质，因此，许多大学生常常感到在人际关系上的压力大，一些人甚至陷入人际危机当中。

5. 环境适应较差

心理学研究表明，个体所处环境的巨大变迁会使个体产生心理应激。生活环境的变迁对新生是一个不小的挑战。由于环境的改变、角色的变化、生活方式的变更，再加上大部分学生要远离父母长期住校，他们的独立生活能力、适应能力、交往能力欠缺，以及缺乏必要的思想上、心理上的准备，便产生了程度不同的适应困难，强烈的失落感必然会引发思乡念旧的情绪，对大学生活的焦虑、恐慌、苦恼、不安在很长时间里影响着大学生幼稚、脆弱的心灵，从而产生心理困惑。

此外，学习、考试的压力和恋爱问题以及择业困难等也都使得不少大学生感到焦虑、无助、迷茫、自卑等。这些问题如果处理不当，就会引发一定的心理问题，重则引发心理疾病，极大地影响个人的发展和身心健康。

三、大学生心理健康的维护

（一）心理健康维护的三个层次

心理健康维护是心理健康教育的重要内容。它土要是使我们形成并维持止常的心理状态，从而能适应社会，正常地成长和发展。心理健康的维护具体包括三个层次：第一个层次是心理健康教育，它面向大众，侧重预防，是个体发展的终生课题，帮助个体形成自我调控能力，维持正常的心理状态；第二个层次是心理咨询，针对的是生活中在人际交往、学习、社会适应、情绪等需要心理援助的人，目的是帮助心理状态不良者及时摆脱这种状态，恢复正常状态；第三个层次是心理治疗，针对的是有心理疾病的人，目的是帮助心理不健康者康复，使之恢复健康状态。心理健康维护的三个层次及针对的人群如图 1-1 所示。

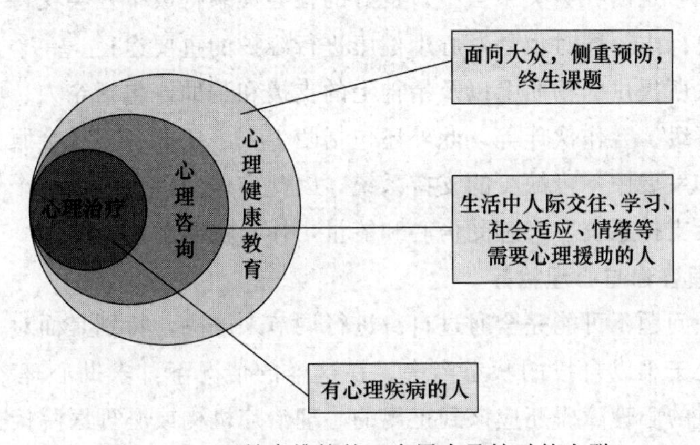

图 1-1　心理健康维护的三个层次及针对的人群

（二）大学生心理健康的维护

心理健康之所以重要是因为健康是人生的第一财富。对作为天之骄子的大学生来说，心理健康更是学业成就、事业成功、生活快乐的基础。因此，作为大学生来说，要掌握心理健康维护的基本方法。

1. 掌握科学的心理学知识

掌握科学的心理学知识是促进心理素质提高的重要保证。作为一名大学生，具备科学的健康知识以及心理学知识，对自己的行为进行指导和调节，有助于自己更好地适应环境。科学的心理学知识可以通过多种途径获得，例如上好心理健康教育课，从而科学系统地了解心理发展的规律，学会心理调控的方法；参加学校举办的各种心理健康知识讲座；参加大学生心理健康社团组织等，从而在实践中提高认知水平，加深情感和价值体验，掌握心理调适的方法。

2. 学会自我心理调适

大学生应保持积极乐观的情绪、愉快开朗的心境，对未来充满信心和希望，当遇到悲伤和忧愁的事情要学会自我调节，适度地表达和控制情绪，做到胜不骄、败不馁、喜不狂、忧不绝。自我调节心理健康的核心内容包括调整认识结构、情绪状态，锻炼意志品质，改善适应能力等。此外，大学生应积极参加业余活动，发展社会交往。丰富多彩的业余活动不仅丰富了大学生的生活，而且为大学生的健康发展提供了课堂以外的活动机会。大学生应培养多种兴趣，发展业余爱好，通过参加各种课余活动，发挥潜能，振奋精神，缓解紧张，维护身心健康，不断地丰富和激活人们的内心世界，有利于心理保健。同时，大学生应该注意培养良好的人格品质。良好的人格品质首先应该正确认识自我，培养悦纳自我的态度，扬长避短，不断完善自己。其次应该提高对挫折的承受能力，对挫折有正确的认识，在挫折面前不惊慌失措，采取理智的应付方法，化消极因素为积极因素。

3. 努力获得社会支持

人总是处在一定的社会关系当中，良好的社会关系构成了社会支持系统和网络，是心理健康的重要标志，同时也是对心理健康进行维护的重要途径。一个人的社会支持系统，来自于他人所提供的物质上以及精神上的支援和帮助，包括亲人、朋友、同学、同事、老师、上下级、合作伙伴等，此外还包括陌生人组成的各种社会服务机构。这些都是一个人成长和发展中不可缺少的支持系统，因此应该深知该系统对个体发展的重要意义，通过“社会支持系统”来感受信心和能量，体验快乐和充实。

4. 求助心理咨询与心理治疗

个体的心理问题不可能完全通过自身进行调节来解决，特别是面对一些复杂的心理困扰时，总是处于难以自拔的状态当中。在这样的情况下，求助心理咨询是最好的方法，而有些严重的心理障碍还应该到正规的心理治疗机构或心理医院接受治疗。当前大部分的高校以及医院当中都可以提供心理咨询的专业服务，如果遇到了让自己困惑的心理问题，最好及时接受心理咨询，由心理咨询师为自己提供心理咨询和辅导，帮助自己恢复心理平衡，消除痛苦，保持健康的心理状态。假如意识到自己出现了较为严重的心理疾病或心理障碍，就应该到医院进行相关的心理治疗。和心理咨询通过谈话促进心理健康不同，医院的药物治疗在某些情况下同样可以帮助心理健康的改善。但是，应该注意，药物治疗无法替代心理咨询，只有两者的有机结合，才能更好地解决心理障碍。

5. 养成健康的生活方式

健康的生活方式对心理健康的影响已为科学研究所证明。健康的生活方式是指生活有规律、劳逸结合、科学用脑、坚持体育锻炼、少饮酒、不吸烟、讲究卫生等。大学生的学习负担较重，心理压力较大，为了长期保持学习的效率，必须科学地安排好每天的学习、锻炼、休息，使生活有规律。学会科学用脑就是要勤用脑、合理用脑、适时用脑，避免用脑过度引起神经衰弱，使思维、记忆能力减退。

第四节　认识心理健康之拓展训练

一、心理训练

1. 写——解锁心灵

记录自己的心情是一个良好的习惯，它可以帮助我们养成一种有序的生活习惯，强化对自己内心的重视程度，锻炼冷静审视自我、客观分析自我的能力，每间隔一段时间就有频率地对自己的心理状态进行省察，及时发现问题并解决问题。

长期记录心情还能够从中摸索出自己的思维模式，揭示自己既定的、习惯化了的，甚至是潜意识里的认知结构。而一旦克服了某些歪曲的思维或错误的认知，就很容易矫正自己的心理障碍，改善自己的情绪。

下面是一个关于“应该与不应该”的认知模式（表 1-1），列举了一些同学们容易陷入的思维倾向，看看自己都有哪些，在选项下面打上“√”。

表 1-1　“应该与不应该”的认知模式

应该不应该	有	没有
我不应该犯错误		
我应该能抓住每一次机会		
我应该永不疲倦，保持旺盛的精力		
我应该自信能解决每一个问题		
我应该让所有人都认识到我的价值		
我不应该落在任何人后面		
我应该把每一件事都做好		
我应该让别人都同意我的看法		
我应该最宽宏大量，体谅别人		
我应该永远快乐，不伤害别人的感情		
我应该知晓、理解和预示未来		
我应该知难而进，永远能控制自己的情绪		
我不应该说任何谎言		
我不应该批评别人，让别人感到不舒服		
我不应该求助任何人，给别人添麻烦		

在表 1-1 的项目中，如果自己具备的达到或者超过 5 项，就表明自己的认知模式并不合理，甚至在一定程度上给自己带来了心理和行为上的压抑。自己需要考虑逐条审视它们，看看是否及时修正。

“应该”与“不应该”就像无形的鞭子，或者就像悬在头上的绝对律令，给一个人的心灵加上了沉重的压力，给精神造成巨大的压力，给生活增添了无数困难。要知道，应该或不应该并不都是绝对的。信奉这些信条的人对自己有很多“不应该”和“应该”，他们同样以这些信条要求他人。别人当然不会根据我们的信条行事，因而造成了人际关系紧张，同时加重了我们的心理负担。由此，在对自己的认知模式进行了简要的分析之后，不妨尝试以下步骤：

（1）在分析“应该”与“不应该”的信条中，哪些是不太现实的，甚至是过分的、严重超出自己能力范围的，找出它们给自己造成的压力，认识到正是这些认知，妨碍着自己重大目标的实现。

（2）据此要充分认识到人的有限性，人不可能做到理想中的十全十美，所做的一切也不可能都成功，或许残缺也是一种美，或许“十全九美”也不错。

（3）要认识到各人有各自不同的价值系统，没有统一的“应该”与“不应该”模式。自己认为应该的，别人不一定认为应该，不能把自我同他人的看法等同起来，不能按照自己的标准去要求别人。

（4）改变“应该”与“不应该”的信条，使之更现实，更富有弹性，对自己不要那么苛刻，不要和自己过不去。

重新列出一张表格（表 1-2），列出哪些是自己认为能够改变的信条，写下经过改变后更为合理的信条。

表 1-2　原来的信条和改变后的信条

原来的信条	改变后的信条	为什么做出如此改变

2. 说——说破无毒

交流是人类生存的基本方式，也是解决心理问题的有效途径之一。很多心理问题，正是由于当事人自我封闭所致，遇到问题后总是自己闷头苦想，不与他人主动积极交流，造成心理问题长期积郁于心，不能得到合理的宣泄。交流的过程是自我开放的过程，打开心灵的窗户，把别人的意见当作阳光请进来，也把自己的问题当作二氧化碳排出去，这样才能恢复心理的健康。

在自己心情不好的时候找个人聊一聊，说出自己的想法，让他给自己出主意。进行

此项活动时最好分两次：一次是当事人向同性朋友倾诉，另一次是当事人向异性朋友倾诉。倾诉过程完成后，填写表 1-3。

表 1-3　倾诉

	与同性朋友	与异性朋友
自己倾诉的问题		
对方的回应		
解决的程度		
满意的程度		

语言交流互动之后，对比一下同性朋友和异性朋友在帮助自己解决心理问题时的不同特点，自己觉得向哪种朋友倾诉更放得开、更舒心，效果更好？课余时间尝试着与老师、与父母、与心理咨询老师分别进行倾诉，对比一下感觉和效果。

3. 唱——歌以养气

唱歌是一种十分有效的释放压力、舒缓身心、调动情绪的手段。先由老师播放音乐，同学传递物品，当音乐停的时候，接物者成为选定人物。选定人物要当众进行歌唱表演，同学们作为观众要给予他信心，制造热烈的氛围，以鼓掌、欢呼等“粉丝团”形式让表演人物找到一种“我是大明星”的感觉，充分让其放松与释怀。表演结束后，请同学们填写下面的词条：

最让我开心的歌曲：____________________；____________________

最让我振奋的歌曲：____________________；____________________

最让我想睡觉的歌曲：__________________；____________________

最让我释压的歌曲：____________________；____________________

最让我想运动的歌曲：__________________；____________________

最让我沉醉的歌曲：____________________；____________________

最让我感动的歌曲：____________________；____________________

最让我想笑的歌曲：____________________；____________________

此外，老师可以选择播放某些经典音乐作品，如轻音乐等。同学们闭目静听，在听的过程中仔细体会心理上的变化。音乐播放结束后，相互交流一下感受。

4. 逗——开怀一笑

笑是一剂良药，所谓“一笑解千愁”。想一想生活中令自己开心的事，或尝试给大家讲一个笑话，可以是精心搜集挑选的、大多数人没听过的，可以是自己原创的，也可以是提取身边发生或观察到的有趣事，把大家逗乐即为成功。

5. 动——绿色充电

生命在于运动，运动赋予我们健康。运动是保持健康的最佳处方，不仅对于躯体，对心理健康和社会适应能力也有非常重要的作用。运动可以让我们心情愉快，保持良好的心态，塑造完善的性格，是修身养性的一味良方。规律适宜的运动除了能够增进健康和延长寿命外，也能改善生活质量，如睡眠、情绪和压力，使我们思绪更清晰，更有创造力，享受更美好的人生。在发觉自己有某种心理障碍的时候，不一定非要把目光“向内”，紧紧盯在单纯的心理，不妨把目光“向外”，投向大自然，投向外面的世界，呼朋引伴，去做适当的运动。

完成表 1-4，给一些具有负性心理特征的同学们一些建议，看看不同的心理问题可以用哪种运动来加以调适。

表 1-4　心理与运动

心理特征	建议运动项目	益　处
心理素质差的人		
天性胆小，容易害羞脸红，性格腼腆的人		
性格内向、孤僻，不合群，不善于与人交往，缺少竞争力的人		
多疑，对他人缺乏信任，处理事情不果断的人		
虚荣心强，遇事好逞强的人		
处世不够冷静沉着，易冲动急躁的人		

跨越了一道道障碍后，自己是否觉得轻松了许多？同学们彼此自由交流一下这些技巧的作用和运用这些技巧时的真实感受。同时，再动脑想一想，还可以有哪些有效的方式能够方便同学们自行掌握与运用？把想到的方法记下来，与同学们分享。最后把可行的技巧在全班同学面前演示、推广。

二、复习思考题

1. 为什么在高校开设大学生心理健康教育课程？
2. 影响大学生心理健康的因素有哪些？
3. 通过哪些途径可以提高大学生心理健康水平？

第二章　心理调适，融入大学生活

※ 心灵导读

“重要的不是环境，而是对环境做出的反应。”

——鲍勃·康克林

无论什么人，当他从一个熟悉的环境迈入到陌生的环境时都要对新环境有一个熟悉、了解的过程，并根据新环境的要求调整其思想和行为，以便适应新环境。对于初入大学的新生来说，在面临身心成长、环境改变与社会转型等很多方面变化的情况下，学会积极地适应客观环境，调适身心状态，调整自身与环境不适应的行为，达到自我与环境的和谐统一，不仅关系到大学生能否顺利完成整个大学生活，同时也关系到他们在将来社会生活中能否得到继续发展，人生目标能否实现的重要因素。

第一节　大学生心理适应概述

连接着黑色六月和金色九月的是一座桥，一座千军万马争相而过的独木桥，大学生都是从这座桥上一步步走过来的，当他们接到入学通知书后，自己及家人都很高兴，因为，毕竟是通过自己十几年的努力实现了上大学的愿望。然而，当他们拿着入学通知书来到大学报到的那一时刻起，兴奋、愉悦的心情很快就消失了，取而代之的是渺茫、失落等。有的同学因为学校的牌子不亮而沮丧；有的同学为现在所学的专业不感兴趣而感到前途无望；有的同学对学习没兴趣而沉迷于网络、热衷于各种各样的活动；有的同学为追逐异性而苦恼；有的同学终日抱着手机，谁也不想理睬，什么事情也不想干；有的同学人际关系紧张，不知道如何同别人接触，不知道如何解决矛盾和冲突等。为什么会出现以上的种种现象呢？可以说这是同学们对大学的认识不够，不能很快地适应所造成的。因此，尽快缩短大学适应期，是摆在我们每个人面前迫切需要解决的重要课题。

一、适应的内涵

（一）适应的含义

所谓适应，目前比较权威的定义来自朱智贤主编的《心理学大辞典》，该词典中对适应的定义是这样的："适应是来源于生物学的一个名词，用来表示能增加有机体生存机会的那些身体上和行为上的改变。心理学中用来表示对环境变化做出的反应。如对光的变化的适应和人的社会行为的变化等。皮亚杰认为，智慧的本质从生物学来说是一种适应，它既可以是一个过程，也可以是一种状态。有机体是在不断运动变化中与环境取得平衡的，它可以概括为两种相反相成的作用：同化和顺应。适应状态则是这两种作用之间取得相对平衡的结果。这种平衡不是绝对静止的，某一个水平的平衡会成为另一个水平的平衡运动的开始。如果机体与环境失去平衡，就需要改变行为以重建平衡。这种平衡——不平衡——平衡……的动态变化过程就是适应。"

深入探究，可以发现适应包含着两个含义。其一，适应是主体对环境变化所做出的一种反应。没有环境的变化也就没有适应的问题。但由于人们生活自然环境、心理环境和社会环境处在不间断的变化之中，因此每个人都会产生不断适应新环境的需要。从这个意义上可以说，适应是人的一种基本需要，是人的一生中都要面临的任务，实质上也是一种生活态度，是人应当具备的一种基本素质。适应能力是个体生存与发展的必备能力，对不同个体来说，由于适应水平不同，最终会导致其发展水平上的差异。当我们谈到适应时，通常是指个体改变自身去顺应环境条件。因为对于个体来说，他能直接支配和控制的是自己的行为。在多数情况下，现实环境的力量太强大，个人操纵和掌控环境的能力是有限的。每个人都有许多无法选择的、强加于自己的生活条件。在这种情况下，个人只能依靠调整自己来适应环境。例如，初入大学的大学新生面临全新的学习环境、生活环境、人际环境、管理环境、校园文化环境等会产生一些新的心理矛盾，这时，他们不能期望环境和生活条件朝着有利于他们的方向改变，而必须通过自我调适、自我努力去尽快适应高校的新环境和生活条件。

其二，适应是一个重建平衡的动态变化过程，是个人与环境关系的一种状态，即个人与环境之间的一种和谐协调、相宜相适的状态。但是从生活的角度来观察人的一生，就会发现这种适应状态总是暂时的。适应是一个动态的平衡过程。适应期中总是孕育着变化的因素，这种变化要么是环境条件的改变，要么是个人自身的改变，这两种因素一旦变化到一定的程度，适应的平衡即被破坏。接着便是一个新的调整期，逐渐达到新的适应。

综上所述，我们可以给适应定义为：适应是个体在与环境相互作用的过程中，个体通过自我调节系统做出的能动反应，使自己的心理活动和行为方式更加符合环境变化和自身发展的要求，使个体与环境达到新的平衡的过程。

（二）适应的基本环节

适应的心理机制是由以下四个基本环节组成的。

1. 个体对环境的认知

它是适应的心理基础。在 21 世纪的今天，自然环境、社会环境和文化环境都以前所未有的速度发生着深刻变化。压力是个体与环境交互作用的结果，而环境的变化是否对个体产生压力，以及该压力对个体产生多大的影响，这往往取决于个体的认知评价能力。因为人们遇到任何情况，都会不由自主地按过去的体验对它进行评估，然后做出对付这一事件的行动计划，并选择最佳方案。

2. 个体对环境的接纳

它是个体在认知的基础上，通过对新环境的反馈，进一步调整已有的价值观念，进而构筑与新环境协调的新的价值观念。以规范心理适应机制，并在新的价值观的引导下，个体形成与自身价值观相符的反应模式。

3. 个体对自身的改变

个体对自身的改变是在新的价值观念的引导下，个体的心理需求、动机和情绪等心理机制都会做出相应的变化和调整，符合环境的内在要求，使两者和谐发展，从而达到适应。

4. 保持积极心态，保持自身与环境的和谐一致

积极心态包括远大的理想和坚定的信念，同时还要有积极的自我体验，做到自尊、自爱，对自己始终充满自信。要有较强的竞争意识和好胜心，对人对事宽容的态度与豁达的胸怀；要有自我监控的意识和自我调节的能力，特别是自省、自察和自我审视的意识，以及自我调节与自我控制的能力。积极心态能使人在改变自我的基础上顺应环境或顺应环境中的某些变革，或使人不断地抗争和选择，从一个目标走向另一个目标，使个体与环境保持一种动态平衡。

二、适应的分类

关于适应的类型，可以依据不同的标准将其分为不同的类型。比如孔维民认为，根据适应的对象可以将其分为对自然环境的适应和对社会环境的适应；根据适应的基础可以分为生理适应和心理适应；根据适应的程度可以分为浅层适应和深层适应；根据适应过程中是否有意识的参与可以分为有意识的适应和无意识的适应；根据适应过程中态度的积极或消极又可分为主动适应和被动适应等。这些分类各有自己的依据，都有一定的道理。

（一）积极适应和消极适应

我们可以根据适应的效果分出积极适应和消极适应。积极适应是一种健康的适应，是指个体确定一个目标，积极努力去实现既定目标，即使遇到阻碍和挫折，也会尽力去克服，即使达不到目标也会及时调整目标，再去适应。它具有两个含义：一是改变自己以顺应环境或者环境中的某些变革；二是不断地选择和抗争，从一个目标走向另一个目标。积极适应是主体充分发挥自身的主观能动性，尽最大可能去改变环境使之适合自己发展的需要，这是一种比较高级、比较主动的适应方式，使自身得到有效发展的过程，是发展性适应。任何一次积极的适应都是一次新的尝试，一次对个体心理的历练，一次认知的提高与升华。消极适应是个体在适应过程中遭遇到挫折，是个体需求不能顺利满足，产生压抑内心的苦闷与冲突，形成悲观心理的一种人与环境之间的消极互动过程。它是个体认同、顺应了环境中的消极因素，压抑了自身积极因素和自身潜能，违背了人的心理发展方向的过程。这是一种基本的、比较被动的适应方式，其作用只是求得一时的内心平衡。消极适应是个体改变自己的行为或态度以适合外部环境的要求，这是一种基本的、比较被动的适应方式，其作用只是求得一时的内心平衡。

（二）内部适应和外部适应

还有学者认为可以根据适应表现的方式分为内部适应和外部适应。内部适应是指在心理上达到认知和情感上的平衡状态的适应；外部适应是指在行为上能够符合外部环境要求的适应。一般而论，可以认为，内部适应是外部适应的基础，外部适应是内部适应的外在表现，二者应该是一致的。但在某些特殊条件下，也可能存在不一致的情况。比如，有时候屈从于某种外部压力，为了避免更大的挫折，尽管内心并不情愿，但有可能在行为上暂时遵从某种规范，表现为表面上的顺从或服从，这就是一种外部适应与内部适应不一致的情况。

（三）狭义适应和广义适应

根据适应的内涵分为狭义适应和广义适应。狭义适应是指在遭受心理挫折后人们采用自我防卫机制来减轻压力，恢复心理平衡的过程。广义适应是指当外部环境发生变化时，主体通过自我调节系统做出有效反应，使自己的潜能得以充分发挥，使内外环境重新恢复平衡的心理过程。前者更多地表现为无意识的适应过程，具有一定的自发性；后者则主要表现为有意识的适应过程，带有更明显的自主性。在个体发展过程中，前者出现得较早，而后者出现得较晚。但是，随着个体心理成熟水平和思维水平的提高，后者的作用就会越来越大并逐渐占据主导地位。

※ 探索自我

社会适应能力诊断量表

【测试说明】下面的20个问题能帮助我们进行社会适应能力的自我判断。

1. 我最怕转学或转班级，每到一个新环境，我总要经过很长一段时间才能适应。（ ）

A. 是　　B. 无法肯定　　C. 不是

2. 每到一个新地方，我很容易同别人接近。（ ）

A. 是　　B. 无法肯定　　C. 不是

3. 在陌生人面前，我常无话可说，以至感到尴尬。（ ）

A. 是　　B. 无法肯定　　C. 不是

4. 我最喜欢学习新知识或新学科，它给我一种新鲜感，能调动我的积极性。（ ）

A. 是　　B. 无法肯定　　C. 不是

5. 每到一个新地方，我第一天总是睡不好，就是在家里，只要换一张床，有时也会失眠。（ ）

A. 是　　B. 无法肯定　　C. 不是

6. 不管生活条件有多大变化，我也能很快习惯。（ ）

A. 是　　B. 无法肯定　　C. 不是

7. 越是人多的地方，我越感到紧张。（ ）

A. 是　　B. 无法肯定　　C. 不是

8. 在正式比赛或考试时，我的成绩多半不会比平时练习差。（　）

A. 是　　B. 无法肯定　　C. 不是

9. 我最怕在班级发言，全班同学都看着我，心都快跳出来了。（　）

A. 是　　B. 无法肯定　　C. 不是

10. 即使有的同学对我有看法，我仍能同他（她）交往。（　）

A. 是　　B. 无法肯定　　C. 不是

11. 老师在场的时候，我做事情总有些不自在。（　）

A. 是　　B. 无法肯定　　C. 不是

12. 和同学、家长相处，我很少固执己见，而是乐于采纳别人的看法。（　）

A. 是　　B. 无法肯定　　C. 不是

13. 同别人争论时,我常常感到语塞,事后才想起该怎样反驳对方,可惜已经太迟了。（　）

A. 是　　B. 无法肯定　　C. 不是

14. 我对生活条件要求不高，即使生活条件很艰苦，我也能过得很愉快。（　）

A. 是　　B. 无法肯定　　C. 不是

15. 有时自己明明把课文背得滚瓜烂熟,可在课堂上背的时候,还是会出差错。（　）

A. 是　　B. 无法肯定　　C. 不是

16. 在决定胜负成败的关键时刻,我虽然紧张,总能很快地使自己镇定下来。（　）

A. 是　　B. 无法肯定　　C. 不是

17. 我不喜欢的东西，不管怎么学也学不会。（　）

A. 是　　B. 无法肯定　　C. 不是

18. 在嘈杂混乱的环境里，我仍能集中精力学习，并且效率很高。（　）

A. 是　　B. 无法肯定　　C. 不是

19. 我不喜欢陌生人来家里做客，每逢这种情况，我就有意回避。（　）

A. 是　　B. 无法肯定　　C. 不是

20. 我很喜欢参加社交活动，我感到这是交朋友的好机会。（　）

A. 是　　B. 无法肯定　　C. 不是

【计分办法】凡是单数号题（1、3、5、7……）选“是”得−2分、“无法肯定”得0分、“不是”得2分；凡是双数号题（2、4、6、8……）选“是”得2分、“无法肯定”得0分、“不是”得−2分。将各题的得分相加，即得总分。

【测试结果】35～40分：社会适应能力很强。能很快地适应新的学习、生活环境，与人交往轻松、大方，给人的印象极好，无论进入什么样的环境，都能应付自如，左右逢源。

29～34分：社会适应能力良好。

17～28分：社会适应能力一般，当进入一个新的环境，经过一段时间的努力，基本上能适应。

6～16分：社会适应能力较差，依赖于较好的学习、生活环境，一旦遇到困难则易怨天尤人甚至消沉。

5分以下：社会适应能力很差，在各种新环境中，即使经过一段相当长时间的努力，也不一定能够适应，常常因感到与周围事物格格不入而十分苦恼，在与他人的交往中，总显得拘谨、羞怯、手足无措等。

如果你在这个测试中得分较高，说明你的社会适应能力较强。但是，如果你得分较低，也不必忧心忡忡，因为一个人的社会适应能力是随着年龄的增长、知识经验的丰富而不断增强的。只要你充满信心、刻苦学习、虚心求教、加强锻炼，你一定会成为适应社会的成功者。

第二节　大学生适应方面的主要问题

在人生的舞台上，每个人都扮演着一定的社会角色。人在特定的时间、特定的社会文化环境中，形成了与那个时空相适应的角色期望和行为方式。随着生命长河的流淌，每个人不可避免地转换着自己所扮演的角色。当他还没有充分的心理准备和经验准备时，常常会碰到这种角色转变带给他的许多困惑。

一、大学生活的新变化

（一）生活环境的变化

大学的生活环境是指大学生在学习之外的业余生活方式，包括个人活动、娱乐活动、交往方式等。

1. 从生活方式上看

随着独生子女家庭的普遍化，有的大学新生由于习惯于在家中被父母全方位的关怀和照顾，缺乏独立生活的能力，异地求学后，远离了父母亲人的照顾，必须独立地安排自己的生活。他们吃在集体食堂，住在集体宿舍，远离家乡、远离父母，无论衣食住行，所有事情都要亲力亲为。被生活中这些琐事搞得焦头烂额，心烦意乱。这对缺乏独立生活能力的新生来说无疑是一个挑战。他们感到孤独寂寞和想念亲人，而且，会被孤独不安、焦虑的情绪困扰。

2. 从生活习惯上看

中学生在家乡生活十几年，对家乡的饮食、气候、语言、作息时间等都很适应。异地求学后，造成他们对学校所在地的生活习惯不适应。这种不适应，必然会给他们的生活带来不少的困难。

3. 从生活范围上看

中学生由于有高考的压力，学习成了他们生活的中心内容，无暇他顾，生活内容和范围较窄、较单一。而大学里，大学新生在面对校园众多的活动组织、社团、协会，面对宣传橱窗里花花绿绿的各种海报，面对丰富多彩的社会实践活动和丰富的校园文化生活，目不暇接，生活领域的拓宽让很多人无所适从。此外，还有一些习惯了农村生活环

境的大学生，当他们来到喧闹的城市后，易产生压抑感和自卑感。

4. 从生活条件上看

随着高校招生并轨，大学生统一缴费上学政策的实施，使大学生成了消费水平较高的社会群体。这给家庭经济来源并不宽裕的大学生带来很大的经济压力和心理压力。一些靠助学金过日子的大学生，节衣缩食节省开支，有的用勤工助学的方式解决学习费用。而来自富裕家庭的大学生则穿着整齐，显得阔绰、出手大方，相比之下，经济困难的大学生由于经济上不如人，心理便产生一种处处不如人的感觉。

（二）学习生活的变化

1. 学习任务

中学阶段是基础教育阶段，学习各种科学文化基础知识，主要任务是为上级各类学校输送合格新生，也就是为他们在高等院校学习打好基础。大学的学习虽然也学习一些基础知识，但更重要的是学习更深的专业知识，掌握专门的专业技能，为他们将来走向社会做好准备，为将来从事某项专业工作打好基础。

2. 学习内容

中学阶段所开设的课程内容，基本上是数年一贯制，变化很少，知识面也较窄，基本上没有选修课，课外参考书也很少。而大学的学习具有专业性、探索性的特点，四年里要学二三十门课程。除基础课、专业课外，还要开设选修课。学习中除了学习新开设的课程外，还要翻阅大量的、相关的参考书，查找大量的文献资料。学习内容比中学阶段要大得多，知识面也要宽得多。

3. 学习方式、方法

无论是教学方法还是学习方法，大学与中学都有很大的区别。中学的学习方式是以教师为主导、以课堂教学为中心的教学方式。学生主要从课堂教学中获取知识，学习途径和方法相对单一。学生学习的每个环节都在教师安排、指导、监督下进行。学生的学习大多处于被动状态，对教师的依赖性很大，探索性和自主性不强。而大学的教学方法的高度理论性、概括性和教学内容的大容量性的特点，学习方式则是以学生为主导、以自学为中心进行的。要求学生做到独立思考、融会贯通、举一反三。一些新生不善于自学，不会安排学习时间，心情沉重，思想上感到有压力。

（三）人际关系的变化

张大均、邓卓明总结了大学生交往活动的发展趋势：

（1）在交往方向上，由注重纵向交往向扩大横向交往转化。

（2）在交往形式上，由封闭交往向开放式交往转变。

（3）在交往意向上，从注重礼仪、情谊向注重交往的“综合效益”转变。

（4）在交往特征上，从依附性想选择性发展。

（5）在交往内容上，从单一的交往想多端的交往发展。

（6）在交往方式上，由被动型向互动型转化。

（7）在交往心理特征表现上，由情绪型交往向理智型交往发展。

以上各方面的变化，对于一个新入学的大学生来讲，由于他们长期习惯了中学的环境，对大学环境缺乏了解，缺乏心理准备，进入大学后，往往不能适应，在他们适应的过程中也就很容易出现问题。具体地说，在中学时代，人际关系相对简单，只是单纯的友谊和亲密关系的一种扩展。进入大学后，人际关系就不那么单纯。面对来自五湖四海、性格各异的同学，大学生的人际交往的类型和方式都发生了很大的变化，最显著的特点是师生关系明显淡化，同学之间的互动更加频繁，人际空间更加广阔，错综复杂的社会交往成为大学生的基本生活内容之一，但在交往过程中。大学新型的人际关系不能以个人好恶来决定，必须学会与不同的人建立和保持协调的关系。

1. 交往方式与对象

中学时代交往的对象，主要是同窗好友、父母亲戚、老师，尤其是班主任天天与学生见面，对他们的思想、学习、生活样样关心。家长更是体贴入微，关心备至。但对自己不喜欢或不想交往的人就可以不去交往。到了大学完全不同，远离父母，难诉衷肠。师生关系也不那么密切，有时几天见不到辅导员老师，从各地来的学生组成的新的班集体，与素不相识、脾气习惯各不相同的同学生活在同一宿舍，常常感到难以适应，知音难觅。由于生活领域的扩大，交往的场所扩展到学习、生活、娱乐等各个方面。

2. 交往所处的地位

中学生在人们的心目中，还是个未成年的孩子，家长、老师在各方面都予以关怀照顾，对他们的直接干预很多，他们很少经历挫折。在中学时，他们都是成绩优异的尖子生，得到老师、家长的赞扬和同学的羡慕，自己则以时代的宠儿、胜利者的姿态出现，产生一种优越感。到了大学，在人们的心目中就多了几分成人感，对他们要求相对提高，对他们的关心照顾相对减少，对他们的直接干预也不像从前那样多。原来的优越感也在群星荟萃、强手如林的班级集体中淹没。这就要求他们逐渐摆脱以自我为中心的思维方式，学会设身处地为别人想一想，并在此基础上建立起独立、协调的新的人际关系。

3. 交往的要求

中学生人家关系相对简单，一心只读“圣贤书”，使他们对交往的要求不那么强烈。人际交往时间和范围受到限制。进入大学后，接触新群体、新伙伴，交往的范围扩大了。新环境要求他们独立、主动地去与陌生人交往。宽松的学习环境，也给他们的交往提供了条件。由于社会化要求迅速提高，使他们对友谊的渴望也越来越强烈。但由于受到缺乏交往技巧的限制，难以建立友好的、协调的人际关系，甚至可能发生人际冲突。

二、大学生适应中的心理问题

（一）环境适应的困惑感

大学新生进入大学，首先面临的是生活环境和生活习惯的适应问题。对这两个问题的适应不良，将严重影响大学生的心理和学习。

一是对学校地理环境不适应，远离家乡，来到陌生的城市，使不少同学无所适从。二是对当地气候、风土人情、经济发展水平、生活习惯不适应。三是不少同学缺乏独立生活的能力，集体生活观念淡薄，不会关心他人，个人角色定位不准，一味寻求自己的行为自由，不管他人感受，我行我素，扰了其他同学的学习和休息导致同学关系紧张。不会安排好自己的衣食住行，不会理财，往往计划不周导致经济上捉襟见肘。在生活习惯上，大学生也存在一些问题：一是懒惰，缺乏正确的卫生与劳动习惯；二是饮食不当，如不吃早饭、挑食、偏食、暴饮暴食，不能养成定时定量的饮食习惯等；三是生活无规律，晚上不睡，早上不起，没有良好的作息生活规律；四是不良嗜好，酗酒、吸烟现象较为严重。

（二）幻想破灭的迷失感

1. 学习目标的迷失

中学阶段，学生都有一个明确具体的目标——考大学。进入大学后的最初一段时间，这种压力自然消失，很多同学没有及时建立新的奋斗目标，也就失去了学习的动力和目的。大学大部分时间靠学生自主管理的情况下，大学生就有可能有意无意地放纵自己，把大量学习时间用于网络游戏、聊天、玩乐，追求享乐，得过且过，不思进取，内心陷入了极度空虚和困惑。

2. “理想大学”的迷失

大学是中学生十分向往的地方，在部分大学新生的心目中，大学是一座金碧辉煌的知识殿堂，大学生生活应该充满诗情画意。但进入大学后，现实的大学与“理想的大学”相比较，似乎没有想象中的优越生活条件，没有想象中的无忧无虑的快乐生活，有的只是比中学还要多的课程，比中学还复杂的人际关系。教室、食堂、宿舍三点一线的平淡生活不知道如何接受。现实大学与“理想大学”的强烈反差，迷茫、失望的情绪困扰着他们，终日处于无动力的涣散状态中，心理冲突加剧。

3. 专业理想的迷失

不少学生对自己的专业不喜欢。在就业需要竞争，行业差距较大的今天，很多大学生在高考时就根据父母的意愿、自己的兴趣和对未来专业发展趋向的判断，选择了自己的专业志愿，即专业理想。但不少大学生上大学填报专业可能是屈从于父母的意愿，可能是考分的缘故不能报理想的专业，或者是大学录取中被调剂了专业，给部分大学生造成专业理想的失落。使有的学生不能正确对待，失去了兴趣和信心，不安心学习，甚至放弃学习，对大学生成长极为不利。

（三）知音难觅的孤独感

1. 离开家乡和父母带来的孤独

中学时期，有父母在身边，时时受到父母的关心与照顾。进入大学，来到一个新的环境，独立生活，陌生的环境、老师和同学，缺乏生活的依靠、感情的寄托、心灵的慰藉。产生一种思念家乡、思念亲人的情绪，让人感到寂寞孤独。

2. 人际关系复杂带来的孤独

据某高校调查，在大学生中认为人际关系复杂，需要给予人际交往指导的占调查人数的30%以上。当然这不是说这些同学人际关系交往有问题，而是他们在这方面需要改进和提高。大学阶段是交往需求最强烈的时期，他们希望有一个生机勃勃、健康向上的新集体，渴望建立一个和谐的人际关系，并使自己通过社交活动展现才华，得到别人的承认。但实际上有三种交往心态，造成同学之间的疏离，形成了大学生的孤独。一是陌生的环境、生疏的同学，使他们在刚开始相互交往中本能地表现出某种心理上的戒备与谨慎，以致形成一种闭锁的心态，形成冷漠的孤独情绪。二是住在同一宿舍的同学，刚开始时，还比较注意控制自己，但时间一长，由于生活习惯的不同，性格特点的不同，易做出干扰别人休息和学习的事情来。久而久之，就容易引起受干扰同学的情绪化反应，相互之间产生误解，形成更深层次的孤独。三是某些同学，在新的集体，倚仗某种优势，或经济富有，或家庭背景显赫，或有某种关系，或被教师器重，就自以为高人一等，傲气十足，瞧不起其他同学，一旦受到同学的疏远，就会陷入孤独。

(四) 相形见绌的自卑感

1. 新集体的出现带来的自卑感

大学新生来到一个群英荟萃的新集体，新的集体面临着一个重新分化的严峻境地。原来的学习尖子自然不可能都仍是尖子，原来的学生干部不可能都继续担任学生干部，有一些的同学失去中学时期的优越地位。有的同学发现自己不会唱歌，不会跳舞，不擅长交际，运动天赋不高，没有任何特长，造成一种挫折感，产生强烈自卑心理，苦闷、彷徨甚至难以接纳自我。

2. 家庭经济困难带来的自卑感

大学新生来自祖国各地，家庭经济状况不一。一些经济条件不好的同学由于经济困难而影响到与同学交往中的人格尊严与独立，造成自卑情绪。

(五) 竞争压力的恐惧感

1. 学习压力带来的恐惧感

经过十余年的考试竞争，大学生有着深刻的考试成功与失败的体验。经过高考，对考试失败的恐惧倍感深刻。进入大学后，部分学生仍面临着考试失败的威胁，每到考试之前，就紧张不安，担心、焦虑、恐惧，影响正常学习。

2. 经济压力带来的恐惧感

经济困难不但给学生带来自卑，更为严重的是会带来恐惧。经济问题带来的精神压力是巨大的。随着消费水平的上升，这种压力将有增无减。据统计，我国高校特困生占在校生总数的5%～10%，而存在一定经济困难的学生比例还要高。为此，党和国家领导、地方各级人民政府及社会力量都做出了巨大的努力，虽然在一定程度上使特困生问题得到缓解，但目前面临的问题仍十分严峻。

3. 就业压力带来的恐惧感

据调查，现在对就业的考虑在进入大学前就已经开始了，有的同学在选择专业志愿

时就从就业的角度考虑。随着普通高校招生人数的增加和成人高教的发展，应届大学毕业生的就业形势相当严峻，这也导致了就业的巨大压力，引起学生的恐惧。

※ 阅读资料

一粒种子的信念

有一个女孩，高中毕业后没考上大学，被安排在本村的小学教书。

结果，上课还不到一周，由于讲不清数学题，被学生哄下台，灰头土脸地回了家。母亲为她擦眼泪，安慰她说："满肚子的东西，有的人倒得出来，有的人倒不出来，没必要为这个伤心，找找别的事，也许有更适合的事情等着你去做。"

后来，她又随本村的伙伴一起出外打工。不幸的是，她又被老板轰了回来，原因是裁剪衣服的时候，手脚太慢，别人一天可以裁制出六七件，她仅能做出两件，而且质量也不过关。母亲对女儿说："手脚总是有快有慢的，别人已经干了好多年了，而你一直在念书，怎么快得了？"说完便为女儿打点行装，准备让她到另一个地方去试试。

女儿先后当过纺织工，干过市场管理员，做过会计，但无一例外都半途而止了。然后每次女儿失败而又沮丧地回到家，母亲都是会安慰她，从来没有抱怨的话。

30 多岁的时候，女儿凭着一点语言的天赋，做了聋哑学校的一位辅导员。后来，她又开办了残疾人用品连锁店，是一个拥有几千万元资产的老板了。

有一天，功成名就的女儿向已经年迈的母亲问道："妈，那些年我连连失败，自己都觉得前途非常渺茫，可您为何对我那么有信心呢？"母亲的回答朴素而简单："一块地，不适合种麦子，可以试试种豆子；豆子也长不好的话，可以种瓜果；瓜果也种不好的话，撒上些荞麦种子也许能开花。因为一块地，总会有一粒种子适合它，也总会有属于它的一片收成……"

听完母亲的话之后，女儿落了泪。她明白了，实际上母亲恒久不绝的信念和爱，就是最坚韧的一粒种子，她的奇迹，就是这粒种子执着生长出的奇迹。

第三节 大学生适应问题产生的原因

任何问题的产生都不是偶然的，大学生在适应方面产生的原因受诸多因素的影响。

一、"应试教育"的影响

应试教育模式虽然把智育放在第一重要的位置上，但智育的目标却是片面的、狭隘的。智育是传授知识、发展智力的教育，其中发展智力是智育最重要的目标，但是，应试教育从应试这一角度出发，过分强调传授知识和技能，强调知识的熟练程度，大多采取过度学习、强化训练的手段，把学习局限在课本范围内，致使学生无暇参与课堂以外的、各种对发展智力十分有益的活动，从而出现知识面狭窄、高分低能的局面。为了能取得好成绩，家长逼孩子读书。老师加班加点陪孩子们学习，压得学生喘不过气来。连正常的星期日和假期也被挤占，影响青少年学生身体的健康发育。为了不使学生分心，学习之外理应具备和养成的素质却被家长“承包了”。致使有的学生除了学习，什么也不会。这种错误的引导在相当大程度上压抑了学生的创造能力、适应能力和自主能力的发展。然而，当这些新生来到高校这个新环境时，角色要求的转变、教育方式的改变，使他们一时无法适应，无所适从。

二、家庭造成的心理定式

家庭环境和教育对个体人格的形成具有重要的影响。21世纪的人应该是具有良好的思想意识、高尚的道德情操、健全的心理品质、积极与他人合作的精神、较强的应变能力、吃苦耐劳的全面发展的一代新人。具备这样的素质不是一朝一夕所能做得到的，而良好的家庭教育正是培养高素质人的必备条件。我国大学生中独生子女越来越多，因为“独生”，导致独生子女长期缺乏兄弟姐妹等“儿童伙伴”关系，离群索居，形成以自我为中心的人格。只看到自己只想到自己，以自己为中心点，自己是主要的，他人是次要的，清高、自负、缺乏善待他人和帮助他人的精神，群体意识淡薄。由于“独生”这一特殊性，决定了独生子女在溺爱环境中养成了爱听“顺耳言”的习惯，缺乏团结互助的友爱精神，私欲观念较浓，不利良好道德风尚的形成。在生活方面，缺乏独立生活能力，怕苦怕累；在意志方面，精神脆弱、挫折承受力差，这些都与在特定的家庭环境所形成的心理定式有关。

此外，一些家庭对子女的影响起着消极作用。例如家庭的变迁与离异、父母错误的价值观、道德观和不当的言行都可能使他们形成不良心理定式。当新生进入大学之后，这些心理定式仍然存在并起着作用，这在某种程度上影响着新生的心理适应。

三、大学生个人主观原因

大学生个体对大学生活的认知是影响大学生适应的关键因素。大学新生的生理发展相对成熟，而心理发展相对滞后和尚未成熟。比如由于缺乏对价值观、世界观的正确认识而导致认知障碍；由于从某种感性认识和经验直觉出发判断评价自己和周围的事物，而导致情感障碍；由于在顺境中长大，缺乏生活经验，难以承受挫折和失败而产生挫折感；他们精力充沛，朝气蓬勃，但当他们没有找到正确的发挥途径和表现方式时，则会用到有害的活动上去；他们富于理想，憧憬未来，但遇到现实与理想发生矛盾时，又会发泄不满，悲观丧志；他们渴望掌握知识，但又不善于辨别真伪是非；他们情感丰富，但又难于控制自己，成为感情的奴隶；他们自尊心强，但一经受挫，便牢骚满腹，灰心丧气，有时表现为见义勇为的英勇气概，有时又表现为无组织无纪律的莽撞举止。上述种种现象说明，大学新生在认知、情绪和意志等方面都尚未成熟。

第四节　大学生心理适应的途径

为预防和克服在心理适应过程中的各种心理问题，尽快适应大学的环境和生活，大

学新生必须通过对本章的学习、交友等心理教育途径和方法，努力掌握新知识和新技能，提高自身的心理素质。

一、正确评价和认识自己

正确评价和认识自己是大学生适应的关键。所谓大学生的良好适应，可以解释为个人与现实环境能保持和谐的关系。所谓和谐关系，就是人与环境双方的互相适应。要达到良好的生活适应，应从现实中先认识自己，然后再进一步去实现自己。如果一个人对自己有清楚的认识，心理就比较健康，就可以比较好地适应环境。客观全面认识自我，我们应当正确地同他人比较和正确地对待他人对自己的评价。分析自己的长处和短处，摆正自己的位置。只有客观全面地认识自我，才能心平气和地悦纳自我，树立信心，找准前进的基点和努力的方向。

二、确定明确的目标和方向

目标、方向、理想的迷失是大学生适应的重要问题。生活的目标和方向虽然受社会发展与学校教育的影响，但大学生本身可通过对现实对自己的认识而确定。因此，在熟悉环境之后，应该尽快为自己确定一个新的学习目标和奋斗目标。大学生在确立目标时一定要考虑社会发展的制约，考虑现实的社会条件和自身条件。目标的确立可分近期目标和远期目标。从心理学的角度讲，一个明确的目标，尤其是近期目标，可以使人集中注意力，减少对一些小事的关注和由其引起的困扰，产生积极向上的内驱力。大学新生要学会自己来确定学习目标，自己制订学习计划，自己安排学习时间，自己选课，自己检查学习效果，并且主动找教师征询意见，请教师帮助解决困难，定期向教师汇报学习状况，提出自己的计划并与教师共同探讨。

三、坚定信心，迎接挑战

大学生要达到良好的社会适应，保持个人的心理平衡，必须坚定成功的信心，发展和保持积极心态，只要有积极的心态，人人都能成功。

四、学习心理知识，寻求心理帮助，迅速适应新环境

新生来到大学以后，人生开始了一个新的里程，许多事物都在发生变化。因此，在心理上将会产生一些不适应，此时，要学会全面、客观地看待事物。自己有意识地学习一些有关心理学方面的知识，也可以学习《大学生心理健康教育》等公共课或选修课。除此之外，还要积极寻求心理帮助。例如，现在许多高校都建立起心理咨询室，有专业的心理咨询人员，新生可根据自己的具体情况去进行心理咨询。因为心理咨询是针对学生学习、生活中的各种困惑、心理冲突、感情纠纷、精神压力等问题，帮助学生分析问题的症结所在，找出摆脱困境、解决问题的办法，这是提高大学生心理健康水平的重要途径和有效手段。目前，社会上仍存在一种错误的看法，认为只有心理有病的人才需要去进行心理咨询，这其实是一种误解。因为每一个人都会碰到困难，都会有一些自己解决不了的心理问题。特别是大学新生，其身心都处于适应阶段，在这个时期无论怎样防

范，客观上总会出现一些问题和障碍。因此，这时如果去找咨询员，得到一些理解、宽慰和帮助，既能防患于未然，又能促进自己的身心健康，并且还能使自己掌握一些心理学知识，对于大学新生是很有帮助的。

五、主动适应，尽快掌握新生活的技能

由于高校教育制度和教学活动特点的限制，大学生的生活方式有其独特的模式，包括学习、日常生活、闲暇娱乐、社会交往及消费等方面。对于大学新生来说，过好独立的但又是集体的生活是上大学道路上遇到的新课题。一般来说，大学生的自理能力通过一定的实际锻炼是不成问题的，极端不适应的情况毕竟不多。相比较而言，适应以寝室为单位的集体生活大有学问。大学新生来自全国或全省各地，个人的生活习惯和性格特点各不相同，由此组成的新的群体，其成员之间能否和睦相处是一个新的生活课题。因此，尽快了解群体成员中各自的生活习惯和心理需要，学会理解别人、关心别人是每个大学新生应掌握的处世技巧，也是现在大学生应具备的个人素质之一。

大学新生的许多适应困难问题，有些是缺乏必要的生活技能而导致的，因此大学新生必须尽快熟悉和掌握生活中的一些技能。生活的技能主要是指社会交往的技能，学会待人接物，处理好同寝室、同班、同年级同学之间的关系，还包括安排好自己的课余生活。健康有益的课余生活对于提高大学生的整体素质具有重要意义。学生社团可以为大学生提供良好的“第二课堂”，有选择地参加社团活动会使自己的生活充实、人格成熟。比如，学术性社团，其成员多属同一系的同学，参加这种社团，一方面有机会跟其他年级同学切磋所学专业的技巧；另一方面有机会表现自己的学术才能，从被人接纳认可中获得自信和自尊的满足。又如，参加属于服务性的社团活动，一方面有机会学习社会服务的能力，并发展自己的责任心和义务感；另一方面也有机会认识社会。再如，参加一些娱乐性的社团，一方面可借助娱乐活动使感情升华，减少情绪困扰；另一方面也有机会表现自己的才艺，并被人欣赏以及因志趣相投而增进同学间的感情。总之，大学生都有必要根据自己的性格特点和条件注意培养和发展一些业余爱好，这对于培养自己的适应能力是十分有益的。

总之，大学新生要顺利地完成大学的学习生活，为将来真正进入社会创造一个良好的身心健康条件，更好地符合国家和现代社会对于人的素质要求，就应该从跨进大学的第一天开始，有意识地培养自己健康的人格和健康的心理。高校通过开展必要的新生适应性教育，可以有效地帮助新生正确认识自我和认识社会，培养生活自理能力和掌握处理人际关系的技巧，培养他们的心理健康意识，提高对新环境的适应能力。

第五节　大学生心理适应之拓展训练

一、心理训练

训练目的：提高适应能力的方法。

1. 导入

在生活适应的过程中，由于各种各样的变化和压力，大学生会遇到各种各样难以解决的问题和困难，造成心理上的紧张和压抑。因此，学会心理调节，摆脱不良心理状态非常重要。

讨论：当你遇到问题时，你会用什么样的方法调节心理？有效吗？试一一列举出来。

例如，情绪宣泄——利用倾诉的方法或大哭一场，或去参加一场体育活动，排泄掉自己的不良情绪。

（1）____________________；

（2）____________________；

（3）____________________。

2. 导入

不同的人应对困难和适应环境的方式不同，不同的方式、方法达到的效果也不同，各人以自己的方式适应着生活，发展着自我。

讨论：当你进入一个新的环境或遇到困难时，你会采取什么样的方法去面对？

（1）____________________；

（2）____________________；

（3）____________________。

3. 导入

生活信念直接影响一个人的生活状态，拥有一个合理的生活信念对他的生活影响重大。

讨论：

（1）我对人生的看法：____________________；

（2）我的未来会怎样：____________________。

二、思考题

1. 什么是适应？大学生心理适应问题有哪些？
2. 影响大学生心理适应问题的原因有哪些？
3. 怎样培养大学生自我的心理适应能力？

第三章　自我意识，内在自我的探索

※ 心灵导读

“你的时间有限，所以不要为别人而活。不要被教条所限，不要活在别人的观念里。不要让别人的意见左右自己内心的声音。最重要的是，勇敢地去追随自己的心灵和直觉，只有自己的心灵和直觉才知道你自己的真实想法，其他一切都是次要的。你是否已经厌倦了为别人而活？不要犹豫，这是你的生活，你拥有绝对的自主权来决定如何生活，不要被其他人的所作所为所束缚。给自己一个培养自己创造力的机会，不要害怕，不要担心。过自己选择的生活，做自己的老板！”

——史蒂夫·乔布斯

大学阶段是一个人从青春期向成年期转变的重要时期，也是自我意识发展并走向完善的重要时期，正确地认识自我是良好心理素质的体现，也是心理健康的标志。

第一节　自我意识概述

一、自我意识的含义

人类对自我意识的真正研究始于文艺复兴运动，人文主义者针对中世纪神学对人性的扼杀、对人格自我的否定进行了尖锐地批判，并喊出了“我是凡人，我有凡人的要求”的人性解放之声。此后，法国哲学家笛卡儿最先使用了“自我意识”这一概念，提出了“用心灵的眼睛去注意自身”的精辟论断，揭示了对自我意识的发现的途径。笛卡儿之后，有关自我的研究开始得到空前的发展。

美国心理学家詹姆斯（W. Jame）提出凡属于我或与我有关的事物都是自我的内容，如身体、品质、能力、愿望、家庭等，自我从物质自我、精神自我和社会自我三个层次起作用。

社会心理学家库利指出：自我是一面镜子，它从别人那里反映自己的行为，自我是经历无数次他人评价而形成的社会产物。

米德认为：自我分为主体我（I）和客体我（me），主体我代表每个人的自然特性，而客体我代表自我社会的一面；主体我先于客体我形成，客体我形成需要很长时间，自

我意识的发展包含主体我与客体我的不断对话。

结合以上的一些观点，我们认为，（自我意识是意识的核心部分，就是自己对自己的认识，是自我概念、自我评价、自我理想的辩证统一。）人在自我概念（我是什么样的人）的基础上产生了自我评价（我这个人怎么样），进而实现自我理想（我应该成为怎样的人）。

二、自我意识的类型

1. 根据自我意识的活动内容分类

根据自我意识的活动内容可分为生理自我、社会自我、心理自我。

生理自我是个体对自己身体、生理状态（如身高、体重、容貌）的认识和体验，它是一个人在与他人交往的过程中通过对本章的学习而逐渐形成的，它使一个人把自我和非我区别开来，意识到自己的生存是依托于自己的躯体的。生理自我是与生俱来的，我们只能接受而不能改变它，随着自我意识的成长，我们逐渐对生理自我有一个明晰的看法与正确的认识，但由于青年时期的不确定性，有的学生对生理自我产生较高的心理关注，女生关注自己是不是漂亮、迷人、有吸引力、胖瘦高矮甚至脸上的雀斑；男生关注自己的体形与身体高度甚至生理器官、声音的吸引力等，这些都是因为大学生正处于青年期，生理自我处于高度关注时期。

社会自我是个体对自身与外界客观事物关系的认识、体验和愿望，包括个人对自己在客观环境及各种社会关系中的角色、地位、权利、义务、责任、力量等的意识。青年男女常用"我已经长大了"来表达自己的社会自我，期望社会给予积极的肯定与认可。

心理自我是个体对自己的心理活动、人格特点、心理品质的认识、体验和愿望，包括对自己的感知、记忆、思维、智力、能力、性格、气质、爱好、兴趣等的认识和体验。心理自我也伴随着成长历程，我们的情感、智力、能力、兴趣、情绪等都随着成长与日俱增，我们学会评价自己的心理自我、体验心理自我，如初恋与失恋的体验、成功与失败的体验等。随着自我意识的发展，个体的社会角色渐渐浮出水面并占据重要位置，与此相应的责任感、义务感、角色感都在增长着。

生理自我、社会自我和心理自我是密切联系、相互影响的，它们都包含着不同的自我认知、自我体验与自我控制，但由于比例和搭配的不同，构成了个体对自我意识之间的差异，也使得每个人都有自己的对人、对己、对社会的独特的看法和体验。

2. 根据知、情、意分类

根据知、情、意可分为自我意识、自我体验、自我控制。

自我意识就是自己对自己的认识，包括自我认知和自我评价。前者是个体对自身各种状况的了解，后者则是对"自我"各方面的评估。自我意识就是要解决"我是一个什么样的人"的问题。

自我体验是自我意识基础上的一种情绪体验，即自己对自己是否满意的问题。"满意"则自我肯定、信心十足；反之，就自我否定、垂头丧气。自我意识决定自我体验，而同时自我体验又往往会强化自我意识并影响自我控制。我们可能都有这样的体验，当我们对自己失望时，整个世界都似乎成了灰色，当我们情绪沮丧、抑郁消沉时，我们所看到的、做到的，甚至从记忆深层挖出的都是令人伤感的、自己否定自己的；而充满自信时，对自己的缺点都可以合理化、积极地去看待、去争取改善。

自我控制就是自己对自己的控制。自我认知了解了“我”，自我体验感受了“我”，自我控制则是要表现“我”。这里包含了两层含义：其一，自己对自己的设计，即自己应该做什么？自己不应该做什么？其二，自己对自己的指导，即自己可以怎么做。

三、自我意识的作用

自我意识是一个人对自己的认识和评价，包括对自己心理倾向、个性心理特征和心理过程的认识与评价。正是由于人具有自我意识，才能使人对自己的思想与行为进行自我控制和调节，使自己形成完整的个性。自我意识在个体发展中有十分重要的作用。

首先，自我意识是认识外界客观事物的条件。一个人如果还不知道自己，也无法把自己与周围相区别时，他就不可能认识外界客观事物。其次，自我意识是人的自觉性、自控力的前提，对自我教育有推动作用。人只有意识到自己是谁，应该做什么的时候，才会自觉自律地去行动。一个人意识到自己的长处和不足，就有助于他发扬优点，克服缺点，取得自我教育积极的效果。最后，自我意识是改造自身主观因素的途径，它使人能不断地自我监督、自我修养、自我完善。可见，自我意识影响着人的道德判断和个性的形成，尤其对个性倾向性的形成更为重要。

※ 探索自我

自我和谐量表（SCCS）

【测试说明】下面是一些个人对自己看法的陈述，填答案时，请看清每句话的意思，然后圈选一个数字（1 代表该句话完全不符合你的情况，2 代表比较不符合你的情况，3 代表不确定，4 代表比较符合你的情况，5 代表完全符合你的情况）。以代表该句话与你现在对自己的看法相符合的程度，每个人对自己的看法都有其独特性，因此答案是没有对错的，你只要如实回答就行了。

1. 我周围的人往往觉得我对自己的看法有些矛盾。　1　2　3　4　5
2. 有时我会对自己在某方面的表现不满意。　1　2　3　4　5
3. 每当遇到困难，我总是首先分析造成困难的原因。　1　2　3　4　5
4. 我很难恰当表达我对别人的情感反应。　1　2　3　4　5
5. 我对很多事情都有自己的观点，但我并不要求别人也与我一样。　1　2　3　4　5
6. 我一旦形成对事物的看法，就不会再改变。　1　2　3　4　5
7. 我经常对自己的行为不满意。　1　2　3　4　5
8. 尽管有时得做一些不愿意的事，但我基本上是按自己意愿办事的。　1　2　3　4　5
9. 一件事好是好，不好是不好，没有什么可含糊的。　1　2　3　4　5
10. 如果我在某件事上不顺利，我就往往会怀疑自己的能力。　1　2　3　4　5

11. 我至少有几个知心朋友。 1 2 3 4 5
12. 我觉得我所做得很多事情都是不该做的。 1 2 3 4 5
13. 不论别人怎么说，我的观点决不改变。 1 2 3 4 5
14. 别人常常会误解我对他们的好意。 1 2 3 4 5
15. 很多情况下我不得不对自己的能力表示怀疑。 1 2 3 4 5
16. 我朋友中有些是与我截然不同的人，这并不影响我们的关系。 1 2 3 4 5
17. 与朋友交往过多容易暴露自己的隐私。 1 2 3 4 5
18，我很了解自己对周围人的情感。 1 2 3 4 5
19. 我觉得自己目前的处境与我的要求相距太远。 1 2 3 4 5
20. 我很少想自己所做的事是否应该。 1 2 3 4 5
21. 我所遇到的很多问题都无法自己解决。 1 2 3 4 5
22. 我很清楚自己是什么样的人。 1 2 3 4 5
23. 我很能自如地表达我所要表达的意思。 1 2 3 4 5
24. 如果有足够的证据，我也可以改变自己的观点。 1 2 3 4 5
25. 我很少考虑自己是一个什么样的人。 1 2 3 4 5
26. 把心里话告诉别人不仅得不到帮助，还可能招致麻烦。 1 2 3 4 5
27. 在遇到问题时，我总觉得别人都离我很远。 1 2 3 4 5
28. 我觉得很难发挥出自己应有的水平。 1 2 3 4 5
29. 我很担心自己的所作所为会引起别人的误解。 1 2 3 4 5
30. 如果我发现自己某些方面表现不佳，总希望尽快弥补。 1 2 3 4 5
31. 每个人都在忙自己的事，很难与他们沟通。 1 2 3 4 5
32. 我认为能力再强的人也可能遇上难题。 1 2 3 4 5
33. 我经常感到自己是孤独无援的。 1 2 3 4 5
34. 一旦遇到麻烦，无论怎样做都无济于事。 1 2 3 4 5
35. 我总能清楚地了解自己的感受。 1 2 3 4 5

【计分办法】各分量表的得分为其所包含的项目分直接相加。

【测试结果】三个分量表包含的项目及题号如表 3-1 所示。

表 3-1 测试结果

	包含题目	自测分数	大学生常模
自我与经验的不和谐	1、4、7、10、12、14、15、17、19、21、23、27、28、29、31、33		46.13±10.01
自我的活性	2、3、5、8、11、16、18、22、24、30、32、35		45.44±7.44
自我的刻板性	6、9、13、20、25、26、34		18.12±5.09

“自我与经验的不和谐”反映的是自我与经验之间的关系，包含对能力和情感的自我评价，我一致性、无助感等，它所产生的症状更多地反映了对经验的不合理期望。

“自我的灵活性”与敌对与恐怖的相关显著，可以预示自我概念的刻板与僵化。

“自我的刻板性”不仅同质性信度较低，而且与偏执有显著相关，使用仍然在探索中。

此外还可以计算总分，方法是将“自我的灵活性”反向计分，再与其他两个分量表得分相加。得分越高自我和谐程度越高，在大学生中，低于74分为低分组，75～102分为中间组，103分以上为高分组。得分越高，则自我和谐程度越低，容易因为对环境的不适应或逃避，导致自我的僵化，或因不能改变导致无助感。

第二节　大学生自我意识发展的特点

一、自我意识的产生和发展

自我意识是个体自身心理、生理与社会功能状态的知觉和自我评价，是指主体对其自身的意识。它包括自我观察、自我监督、自我评价、自我体验、自我教育和自我控制等，自我意识对人的心理活动和行为起着调节作用。

心理学研究表明，个体自我意识从发生、发展到相对稳定和成熟，大约需要二十余年。个体自我意识的发展经历两次飞跃：第一次飞跃在1～3岁，是以儿童学会用代词“我”来标志自己为重要特点；第二次飞跃是在初中阶段。

自我意识是个体社会化的结果，其形成大致可以分为以下三个阶段，即生理的自我、社会的自我和心理的自我。

（一）生理的自我

生理的自我又称为物质的自我，它是一个人对自己身躯的认识，包括占有感、支配感和爱护感。心理学家奥尔波特等人认为，婴儿出生以后，最初他们不能区分属于自己与不属于自己的东西。对于自己的手、脚和周围的玩具，都视为同样性质的东西加以摆弄，3个月的婴儿能对人发出微笑，这表示婴儿对外界的刺激发生了反应。8个月的婴儿开始关心自己在镜子里的形象，但10个月的时候依然不知道镜子里的形象就是自己。一般认为，婴儿要到2岁零2个月以后，才会认识自己在镜子里的自我形象，大约与此同时，开始学会使用“你”这个人称代词。心理学家大都认为儿童要到3岁的时候，自我意识中的生理自我才能形成，同时也开始更多地使用人称代词“我”字。这时候儿童所表现出来的行为，大都是以“我”为中心的，所以有些心理学家称这一时期为“自我中心期”。

（二）社会的自我

社会的自我时期又称为个体客观化时期。这个阶段大约是从3岁到青春期之前，即

到 13～14 岁的时候，这段时间是个体接受社会影响的重要时期，也是个体实现社会自我的最关键的阶段。这期间儿童的游戏，往往是成人社会生活的缩影，儿童在游戏中扮演某种社会角色，也是他们学习角色行为的一种方式，在游戏中儿童揣摩着角色的心理状态，体验着角色与角色间的相互关系。特别是儿童通过学校中的社会化生活，更加速了他们社会自我的形成过程。

学校中的社会化过程，是个体自我意识形成的重要阶段。学校与家庭不同，在家庭中儿童往往是以“我”为中心，尤其是独生子女，而学校则是中性的，对任何人都一视同仁，老师对每一个学生都一样的关心，一样的严格要求。儿童在学校只能是班级和集体的一分子，而不能像在家里那样可以为所欲为地指挥别人，在学校他们必须承担一定的社会义务和社会责任，要完成这些义务和责任，本身就是一种压力，压力则可以使他们产生焦虑和不安。在家里可以听之任之的事，在学校则要认真对待，否则就要受到集体舆论的谴责，在学校必须学习文化科学知识，掌握各种技能技巧，按照一定的道德规范严格要求自己，逐步地使自我实现的愿望和动机与社会的要求相吻合，最终达到社会的自我。

（三）心理的自我

心理的自我又称精神的自我，这个阶段主要是从青春期到成年大约 10 年的时间。这期间，个体无论在生理上还是在心理上，都发生了一系列急剧的变化，骨骼的增长，性器官的成熟，想象力的丰富，逻辑思维能力的日益完善，进一步使个体自我意识的发展趋向主观性。所以，这一时期又称为主观化时期。个体的主观性主要表现在以下四个方面：

1. 独立地认识外部世界

这个阶段的青年人，往往用自己的观点来认识和评价客观事物，自我意识是个体认识外界事物的中介因素。青年与儿童不同，在客观化时期，儿童是以社会的观点来认识和评价事物的，他们以成人的观点为指导，而青年人则不同，他们不愿意盲目地追随别人，把跟在别人的后面随声附和看成是耻辱，在观点上喜欢标新立异，在行为上喜欢别具一格。个体自我意识的发展并不是到此为止，否则人类社会的进步和创造力就无从谈起，人类社会将变成一个整齐划一的群体。其实个体早在客观化时期，就已经不断地把他们从社会吸取的知识、观点、理想和愿望等进行了综合加工，到了主观化时期，个体就把这些经过综合加工形成的主观态度和主观意识来作为评价客观事物的依据。

2. 个人价值体系的产生

在这个时期，青年人常常强调自己所独有的人格特征，目的是用以保护和提高自己在社会上的地位。强调自己的个人价值，实际上是一种自我防御机能。例如，一个身怀绝技的青年人，往往过分地强调该项技能的重要性，同样一个学习优异的青年人，也会强调学习文化知识的重要性。青年人大都具有自我欣赏的人格特征，心理学中把这种自我欣赏的人格特征，纳入一个人的价值体系，它能使一个人感到自豪、自信和自尊。实际上，这种价值体系也是在个体自我意识发展的过程中产生的，并被看成是一个人的价值观。

3. 追求自我理想

自我理想就是一个人对追求目标的向往。个体所追求的目标对他本人来说，总认为是最有意义的。想当医生的人，就认为医生的职业最高尚，想当企业家的人，就认为企业家的工作最有意义，同样，想当社会活动家的人，也就认为社会活动家的工作最光荣等。由此可见，自我理想往往与价值观是一致的。一般来说，青年人在这个时期，由于精力充沛，大都具有自己追求的目标。目标在这个时期往往成为他们自我奋斗的一种象征，并由此产生巨大的吸引力。

4. 抽象思维的发展

抽象思维的发展是个人智力发展的一个飞跃。抽象思维能力提高了，就能使人们的思维超越具体的环境，而进入精神的境界，即所谓达到了心理的自我。心理的自我主要是通过人们的思维和想象实现的。当自我意识的发展从成人的约束下独立出来，而强调自我价值和自我理想的时候，这时，个体的自我意识也就确立了。因此，自我意识形成的过程，也就是个体不断成长的过程。

二、大学生自我意识发展的规律

大学阶段是个体自我意识急剧增长、迅速发展和趋于完善的重要时期，这个阶段大学生的自我意识发展表现出与其他阶段不同的独有的特征，是自我意识发展较为特殊的一个阶段。通过对各种关于大学生自我意识的发展过程的研究的相关观点，能够得出结论：大学阶段是自我意识稳步发展的阶段，自我认识、自我体验、自我控制逐渐协调一致，大学生自我意识发展的规律可以表现为“分化——矛盾——整合”的过程。

（一）大学生自我意识的分化

大学生自我意识的发展是从明显的自我分化开始的，表现为以往那种笼统的、完整的“我”被打破，出现了两个“我”：主观的“我”和客观的“我”、理想中的“我”和现实中的“我”，其中主观的“我”处于观察者的角度，而客观的“我”则处于被观察者的角度。

自我意识的分化是自我意识走向成熟的标志。随着自我明显的分化，大学生们开始主动、迅速地关注自己的内心世界和行为，对生理自我、心理自我、社会自我每一细微变化产生新的认识和体验，自我反省能力增强，自我形象的再认识更加丰富、完整和深刻，由此而来的各种激动、焦虑、喜悦增加，自我体验更加丰富多彩，自我思考增多，自己应该怎样做，能怎么做，不应该怎么做，不能怎么做等成为经常思考的问题，开始要求有属于自己的一片天空和世界，渴望得到理解和关注。

（二）大学生自我意识的矛盾

自我意识的分化，使大学生开始注意到自己以往不曾留意的许多方面，同时也意味着自我矛盾冲突的加剧，即主观自我与客观自我的矛盾冲突、理想自我与现实自我的矛盾冲突的加剧。由自我意识的分化带来的矛盾是大学生自我意识发展过程中的必然现象，当然，它会给大学生带来不安、疑惑与困扰，可能还会影响到他们的心理健康与心

理发展，但它更会促使大学生努力解决矛盾，实现自我意识的统一，从而推动自我意识向着成熟发展。具体来说，大学生自我意识分化主要体现在以下几种自我意识的矛盾方面：

1. 主观自我与客观自我的矛盾

作为同龄人中能够接受高等教育的人，大学生对自我有较高的积极评价，但由于他们远离社会，缺乏社会经验，在校园浓郁的学术与文化氛围中成长，对社会的了解缺乏客观的眼光与切肤的体验。另外，随着高等教育大众化进程的推进，适龄青年接受高等教育机会的增加，社会对大学生的评价更趋客观。大学生回归本位，身上光环的消失使他们产生失落感。

2. 理想自我与现实自我的冲突

在现实生活中，理想自我与现实自我总是存在着一定的差距。合理的差距能够使人不断进步、奋发有为，但是，如果差距过大，则有可能引起自我的分裂，导致一系列心理问题。

3. 独立与依附的冲突

大学生生理与心理的成熟使它们渴望独立，以独立的个体面对生活、学习与工作中遇到的问题，但由于长期的校园生活使他们应有的社会阅历与经验相对匮乏，当应急事件出现时，却又盼望亲人、老师和同学能够替自己分忧。另外，大学生心理上的独立与经济上的不独立也形成了明显的反差。在他们迫切希望摆脱约束、追求独立的同时，却又不可能真正摆脱家长和老师的支持与帮助。特别是对于某些独生子女来说，由于长期受到父母的溺爱，独立与依赖的矛盾就表现得尤为突出。

4. 渴望交往与心灵闭锁的冲突

没有哪个时期比青少年时期更加渴望友情与爱情，更加渴望同辈群体的认同与归属感。在这个时期，每个人都渴望着爱与友谊，渴望着交往与分享，渴望着自我价值得到实现，渴望着探讨人生的真谛，寻找人生的知己，希望成为群体中受尊敬与欢迎的人；然而，大学生的自我表露又受到心灵闭锁的影响，总是不经意地将自己的心灵深藏起来，与同学有意无意地保持着一定的距离，存在着戒备心理，不能完全敞开心扉交流与沟通思想。这也是大学生常常感到的“交往不如中学那么自如真诚”的原因所在。

5. 理智与情感的冲突

大学生情绪的一个显著特点是容易两极分化，或高或低，波动性大，易冲动，不易控制。但随着身心的发展和认知水平的提高，大学生渐渐成熟，在遇到客观问题时，既满足自己情绪与情感的要求，又想服从于社会及他人的需求。特别是当遇到失恋等人生打击时，尽管理智上能够理解，却在感情上难以接受。

（三）大学生自我意识的整合

自我意识的矛盾冲突，常常会给大学生带来不安或心理痛苦，在自我意识的矛盾冲突中，大学生的自我意识也在不断调整和发展。在自我意识的不断调整和发展过程中，他们极易寻求新的支点，寻找自我意识的统一点，统合自我意识。

1. 积极自我的建立：自我肯定

自我肯定，即对自我的认识比较清晰、客观、全面、深刻。这种积极自我的特点是在经过痛苦的选择与调整之后，大学生逐渐成长，使理想自我与现实自我趋于统一，主观自我与客观自我趋于一致，对自我的认识更加深刻、客观和理性。积极的自我不仅了解自己的长处与优势，也了解自己的不足与劣势，能够分析哪些是通过努力可以达到的，哪些是属于无法企及的，从而进行积极的自我肯定，向着理想自我迈进。

2. 消极自我的建立：自我否定

消极的自我意识分为两个方面：自我贬损型与自我夸大型。自我贬损型的人由于总在积累失败与挫折的经历，对现实自我的评价较低，并时常伴有没有价值感、自我排斥、自我否定。他们不但不接纳自己，甚至自我拒绝、自我放弃，表现为没有朝气、随波逐流、缺少激情，生活没有目标，其结果则更加自卑，从而失去进取的动力。自我夸大型的人正好相反，他们对自我评价非常高，往往脱离客观实际，常常以理想自我代替现实自我，盲目自尊，虚荣心强，心理防御意识强。其行为结果要么表现为缺乏理智，情绪冲动，忘记现实自我而沉浸于虚无缥缈的自我设计中；要么自吹自擂、自我陶醉，却不去为实现自我做出努力。自我贬损型与自我夸大型的共同特点是对自我评估不正确、理想自我不健全，缺乏实现理想自我的手段，形成后的自我虚弱而不完整，是一种不健康的自我统合。虽然大学生中这种类型的人较少，但严重者可能会用违反社会规范或以违法犯罪的手段来谋求自我意识的统合。

3. 自我冲突

自我冲突是难以达到整合的自我意识，表现为自我评价始终在真实自我上下徘徊，自我认知或高或低，自我体验或好或坏，自我控制时强时弱，心理发展极不平衡，有时显得自信而成熟，有时又表现出自卑而不成熟，让人无法评估。

第三节　大学生自我意识发展的特点

大学生正处于自我意识发展的关键时期，其自我意识的发展出现了许多新的特点。确定大学生自我意识发展的水平，应以其自我意识结构之间是否协调发展为重要指标。

一、大学生自我认识的特点

（一）大学生更加注重对自己内在素质的认识

有调查显示，在中学尤其是高年级，学生对自我的认识比较看重一些外在的东西，如身体、容貌、仪表等。到了大学阶段，学生对自己的认识发生了很大的变化，这种变化不是说学生不看重外在的东西了，而是与外在的东西相比，他们更加注重内在的素质。在一所大学的问卷调查中，在回答“你认为你是一个什么样的人”时，多数学生回答的是自己的一些心理品质，如善良、热情、诚实、乐观、自信、自尊等。

(二) 大学生更加注重自己在社会中的地位和作用

随着年级的升高，大学生对自我的社会属性（社会地位、社会角色、社会责任、社会义务等）越来越关注。经常在校园里听到大学生们说："宇宙是无限的，人生只是昙花一现，但也要在这一瞬间把斑斓的色彩留给人类"，"社会的进步不是靠哪个救世主，而是靠社会成员的努力，靠我们自己掌握自己的命运"。也经常有许多高年级的学生以未报答父母的辛苦劳动而感到内疚。

(三) 大学生的自我认识以肯定性评价为主

从总体上看，现代的大学生看到更多的是自己的优势、优点。从一定意义上说，这一状况显示了当代大学生的自信、积极向上的心理姿态。但同时，过分看重自己的优势，而看不到自己的缺陷，这也可能走向另一个极端，即盲目自大、目中无人的心理状态，而这是对学生的发展是极为不利的。

(四) 大学生的自我评价从高估走向平衡

从我国大学生的实际来看，低年级的学生自我评估的倾向比较明显，这是因为他们刚从中学毕业，能升入大学的毕竟是少数人，因此，他们自认为是"天之骄子"，但是，经过四年的大学学习、观察和体验，自我的评价趋于平衡，对自己的评价更为客观、现实。

二、大学生自我体验的特点

(一) 大学生自我体验的发展水平渐趋稳定

调查结果显示，大学生各年级学生由于自我认识与评价能力的增高，自我体验仍在发展变化，但大学二年级和三年级自我体验的测验得分有所下降。情感体验受到社会需要和主体意识与客体的相互关系的影响，尤其是在大学期间，学生的理想和现实往往发生矛盾冲突，这种矛盾一直持续到四年级才得到解决，因而自我体验经过三年级这个转折点，到四年级又回升到较高水平。

(二) 大学生的自我体验较为强烈

大学生在自我评价和提高的基础上，认识到自我的价值、地位和作用，责任和义务感增强，自尊心有突出的表现，在学习和各项活动中争强好胜，一旦受挫和失败就会产生内疚与压抑的情绪。成功与失败都会引起大学生强烈的情绪反应。

(三) 大学生的自我体验敏感性大

青年期的学生对涉及自我的一切事物都非常敏感，特别是在与异性的接触中更常常引起情绪的波动，在行为与自我形象的塑造上往往触景生情，通过想象抒发自己的灵感和生活的体验，因而在思维中经常流露出一些感触和遐想等。从性别差异来看，在自我体验强度方面，男生大于女生；在体验的持续性上，女生比男生持久。

三、大学生自我控制的特点

（一）大学生自我控制能力与自我监督能力的提高

大学生的自我控制已经发展到由自觉提出的动机、目的来调节与支持，防止活动的任意改变，坚持实行预定的行动计划，因而能应用逻辑分析提高执行过程的知觉水平。大学生自我监督的自觉性来源于社会责任感、成就目标、生活价值定向、意志的努力和锻炼，而外部直接诱因的作用则相对减少了。

（二）大学生自我控制的社会性增加，更多地用社会标准要求自我

根据相关调查发现，大多数学生希望做一个为社会做贡献、适应时代发展特点、德才兼备、富有开拓精神、肩负重任的人，而认为自己只能做一个普普通通、没有远大理想的大学生，只占少数。

（三）存在高估或低估自我的倾向

大学生由于自我评价与自我体验发展不平衡，有时表现出高估自己的倾向，所谓高估，就是自我评价高于他人评价。有些学生的自信心和优越感强，他们用自己之长比他人之短；有的学生出现了盲目的抗拒心理，认为别的同学都不如自己，甚至采用各种方式表现自己的能力，思想偏激、武断，因而出现错误的行为。有些学生是低估自己，在大学生活和学习中积累了更多的挫折与困难，自卑感严重，出现了焦虑和紧张，倾向于自我否定。这两种表现都说明大学生在自我控制方面更需要注意上述自我结构因素，由不平衡向平衡发展。

第四节　大学生健全自我意识的完善和培养

健全的自我意识不但是一个人心理健康的有效保证，也是一个人完善自我、实现自我价值的重要途径。

一、健全自我意识的标准

健全的自我意识对人的心理健康起着很重要的作用，它制约着人格的形成发展，具有如下标准：

（1）自知之明：自我意识健全的人，应该是一个有自知之明的人，既知道自己的优势，也知道自己的劣势，能正确评价自我和自我发展。

（2）整合的自我意识：自我意识健全的人，应是自我认识、自我体验和自我控制协调一致的人。

（3）自我肯定：自我意识健全的人，应该是积极自我肯定的、独立的并与外界保持一致的人。

（4）理想我与现实我统一：自我意识健全的人，应该是理想自我与现实自我统一的人，有积极的目标意识和内省意识，积极进取、永无止境。

二、大学生自我意识的完善和培养

（一）认识自我

（1）要全面地分析自己的长处和短处、优点和缺点。我们说“金无足赤，人无完人”，只看到自己的优点，看不到自己的缺点，就会骄傲自负，只看到这里的缺点，看不到优点，就会自惭形秽，形成自卑。首先，全面剖析自己，要对自己人格的各个方面进行考察。人总是各有所长、各有所短的，既不能拿自己的长处比别人的短处而洋洋自得，也不能用自己的短处同别人的长处比而自愧不如人。其次，全面剖析自己还要联系不同的社会角色来对自己进行考察。大家知道，在我们的一生中每个人要扮演不同的角色，如儿童、学生、父母、爷爷奶奶等，其实在我们生活的每一天、同一时刻我们也要扮演不同的角色，如此时此刻我们既是父母的孩子，又是学校的学生，还是共青团员、班级干部、社团成员等，所以，从不同角色和角色地位的变化来考察自己，可以对自己形成全面的认识。

（2）全面剖析自己还要正确分析不同时期、不同的人对自己的评价。有些是处在顺境时别人的评价，有些是处在逆境时别人的评价，有些是了解自己的人或亲近自己的人的评价，有些则是不了解自己的人或对自己有意见的人对自己做出的评价，只有对不同时期、不同的人做出的不同评价进行全面综合而有批判的分析，才能形成比较近于“现实我”的认识。

（二）客观地评价自己

所谓客观地评价自己，就是不能孤立地脱离他人的评价和社会的实践进行主观的自我评价。例如，有的大学生自恃才高，这只是主观的自我评价，他是否真正有才能，必须联系他现时学习的成绩和他解决实际问题的能力来加以客观地评价。一个大学生自认为品德好，这也是一种主观的自我评价，必须联系他日常是否勤奋学习、是否关心和帮助同学、是否尊重父母和老师、是否关心他人的疾苦等来加以客观地衡量。我们说，一个大学生的价值不是由某个大学生自我进行评价，而是要根据他对社会所做出的贡献来进行客观的评价。自古以来，志士仁人、英雄豪杰、模范人物受到人们的崇敬和爱戴，都不是根据他们所做的自我评价，而是他们为人民、为民族谋幸福、推动了社会的进步和历史的发展所做出的客观评价。

（三）欣赏自我

任何人来到世界上都是独一无二的，都应该活出自己的精彩人生。虽然在其间，我们可能会遇到坎坷，遇到不满，遇到些许无奈……，让我们心灰意冷，但请记住，自己的人只能自己把握！所以，我们要有一颗宽容的胸怀，自尊自立的性格，自强不息的精神！每个人都应该学会欣赏，欣赏自己每一分、每一秒的积累打造出来的独家限量版自我，未必奢华，但却独特；无须第一，但却唯一。生活因欣赏而精彩，生命因欣赏而美丽。欣赏自我，既正确地估量自己，也要欣赏自己，欣赏自己的才华与勇气。无论我们是一棵参天大树，还是一棵小草，无论我们是一座巍峨的高山，还是一块小小的石头，都是一种天然，都有自己存在的价值；只要我们认真地欣赏自己，我们就会拥有一个真正的自我；只有自我欣赏才会有信心，一旦拥有了信心也就拥有了抵御一切逆境的动力。

（四）提升自我

俗话说："玉不琢，不成器。"人之所以要进行自我修养，就是为了把自己培养成社会发展所需要的新人，就是为了能担负起重任。大学生，肩负培养社会主义四化建设人才的重担，因而加强自身的修养显得更重要。

1. 认真学习理论，不断提高自我修养的自觉性

理论是行动的指南，思想是行动的先导，理论越彻底，认识越正确，进行修养的自觉性就越高，在修养实践中的盲目性就越少，就能及时地识别错误倾向，少走弯路，免遭挫折。大学生必须认真学习与思想品德修养学方面有关的知识，如伦理学、心理学、人才学、社会学以及现代管理科学等学科。只有理论上的坚定，才能有行动上的坚定，才不至于随波逐流，附和错误潮流。

2. 积极参加社会实践、第二课堂活动

俗话说："听其言，观其行"，这个"行"就是社会实践。社会实践不仅是智慧的源泉，而且是道德的源泉。人们思想品德的形成，正是在社会实践中，在待人处事中表现和形成的。人们要进行自我修养，自我改造，也必须通过社会实践，离开了社会实践，便谈不上自我修养，自我改造。大学生要通过参加社会实践活动，了解国情、乡情，耳闻目睹改革、开放中出现的新气象以及碰到的许多新问题。在平时，大学生可以多参加集体组织的各项有益活动，如参观访问、社会调查、教育实习、专题报告会、讨论会、听录音、看录像、看电影、开展书评、影评以及文娱、体育的比赛等。每个同学参加这些活动，既充分表现了自己的才能，又表现了自己的思想品德，可以从同学们的议论中得到大家对自己思想品德的评价，学习他人的优秀品质，从而促进自己思想品德的修养。只有在实践中，才能找到所学理论与社会需要之间的结合点，才能架起书本知识与现实之间的多层次的立交桥，也只有这样，才能了解社会，丰富思想，坚定信念，陶冶品德。

3. 向先进人物学习

俗话说："榜样的力量是无穷的"，这句话是很有道理的。学习先进人物，可以从历史上学习，也可以从现实中涌现出来的大量英雄人物身上吸取高贵的品质，更要注意学习身边先进典型的精华。学人之长，补己之短，特别是同龄人的先进业绩更发人深省。

（五）实现自我

根据马斯洛的需求层次理论，人类需求像阶梯一样从低到高按层次分为五种，分别是：生理需求、安全需求、社交需求、尊重需求和自我实现需求。实现自我是一个人发

展的最高层次。认识自我，接纳自我，都是为了塑造自我，超越自我，实现自我。对于大学生而言，超越自我，实现自我更是终生努力的目标。在行动上，无论对人对事，均全力以赴，使自己的能力品行得到最大限度的发挥。超越是一种境界，更是一种过程，一种“新我、独特的我、最好的我”形成过程。

第五节　自我认识之拓展训练

一、心理训练

(一) 20个“我是谁”活动

请在下面写出20句“我是……”(如“我是一个热爱生活的人”“我是一个有理想和追求的人”“我是一个爱交往的人”等)。要求符合真实的自我，尽量选择一些能代表自己人格特征的语句，避免表述过于泛泛，例如“我是大学生”。限时5分钟。

(1) 我是________________________

(2) 我是________________________

(3) 我是________________________

(4) 我是________________________

(5) 我是________________________

(6) 我是________________________

(7) 我是________________________

(8) 我是________________________

(9) 我是________________________

(10) 我是________________________

(11) 我是________________________

(12) 我是________________________

(13) 我是________________________

(14) 我是________________________

(15) 我是________________________

(16) 我是________________________

(17) 我是________________________

(18) 我是________________________

(19) 我是________________________

(20) 我是________________________

如果能写出18个以上，自我认知良好；写出15～17个，自我认知还可以；写出12～14个，自我认知很一般；写出9～11个，自我认知不是很好；写出8个以下，自我认知存在一定的困惑。

回答的内容是否涉及自己的未来。哪怕只有一个答案涉及未来（如“我是未来的IT精英”），也说明自己有理想和抱负，在现实生活中充满生机。如果没有一个答案涉及未来，则可能说明自己对未来考虑不多，

回答内容涉及自己的身体状况、心理状况（情绪、才智等）、社会关系状况各有几项？

身体状况：________________________________；

情绪状况：________________________________；

才智状况：________________________________；

社会关系状况：______________________________。

评估一下你对自己的陈述是积极肯定的还是消极否定的。如果表示积极的句子多于表示消极的句子，说明你的自我接纳状况良好。相反，你的消极陈述的句子将近一半甚至超过一半，这显示你不能很好地接纳自己，你的自尊程度较低，这时你需要内省，寻找问题的根源。例如，在哪一方面过低评价了自己？是什么原因造成的？有没有改善的可能？认识自我、接纳自我是一个艰难而痛苦的心理历程，所以重塑自我、超越自我可以说是一场自我革命，它必须从了解自我、接纳自我起步。这对于一个追求卓越成功的年轻人来说是可贵的。

在自愿的基础上同学之间可以相互交流、分享（如果有的人不想把自己的隐私说出来，也不要勉强）。每个学生总结自己的评价和同学的评价，课后写一篇“这就是我”的总结，文章不讲究形式、措辞，只要求对“我”的各个方面都写全，以达到正确认识自我的目的。

（二）“我就是我”

请同学们认真填写下面的表格（表3-2）。“真的我”是从外貌、性格、智力等多方面对自己作一个评价；“理想中的我”，你可以选择一个你心目中的偶像或者想象中的人进行描绘；“别人眼中的我”是你自己思考你在别人的眼中是什么样的进行填写，也可请身边同学帮忙来填写此栏。

表3-2　自我认识拓展训练

项目	真实的我	理想的我	别人眼中的我
身高			
体重			
性别			
出身阶层			
文化程度			
性格			
人际关系			

续表

项目	真实的我	理想的我	别人眼中的我
专业			
恋人			
收入			
爱好			
理想抱负			

讨论：

1. 对比表的结论，看看“真实的我”和“理想的我”之间的差别大吗？对于自己拥有的，你喜欢哪些，不喜欢哪些？你想改变你不喜欢的自己吗？

2. 对比表的结论，看看“真实的我”和“别人眼中的我”之间差别大吗？你是不是一直在伪装自己，你今后打算怎么做？

二、思考题

1. 大学生自我意识发展的主要特征有哪些？

2. 试从学习、社会活动、人际关系三个方面列出自己人格的10个主要特点（优点和缺点）。

3. 如何培养健康的自我意识？

第四章　人格发展，自我魅力的提升

※ 心灵导读

“假如有人出卖生命水，要别人以人格作代价，聪明人决不肯买；因为耻辱地活着不如光荣地死去。”

——萨迪

大学生正处于人格形成和定型的重要时期，健康的人格心理是大学生成才的必备条件。因此每个大学生都应该了解人格知识，积极主动地塑造良好的人格，使自己的人格不断完善，为走向成功奠定坚实的基础。

第一节　人格概述

一、人格的概念

人格又称个性，是指一个人的整体的精神面貌，即一个人在一定社会条件下形成的具有一定倾向的、比较稳定的独特人格心理特征的总和。

“人格”（personality）一词源于拉丁语“persona”，意指古希腊、罗马时代戏剧演员在舞台上戴的面具，用来表现剧中人物的身份和性格。心理学沿用其含义，把一个人在人生舞台上扮演角色时，表现出来的各种行为和心理活动都看作是人格的再现。“人心不同，各如其面”，这句话说明了人的人格差异的普遍存在。

二、人格的特征

（一）整体性

人格的整体性是指构成人格的各种心理成分不是相互独立的，而是相互联系，构成了一个完整的功能系统。人格的整体性首先表现在各种心理成分的一致性。一个正常的人总是能及时地调整人格中的各种矛盾，使人的心理和行为保持一致。人格的整体性还表现在构成个体人格的各种成分中，有的是主要的，起主导作用；有的是次要的，起辅助作用；起主导作用的成分决定个体人格的基本特征。

（二）独特性和共同性

人格的独特性是指人与人之间的心理和行为是各不相同的。由于人格结构组合的多样性，使每个人的人格都有其自己的特点。人格还具有共同性，由于共同的社会文化影响，同一民族、同一地区、同一阶层、同一群体的个体之间具有很多相似的人格特征。因此，人格是独特性和共同性相统一的整体。

（三）稳定性和可塑性

人格不是指一时表现的心理现象，而是指人在较长时期的社会实践中，由于适应或改变客观世界经常表现出来的人格心理，因而人格心理都是比较稳定的。但这种稳定是相对的，在具有决定意义的环境因素和机体因素发生改变时，不论是如何稳定的人格，都会发生一定的变化，具有不同程度的可塑性。

（四）生物性和社会性

人格的生物性是指人格是在人的自然生物特性的基础上发展起来的，人的生物特性影响着人格发展的道路和方式，也决定人格特点形成的难易。不过，人的生物特性并不能决定人格的发展方向，对人格发展起决定作用的是个体的社会历史文化背景，这就是人格的社会性。

三、人格的结构

人格是一个复杂的结构系统，它包含许多成分，其中最主要的有气质、性格、自我调控系统等方面。

（一）气质

1. 气质的定义

气质是指人生来就有的、典型的、表现在心理活动的强度、速度、稳定性和指向性等方面的稳定的心理特征。

2. 气质的特点

人的气质是先天形成的，受神经系统活动过程的特性所制约。人的气质是人的天性，无好坏之分。

3. 气质类型

在公元前5世纪，古希腊医生希波克拉底和罗马医生盖伦就曾提出气质学说。他们认为，人体内有四种体液：血液、黏液、黄胆汁、黑胆汁。血液生于心脏，黏液生于脑髓，黄胆汁生于肝脏，黑胆汁生于胃部，根据这四种体液各自在体内的比例优势，可把人的气质划分为四种类型，即多血质、黏液质、胆汁质、抑郁质。

（1）多血质型

情绪不稳定，情感发生迅速而易改变。思维语言迅速敏捷，活泼好动。适应性强，善于交际，待人热情。喜怒都在展现中，可塑性强。多血质的人具有活泼好动，反应迅速，情绪发生快而多变，兴趣容易转移等特征。这类大学生易于适应环境的变化，性情活泼、热情，善于交际，在群体中精神愉快，相处自然，常能机智地摆脱困境；他们在学习和工作上肯动脑、主意多，不安于机械、刻板、循规蹈矩，常表现出较强的工作能力和办事效率；对外界事物兴趣广泛，但容易失于浮躁，见异思迁。

(2) 胆汁质型

好冲动，感情发生快而且持久。动作迅速而强烈。对自己的言行不能控制。易怒，易激动。缺乏自制力。精力旺盛，直率、热情，行动敏捷，情绪易于激动，心境变换剧烈。这类大学生有理想、有抱负，有独立见解，反应迅速，行为果断，表里如一；不愿受人指挥，而喜欢指挥别人；一旦认准目标就希望尽快实现，遇到困难也不折不挠，但往往比较粗心，学习和工作带有明显的周期性特点，能以极大的热情和旺盛的精力投入学习和工作，一旦精力消耗殆尽时，便会失去信心，情绪顿时转为沮丧而心灰意冷。

(3) 黏液质型

性情沉稳，情感发生缓慢而微弱。沉默寡言，动作迟缓。平静不易激动，很少发脾气，情感很少外露。自制力强。安静、稳重，反应缓慢，沉默寡言，情绪不易外露，注意稳定难于转移，善于忍耐。这类大学生反应较为迟缓，但无论环境如何变化，都能基本保持心理平衡；凡事深思熟虑，力求稳妥；在各种情况都表现出较强的自我克制能力；他们外柔内刚，沉静多思，不愿流露内心的真情实感；与人交往时，态度适度，不卑不亢，不爱抛头露面和作空泛的清谈；学习、工作有板有眼，踏实肯干，严格恪守既定的生活秩序和制度。但他们过于拘谨，不善于随机应变，固定性有余而灵活性不足，有墨守成规、因循守旧的表现。

(4) 抑郁质型

性情脆弱，情感发生缓慢而持久。动作迟钝，柔弱易倦。不喜欢抛头露面。孤僻，行动迟缓，情感体验深刻，善于觉察别人不易觉察到的细小事物。这类大学生在生理上难以忍受或大或小的神经紧张，厌恶那些强烈的刺激；他们的感情细腻而脆弱，常为区区小事引起情绪波动；自己心里有话，宁愿自己品味，也不愿向别人倾诉；喜欢独处，与人交往时显得腼腆、忸怩，善于领会别人的意图，在团结友爱的集体中，很可能是一个容易相处的人；遇事三思而行，求稳不求快，对力所能及的工作能认真负责地完成。在学习、工作一段时间后，常比别人更感疲倦；在困难面前常怯懦、自卑和优柔寡断。

(二) 性格

1. 性格的含义

性格一词来源于希腊文，原意为“雕刻的痕迹”或“戳记的痕迹”，后来转意为印刻、标记、特性。现代心理学家把性格理解为：一个人对现实的态度和习惯化了的行为方式中表现出来的较稳定的具有核心意义的人格心理特征。在这一定义中，一方面表现为性格具有直接的社会意义，不同性格特点的社会价值是不同的；另一方面也表现为性格对能力、气质的影响，性格决定了气质、能力的发展方向，影响到气质和能力的表现。

2. 性格的特征

（1）性格的态度特征。态度的对象多种多样，包括个人的、集体的、社会的、思想的以及个人的内心世界等。这些对象的性格特征主要有谦虚或自负、自信或自满、自豪或自卑、自尊或羞怯、同情或冷漠。

（2）性格的意志特征。性格的意志特征指人们对自己的自觉调节方式和水平方面的特征。如目的性或盲目性、独立性或依赖性、自制或放纵、勇敢或怯懦、果断或犹豫、坚韧或软弱。

（3）性格的情绪特征。性格的情绪特征指情绪活动的强度、稳定性、持久性和主导心情方面表现的个人特点。如乐观或悲观、热情或低沉、高涨或消沉。

（4）性格的理智特征。人在认识活动中表现出个别差异，这些个别差异即性格的理智特征。如主动观察或被动观察、主动记忆或被动记忆、想象大胆或想象受阻抑、理想型或空想型等。

3. 性格的类型

性格分类方法很多，而且可以从不同角度来反映一个人性格的某一侧面。以下是常见的三种划分类型：

（1）**内向—外向型。**按人格倾向性分类可把性格分为内向型与外向型。

①内向型的人心理活动倾向于内部，感情较内蕴、含蓄，处事谨慎，自制力较强，善于忍耐，富有想象，情绪体验深刻，但不善社交，应变能力较弱，反应缓慢，易优柔寡断，显得有些沉郁、孤僻、拘谨、胆怯等。

②外向型的人心理活动倾向于外部，活泼开朗，善交际，感情易外露，关心外部事物，处世不拘小节，独立性强，能适应环境，但易轻信，自制力和坚持性不足，有时表现出粗心、不谨慎、情感动荡多变等。

（2）**理智—情绪型。**按情绪的控制程度可把性格分为理智型与情绪型。

①理智型的人常以理智的尺度衡量一切。这种人善于控制自己的情绪，使自己的行为具有明显的理智导向，自制力强、处世谨慎，但容易畏前缩后，缺少应有的冲劲。如果理智型不被健康的意识控制时，就可能表现出虚伪、自私、见风使舵、冷漠等。

②情绪型性格指情绪体验深刻，举止言行易受情绪左右。这种人待人热情，做事大胆，情绪反应敏感，但情绪易起伏，有时冲动，注意力不够稳定，兴趣易转移。

（3）**独立—顺从型。**按个体独立程度可把性格分为独立型与顺从型。

①独立型的人，倾向于利用自身内在的参照标志，独立性强，受暗示性较少，对他人不感兴趣，社会敏感性差，不善交际，对抽象的内容特别关注，解决问题不易受定势影响，比较有创造性。

②顺从型的人，倾向于利用外在参照标志，独立性较弱，受暗示性较强，对他人感兴趣，社会敏感性强，善于交际，抗应激能力差。

（三）自我调控系统

自我调控系统的作用是对人格的各种成分进行调控，保证人格的完整、统一与和谐。自我调控系统是人格中的内控系统和自控系统。具有自我认知、自我体验、自我控制三个子系统。

(1) 自我认知：自我认知是对自己的洞察和理解，包括自我观察和自我评价。自我观察是指对自己的感知、思维和意向等方面的觉察；自我评价是指对自己的想法、期望、行为及人格特征的判断与评估，这是自我调节的重要条件。

(2) 自我体验：自我体验是伴随自我认识而产生的内心体验，是自我意识在情感上的表现，即主我对客我所持有的一种态度。它反映了主我的需要与客我的现实之间的关系。客我满足了主我的要求，就会产生积极肯定的自我体验，即自我满足；反之，客我没有满足主我的要求，则会产生消极否定的自我体验，即自我责备。

(3) 自我控制：自我控制是自我意识在行为上的表现，是实现自我意识调节的最后环节。自我控制包括自我监控、自我激励、自我教育等成分。

四、人格发展和形成的影响因素

目前，一般认为，人格的形成和发展是遗传因素和环境因素相互作用的结果，其中遗传因素是人格形成和发展的生物学基础，遗传为人格发展提供了可能性和发展方向。在遗传和环境的相互作用过程中，环境因素包括社会、家庭、学校等。

(一) 生物遗传因素

由于人格具有较强的稳定性特征，因此人格研究者更注重遗传因素的作用。第一，遗传是人格不可缺少的影响因素；第二，遗传因素对人格的作用程度因人格特征的不同而异；第三，人格的发展过程是遗传与环境交互作用的结果，遗传因素影响人格的发展方向及改变。

(二) 社会文化因素

每个人都处在特定的社会文化环境中，文化对人格的影响极为重要。社会文化塑造了社会成员的人格特征，使其成员的人格结构朝着相似性的方向发展。其作用表现在：第一，社会文化对人格具有重要的作用，特别是后天形成的一些人格特征；第二，社会文化对个人的影响力因文化的强弱而异，这要看社会对顺应的要求是否严格，越严格，其影响力越大；第三，社会文化因素决定了人格的共同性特征，它使同一社会的人在人格上具有一定程度的相似性。社会文化对人格具有塑造功能，还表现在不同文化的民族有其固有的民族性格。例如中华民族是一个勤劳勇敢的民族，这里的“勤劳勇敢”的品质便是中华民族的共有的人格特征。

(三) 家庭环境因素

研究人格的家庭成因，重点在于探讨家庭的差异（包括家庭结构、经济条件、居住环境、家庭氛围等）和不同的教养方式对人格发展和人格差异具有不同的影响。家庭教养方式一般分为三类：权威型教养方式、放纵型教养方式和民主型教养方式。研究发现，在权威型教养方式这种环境下成长的孩子容易形成消极、被动、依赖、服从的人格特征。在放纵型教养方式这种家庭环境中成长的孩子多表现为任性、自私、野蛮、唯我独尊、蛮横胡闹等。民主型教养方式使孩子形成一些积极的人格品质，如活泼、快乐、

彬彬有礼、善于交往等。由此可见，家庭确实是“人类性格的工厂”，它塑造了人们不同的人格特质。

（四）学校教育因素

学校教育在学龄儿童人格的形成与发展中具有重要作用。学生通过课堂教育接收系统的科学知识，同时形成科学的世界观。通过学习还可以形成与发展学生的坚持性、主动性等优良的人格特征。校风和班风也是影响学生人格形成与发展的重要因素。良好的校风和班风能够促使学生养成积极性、独立性和遵守纪律等品质。在学校，教师要通过各种教育教学活动，塑造学生的人格特征，同时教师又是学生学习的榜样，教师的言行对学生的人格同样产生潜移默化的影响。

（五）早期童年经验

弗洛伊德认为早期童年经验对人格有重要影响力。中国也有句俗话：“三岁看大，七岁看老。”人生早期所发生的事情对人格的影响，历来为人格心理学家所重视。需要强调的是，人格发展尽管受到童年经验的影响，幸福的童年有利于儿童发展健康的人格，不幸的童年也会使儿童形成不良的人格，但二者不存在一一对应的关系。另外，早期经验不能单独对人格起作用，它与其他因素共同决定着人格的形成与发展。

（六）自然物理因素

生态环境、气候条件、空间拥挤程度等这些物理因素都会影响到人格的形成与发展。比如气温会提高某些人格特征的出现频率，如热天会使人烦躁不安等。但自然环境对人格不起决定性的作用。在不同的物理环境中，人可以表现不同的行为特点。

在上面几种因素中，家庭因素奠定了性格形成的基础，学校教育和教学对性格的形成起着主导的作用，而社会实践在性格的形成与发展中起着决定的作用。

※ 探索自我

气质类型测试

【测试说明】通过对下面60道题的回答，可以帮助你确定自己的气质类型，在回答这些问题时，你认为很符合自己情况的，记2分；比较符合自己情况的，记分1分；介于符合与不符合之间的，记0分；比较不符合自己情况的，记－1分；完全不符合自己情况的，记－2分。

1. 做事力求稳妥，一般不做无把握的事。
2. 遇到可气的事就怒不可遏，想把心里话全说出来才痛快。
3. 宁可一人干事，不愿很多人在一起。
4. 到一个新环境很快就能适应。
5. 厌恶那些强烈的刺激，如尖叫、噪声、危险镜头等。
6. 和人争吵时，总是先发制人，喜欢挑剔别人。
7. 喜欢安静的环境。

8. 善于和人交往。
9. 羡慕那种善于克制自己感情的人。
10. 生活有规律，很少违反作息制度。
11. 在多数情况下情绪是乐观的。
12. 碰到陌生人觉得很拘束。
13. 遇到令人气愤的事，能很好地自我克制。
14. 做事总是有旺盛的精力。
15. 遇到问题总是举棋不定，优柔寡断。
16. 在人群中从不觉得过分拘束。
17. 情绪高昂时，觉得干什么都有趣，情绪低落时，又觉得什么都没意思。
18. 当注意力集中于某一事物时，别的事很难使我分心。
19. 理解问题总比别人快。
20. 碰到危险情景，常有一种极度恐怖感。
21. 对学习、工作怀有很高的热情。
22. 能够长时间做枯燥、单调的工作。
23. 符合兴趣的事情干起来劲头十足，否则就不想干。
24. 一点小事就能引起情绪波动。
25. 讨厌做那种需要耐心、细致的工作。
26. 与人交往不卑不亢。
27. 喜欢参加热烈的活动。
28. 爱看感情细腻、描写人物内心活动的文学作品。
29. 工作、学习时间长了，常感到厌倦。
30. 不喜欢长时间谈论一个问题，愿意实际动手干。
31. 宁愿侃侃而谈、不愿窃窃私语。
32. 别人总是说我闷闷不乐。
33. 理解问题常比别人慢些。
34. 疲倦时只要短暂的休息就能精神抖擞，重新投入工作。
35. 心里有话宁愿自己想，不愿说出来。
36. 认准一个目标就希望尽快实现，不达目的，誓不罢休。
37. 学习、工作同样一段时间后，常比别人更疲倦。
38. 做事有些莽撞，常常不考虑后果。
39. 老师讲授新知识、技术时，总希望他讲得慢些，多重复几遍。
40. 能够很快地忘记那些不愉快的事情。
41. 做作业或完成一件工作总比别人花的时间多。
42. 喜欢运动量大的剧烈体育运动，或参加各种文艺活动。
43. 不能很快地把注意力从一件事转移到另一件事上去。
44. 接受一个任务后，就希望把它迅速解决。
45. 认为墨守成规比冒风险强些。

46. 能够同时注意几件事物。
47. 当我烦闷的时候，别人很难使我高兴起来。
48. 爱看情节起伏跌宕、激动人心的小说。
49. 对工作抱认真严谨、始终一贯的态度。
50. 和周围人们的关系总是相处不好。
51. 喜欢复习学过的知识，重复做能熟练做的工作。
52. 希望做变化大、花样多的工作。
53. 小时候会背的诗歌，我似乎比别人记得清楚。
54. 别人说我“出语伤人”，可我并不觉得是这样。
55. 在体育活动中，常因反应慢而落后。
56. 反应敏捷、头脑机智。
57. 喜欢有条理而不甚麻烦的工作。
58. 兴奋的事常使我失眠。
59. 老师讲新概念常常听不懂，但是弄懂以后就很难忘记。
60. 假如工作枯燥无味，马上就会情绪低落。

【计分方法】

(1) 将各题的得分填入气质类型记分表内（表 4-1）。

表 4-1 气质类型记分表

胆汁质	题号	2	6	9	14	17	21	27	31	36	38	42	48	50	54	58	总分
	得分																
多血质	题号	4	8	11	16	19	23	25	29	34	40	44	46	52	56	60	总分
	得分																
黏液质	题号	1	7	10	13	18	22	26	30	33	39	43	45	49	55	57	总分
	得分																
抑郁质	题号	3	5	12	15	20	24	28	32	35	37	41	47	51	53	59	总分
	得分																

(2) 将每一种气质类型所包含的 15 道题相加得总分。

【测试结果】 如果某一种气质的得分在 20 分以上，其他三种气质的得分都很低，即为某种典型气质类型。如多血质一栏的得分为 23 分；胆汁质一栏的得分为 8 分；黏液质一栏的得分为 3 分；抑郁症一栏的得分为 - 10 分，那么就是典型的多血质气质类型的人。

如果某一种气质的得分在 10 分以上、20 分以下，其他三种气质的得分都很低，即为某种一般气质类型。

如果某两种气质或三种气质的得分很接近（相差 5 分以内），其他两种或三种气质的得分与之相差很大，即为某两种或三种混合气质类型的人。

一般来说，分值越高，表明越具有该项气质类型；反之，分值越低就越不具备该项特征。

第二节　大学生人格特点与常见的人格障碍

大学生正处于身心急剧发展和自我意识由分化、矛盾逐渐走向统一的特殊时期，因此大学阶段仍然是大学生人格不断发展的重要时期。

一、大学生人格发展的特点

结合当前国内外心理学家对人格素质结构的研究，结合我国当今社会发展的现状和大学生的实际表现，我们认为当代大学生在人格发展中具有下面一些特点：

（一）能正确认知自我

首先是能自我认可，基本上能接受一切属于自我的东西，从而形成对自己积极的看法；其次是自我客体化，对自己的所有与所缺都比较清楚和明确，理解现实自我与理想自我之间的差别。大多数人都有明确的奋斗目标和愿望，并为之而努力。

（二）智能结构合理且健全

智能结构合理且健全，指的是具有良好的观察力、记忆力、思维力、注意力和想象力，没有认知障碍，各种认知能力能有机结合并发挥其应有作用。

（三）具有较强的社会环境的适应能力

当代大学生对外部世界有着浓厚的兴趣，有着广泛的活动范围和许多爱好，人际交往范围扩大，积极参与各种形式的社会实践。同时，能容忍别人与自己在价值观与信念上存在的差别，能根据事物的实际情况看待事物，而不是根据自己的主观愿望来看待事物。

（四）具有事业心以及一定的竞争意识与创造性

大学生能把事业看成生活的重要组成部分，在事业上有较强的进取心和责任感；具有竞争意识，具有开放性的思想观念，少有保守思想；喜欢创造，勇于创新，甘愿冒险，独立性强，富有幽默感，态度务实。

（五）情感饱满适度

当代大学生呈现出情绪上稳定性与波动性、外显性与内隐性并存，情感丰富多彩，积极的情绪、情感体验在学习、生活中占主导。

这些特点表明，我国大学生人格发展状况基本良好，大学生在人格教育方面具有良好的自觉性。

二、大学生常见的人格缺陷和人格障碍

大学生在人格发展过程中受各种主客观因素影响，会不同程度地影响其人格的健康发展，出现一些不良的表现，从而导致人格发展缺陷，严重的还会引起人格障碍。

(一) 自我中心

自我中心是指以自己意志为主导，将自我作为思考问题的出发点与归宿，过分关注自我，不顾及他人利益和思想，从而在行动上和观念上表现出自私自利、我行我素的特征和处世态度。以自我为中心的人过多考虑自己的需要，忽视他人的需要和存在，对别人缺少关心和谅解，绝对不允许他人对自己的利益构成伤害和威胁。这种心理和行为带到大学的集体生活中时，矛盾和冲突就会出现，对其健康成长和成才有害。

(二) 无聊

无聊心理的主要特点是空虚、幻想、被动，感觉不到自我存在的意义与人生的价值，其核心在于没有确立合适的人生目标。空虚是因为没有目标或目标太低，人一旦失去目标的指引，生活就没有动力；幻想是由于目标定位不准确或者目标太多而导致的心理负担，实质是对责任的恐惧；被动是由于目标不是自己内心的渴望，未获得内心的自觉与认同，从而缺乏主动性和创造性。克服无聊心理的根本方法是确立恰当的人生目标，并由人生目标牵引着实现自己的人生价值。

(三) 悲观

有的大学生常从消极的角度去看问题，总是把眼睛盯着伤口、弱点和困难处，并且常常“一叶障目，不见泰山”，这种悲观心理的发展，会使人毫无生气，甚至厌世轻生。

(四) 不良意志品质

不良意志品质是指意志发展的不良倾向，主要表现为：生活缺乏目标，随波逐流，无所事事，懒散倦怠，醉生梦死。还有的意志发展不成熟，曲解意志品质，把刚愎自用、轻率当作果断，把犹豫、彷徨当作沉着冷静，把固执己见当作顽强等。不良意志品质一经形成，会带来很多性格缺陷，最后发展为人格缺陷。

(五) 拖拉

拖拉是指可以在某时完成的事而不及时完成，今天推明天，明天推后天。拖拉一方面耽误学习、工作，到头来匆匆忙忙去做，影响质量；另一方面拖拉并没有使人因此而轻松些，相反会导致心理压力，引起焦虑，并且会阻碍别的重要活动的进行。拖拉一旦成为习惯，危害很大。正如《明日歌》所言“明日复明日，明日何其多。我生待明日，万事成蹉跎。”

（六）急躁

急躁表现为碰到不称心的事情马上激动不安；做事缺乏充分准备，没准备好就盲目行动，急于达到目的；缺乏耐心、细心、恒心。性情急躁之人说话办事快，竞争意识强，容易冲动，心情常常处于紧张状态。在日常生活中急躁者常会忙中生乱，祸及自己与他人。

（七）羞怯

羞怯在大学生中常见，如不敢在大众场合发表意见，害怕与陌生人打交道，路上见到异性同学会手足无措，见到老师便难为情，说话感到紧张等。羞怯是一个人自我防御心理过度的结果，他们常常过于胆小被动，过于谨小慎微，过于关注自己，导致自信心不足。一般而言，害羞之心人皆有之，但过分的害羞就不正常了。它会阻碍人际交往，影响一个人正常地发挥才能，还会导致压抑、孤独、焦虑等不良心态。

（八）虚荣

大学生大都争强好胜，有较强的自尊心，希望得到赞赏和尊重，这是正常的需要。但如果过分注重外在的荣誉、名望和赞美，不考虑自身的现实情况和能力局限，甚至以不适当的手段去满足自尊心，就成为虚荣了。虚荣心与名誉心是很难区分的，虚荣主要表现在为他人而生活，名誉心则主要表现在为自我完善和自我认识而生存。虚荣心强的大学生一般表现为：将自己的名誉看得比自己的生命更重要，经常取悦于他人，以获得他人对自己的肯定、积极的评价。

（九）猜疑

所谓猜疑，一猜二疑，疑是建立在猜的基础上，因而往往缺乏事实根据，有时也缺乏合理的思维逻辑。猜疑会导致人际关系紧张、伤害他人感情，自己则会陷入庸人自扰、苦闷、不良心境中。

（十）嫉妒

嫉妒是看见别人某些方面（才华、成就、品质、相貌等）高于自己而产生的一种羡慕，又不甘心自己落后于别人而恼怒的情感以及由此所导致的相应行为。嫉妒者往往不择手段地采用各种办法打击其所嫉妒的对象，因而会对他人造成有害的影响，对嫉妒者本人的身心健康也会产生不良影响。

第三节　大学生健全人格发展和调适的途径

一、健全人格的标准

从总体上看，具有良好人格的人应该是在推动社会进步的实践中充分发挥自己的才

干，为人类、为社会做出自己的贡献，同时使自己的人格在各个方面得到充分和协调发展的人。从具体特征上讲，大学生良好人格应具有以下标准：

（一）具有远大而稳定的奋斗目标

有坚定的社会主义信念和远大的共产主义理想，有科学的世界观和人生观。

（二）具有强烈的道德责任感

能以社会主义、集体主义道德观为核心，正确处理生活和工作中的各种关系，具有正直诚实、谦虚谨慎、尊老爱幼等良好品质。

（三）积极的自我意识

自我意识是个体对自己和自己与他人、与周围世界关系的认识。具有健全人格的大学生对自己有恰如其分的、全面客观的评价，充满自信、扬长避短，愉悦地接纳自己，并在日常生活中能有效地调节自己的行为与环境保持平衡。缺乏正确自我意识的人常常表现出自我冲突、自我矛盾，或者自视清高、盲目自信，做力所不能及的事情，或者自我否定、妄自菲薄，轻易放弃一切可能的机遇。

（四）良好的情绪调控能力

情绪标志着人格的成熟程度。人格健全的大学生情绪反应适度，具有调节和控制情绪的能力。经常保持愉快、满意、开朗的心境，对生活充满热情，善于自得其乐，并富有幽默感。当消极情绪出现时能合情合理地宣泄、排解、转移和升华。

（五）和谐的人际关系

人际关系最能体现一个人人格健全的程度。人格健康的大学生乐于与他人交往，并与他人建立良好的关系；与人相处时，尊重、信任、接纳等积极态度多于嫉妒、怀疑、冷漠等消极态度。人格健全的大学生常常以真诚、平等、谦虚、理解、宽容、关爱的态度对待他人，同时也受到他人的尊重与接纳。

（六）良好的社会适应能力

社会适应能力反映了人与社会的协调程度。人格健全的大学生能够和社会保持良好密切的接触，以一种开放的态度，主动关心社会、了解社会；在认识社会的同时，使自己的思想和行为跟上时代发展的步伐，与社会的要求相符合，表现出能很快适应新的环境，包括学习环境、生活环境和人际环境等。

（七）乐观的生活态度

积极乐观的人生态度是人类在社会实践中获得的本质力量的表现。乐观的大学生常常能看到生活中的阳光，对前途充满信心和希望，对自己所做的事情抱有浓厚的兴趣，并在其中努力发挥自身的智慧和能力。即使在遇到困难和挫折时，也能不畏艰险，勇于拼搏。表现在学习上，人格健全的学生对学习怀有浓厚的兴趣，表现出观察敏锐、注意力集中、想象力丰富、充满信心、勇于克服困难，通过刻苦、严谨的学习过程，获得学习的满足感和成就感。我们很难想象对学习和生活缺乏兴趣，整天精神低落、萎靡不振的学生的人格是健全的。

（八）具有健康、崇高的审美情趣

有正确的审美理想、审美态度和对美的正确追求；抵制低级趣味的各种腐朽思想的侵蚀。

二、大学生健全人格塑造和发展的途径

大学生良好人格的塑造与培养既要服从人格健康发展的需要，又要服从社会进步的需要，具体而言，大学生应掌握以下内容。

（一）择优汰劣——人格优化的方法

人格塑造是为了实现人格优化，以达到人格健全。人格优化包括人格品质的优化和人格结构的优化。择优即选择某些良好的人格品质作为自己努力的目标，如自信、开朗、勇敢、热情、勤奋、坚毅、诚恳、善良、正直等。汰劣即针对自己人格上的缺点、弱点予以纠正，如自卑、胆怯、冷漠、懒散、任性、急躁等。对于那些期望改善性格的学生，建议在充分了解自己人格特征的基础上提出优化方案。

（二）丰富知识——人格优化的基础

人的知识越广，人的本身也越完善。这正如培根所言：“史鉴使人明智，诗歌使人灵秀，数学使人周密，博物使人深刻，伦理之学使人庄重，逻辑修辞使人善辩，凡有所学，皆成性格。”学习知识，增长智慧的过程也是人格优化的过程。在现实生活中，不少人的人格缺陷源于知识贫乏。如无知容易导致粗鲁、自卑，而丰富的知识则容易使人自信、坚强、理智、谦恭等。可见知识的积累与人格的完善是同步的。大学生不能只局限于自己的专业知识学习，还应该扩大自己的人文社会科学知识面，加强人文修养，用丰富的知识充实自己。

（三）从小事做起——人格优化的途径

“不积小流，无以成江海”“千里之行，始于足下”。人格优化就是要从身边的小事做起。一个人的言行往往是其人格的外化，反过来一个人日常言行的积淀成为习惯就是人格。许多人所具有的坚韧、正直、细致、开朗等优良的人格特征其实都是长期锻炼的结果，是一点一滴形成的。从我做起，从小事做起，是每一个大学生努力的起点。同时，可以从以下几个方面努力：一是对自己和生活的世界有积极的看法；二是和别人有亲密的关系和信任他人；三是有时间冷静地独处和反省；四是在社会性、智力以及职业的各种技能方面取成功；五是接触新思想、新哲学以及与独特见解的人交往；六是找出

能充分表达自己情绪的方法，有兴趣爱好；七是经常提高独立程度，减少对他人的依赖；八是具有灵活性和创造性；九是关爱他人，支持扶助他人。

（四）融入集体——人格优化的土壤

集体是人格塑造的土壤，也是人格表现的舞台。人格发展、塑造的过程，正是人格社会化的过程，是个体与他人、集体、社会相互作用的过程。人格在集体中形成，在集体中展现。正如马克思所说，只有在集体中，人格才能获得全面发展其才能的手段。通过与他人交流，可以看到别人的长处和自己的不足，从他人那里获得理解、肯定的欢悦，并及时调整人格发展的方向。

（五）把握适度——人格优化的关键

人格发展和表现的“度”是十分重要的，否则就会“过犹不及”。列宁曾指出，一个人的缺点仿佛是他的优点的继续，如果优点的继续超过了应有的限度，表现得不是时候，不是地方，那就会变成缺点。因此，在人格塑造的过程中把握好度很重要，具体地说应该做到以下几个方面：坚定而不固执；勇敢而不鲁莽；豪放而不粗鲁；好强而不逞强；活泼而不轻浮；机敏而不多疑；稳重而不寡断；谨慎而不胆怯；忠厚而不愚蠢；老练而不世故；谦让而不软弱；自信而不自负；自谦而不自卑；自珍而不自骄；自爱而不自恋。把握人格优化的“度”还体现在人格优化的目标要立足于自己已有的人格基础，实事求是地确立合理的、切合实际的人格发展目标。也就是说目标要适当，不能脱离自己的人格基础而设计优化目标。

人人都想追求健康的人格。但不同的人由于客观条件和具体环境不同，人格层次也不同。人格目标过高，会增加挫折压力；目标过低，人格发展就缺乏内在动力。健全人格培养和塑造既是大学生成长发展的要求，也是时代的呼唤。只要坚持不懈地努力，就可以使我们的人格更加健康、完善。

第四节　人格培养之心理素质拓展训练

一、自尊心训练

1. 训练目的

通过此训练，希望每人要正视自己的自尊心，它是我们迈向卓越成功的根基。

（1）了解萎缩型人格对自己形象的影响。有关资料表明，90%的人对自己的外貌不满意。那么，又有多少人对自己的言行很满意和不满意呢？心理“指挥”言行，言行就是“形象”，“形象”导致成败。

（2）设计自己的新人格、新形象这是一个战胜自我的过程，需要有持之以恒的决心——信心——恒心强制训练和顽强的意志品质。只要自己想取得伟大的成功，没有干不成的事（想入非非除外）。

（3）希望通过本训练，能激起大家关注自己自尊心的发展和修炼。

2. 具体操作

（1）检查自己的自尊心。从言谈、习惯、礼貌、待人接物等行为看看自己在自爱、廉耻、自律、自强、独立等方面的表现，自己树立了一个什么形象？比如，出言不逊，说脏话、粗话；不拘小节、荣誉感、责任感。

（2）请从以下几个方面，描述一下自己的自尊心。

①是否愿意表现自己的才华：________

②是否关注自己的形象：________

③是否很看重别人对你的评价：________

④是否能自觉遵守社会公德和纪律：________

⑤是否尊重他人？有无随意指责和辱骂他人的言行：________

⑥如何评价自己？过高，适度，还是过低？________

描绘的方法可以是文字的或自画像（附说明）。

（3）在自愿的基础上，可以进行交流，相互评价，看看自己与实际表现的差距。

二、性格评价

（1）熟人印象。随意找四个你熟悉的人，询问他们对你的印象如何，确定你是否喜欢他们对你的评价，说一说你为什么喜欢或不喜欢留给别人的那种印象。

熟人一对你的印象：________；

熟人二对你的印象：________；

熟人三对你的印象：________；

熟人四对你的印象：________；

你喜欢这种评价吗？________；

你觉得对你的评价准确吗？________。

（2）期待角色。如果你是一名演员的话，愿意扮演什么角色，以及你为什么喜欢这个角色。

我想扮演的角色是：________；

我的理由是：________。

（3）崇拜角色。选择任何一个你所崇拜的人，列出他身上那些使你崇拜的特征和品质。

我所崇拜的人是：________；

我的理由是：________。

（4）找差距。总结“别人眼中的我”的性格和“我自己想成为的人”的性格，查找二者的差距。

相同点：________；

不同点：________。

生活中有很多人因为性格上的缺陷影响了他们的身心健康，但只要正确对待，积极地找到有效的方法进行治疗，克服性格缺陷，就会使生活更健康、更快乐。

二、复习思考题

1. 什么是气质？四种气质类型的典型特征是什么？如何正确认识人的气质？
2. 大学生有哪些常见不良人格？是什么原因造成的？如何调节？
3. 结合实际，谈谈如何优化自己的人格？

第五章　情绪管理，自我心理的调适

※ 心灵导读

“能控制好自己情绪的人，比能拿下一座城池的将军更伟大。”

——拿破仑

大学生是处于青春期的一个特殊群体，情绪活动丰富多彩而又变化不断。这时发生的情绪体验不但影响他们现在的成长，而且会对他们的终身发展产生重大的影响。因此，研究大学生情绪活动的规律和特点，了解他们爱什么，恨什么；喜欢什么，厌恶什么；为何快乐，为何苦恼。从而使他们保持健康的情绪状态，提高情绪活动的品质具有重要意义。

第一节　情绪概述

一、情绪的含义及类型

情绪是人们对外界刺激引起的生理和心理变化的一种主观体验。比如电影中的悲伤镜头会催人泪下，成功会使人异常惊喜等。情绪是由刺激、认知、主观体验、情绪的行为反应几个方面组成的反应过程。这几个方面的关系如下：

刺激情境→对情境的认知评价→产生主观的情绪体验→表现出不同的情绪反应（包括行为反应）。

人的情绪有愉快情绪和不愉快情绪之分。愉快情绪以喜乐为主，不愉快情绪以悲愁为主体。不愉快情绪一般是指焦虑、愤怒、恐惧、沮丧、不满、忧郁、紧张等。不愉快情绪又被心理学家称为负性情绪（不良情绪或消极情绪）。

二、情绪的表现和作用

（一）情绪的表现

1. 心境

心境是一种比较微弱而又持久的情绪状态。心境具有弥散性，它不是关于某一事物

的特定体验，而是由一定情境唤起后，在一段时间内影响各种事物的态度体验。当一个人处在某种心境中，他往往以同样的情绪状态看待一切事物，即所谓“忧者见之则忧，喜者见之则喜”。心境的持续时间可能是几小时，也可能是几周、几个月或更长时间。某种心境持续的时间依赖于引起这种心境的客观环境和个体的人格特点。心境对人的生活、工作、学习和身体健康有很大影响。因此，学会对心境的调节控制，对我们的工作、学习和生活都十分重要。

2. 激情

激情是一种强烈的、短暂的、爆发式的情绪状态。这种情绪状态往往是由一个人生活中具有重要意义的事件所引起的。另外，对立意向的冲突或过度抑制也很容易引起激情。激情发生时一般有很明显的外部表现，例如面红耳赤、咬牙切齿、手舞足蹈，有时甚至出现痉挛性动作，言语过多或者不流畅。在激情状态下，人的认识活动范围缩小，控制力减弱，对自己行为的后果不能做出适当的估算，容易出现轻率的举动。但激情是完全有可能控制的，人在激情发生之前，要竭力把注意力转移到与此无关的事情上去；在激情状态中，在做或说某件事时，要慢慢使自己的行为平缓、镇定下来。

3. 应激

应激是出乎意料的紧张情况下所产生的情绪状态，是人们对某种意外的环境刺激做出的适应性反应。产生应激状态的原因是：已有的知识经验与当前所面临的事件产生的新要求不一致，新异情境的要求是过去所未经历过的，这时就产生这种紧张的情绪状态；或者已有的经验不足以使人对付当前的境遇而产生无能为力的压力感和紧张感。应激状态对人的活动有着很大的影响，它能导致生理和行为的急剧变化。在生理上，心跳过速，呼吸急促，血压升高。在行为上，由于发生普遍性的兴奋反应，在一定程度上造成行为上的紊乱，动作不协调，姿势失常，语无伦次等。在心理上，由于意识自觉性的降低，造成思维的混乱，判断力减弱；知觉和记忆错误，注意的转移发生困难。有些人在应激状态下，全身发生抑制，使身体的一切活动受阻，呆若木鸡，甚至休克。但是，中等程度的应激状态会对人的行为产生积极作用。在这种状态下，个体能更好地发挥积极性，思维清晰、灵敏、精确，反应能力增强。人适应应激状态的能力有差异，这主要是受人的性格、过去的经验、知识，特别是思想道德修养的影响。

（二）情绪的作用

1. 情绪是适应生存的心理工具

在低等动物种系中，几乎无情绪可言。即使在低等脊椎动物中，所有的只是一些具有适应价值的行为反应模式。例如，搏斗、逃跑、哺喂和求偶等行为。这些适应行为在它们与特定的生理唤醒中相对应而发生，当动物的神经系统发展到皮质阶段时，生理唤醒在脑中产生相应的感觉（感受）状态并留下痕迹，就是最原始的爱、怒、怕等情绪。因此，情绪是进化的产物。

当特定的行为模式、生理唤醒及相应的感受状态这三个成分出现后，就具备了情绪的适应性，其作用在于发动机体中的能量使机体处于适宜的活动状态；将相应的感受通过行为（表情）表现出来，以达到共鸣或求得援助。所以，情绪自产生之日起便成为适应生存的心理工具。

人类继承和发展了动物情绪这一高级适应手段。人类个体发育几乎重复了动物种系发生的过程。人类婴儿在出生时，由于脑的发育尚未成熟，还不具有独立行动和觅食等维持生存的基本能力，他们靠情绪信息的传递，得到成人的哺育。成人正是通过婴儿的情绪反应体察他们的需要，并及时调整他们的生活条件。

因此，情绪的适应功能从根本上说是服务于改善和完善人的生存与生活条件的。无论是儿童或成人，通过快乐表示情况良好；通过痛苦表示急需改善的不良处境；通过悲伤和忧郁表示无奈和无助；通过愤怒表示行将进行反抗的主动倾向。同时，由于人生活在高度人文化的社会里，情绪的适应功能的形式有了很大的变化，例如，人用微笑向对方表示友好，通过移情和同情来维护人际关系，掩盖粗鲁的愤怒行为等，情绪起着促进社会亲和力的作用。但是人们也看到，在个人之间和社会上挑起事端引起的情绪对立，有着极大的破坏作用。总之，各种情绪的发生，时刻都在提醒着个人和社会，去了解自身或他人的处境和状态，以求得良好适应。社会有责任去洞察人们的情绪状态，从总体上做出规划去适应人类本身和社会的发展。

2. 情绪是激发心理活动和行为的动机

情绪构成一个基本的动机系统（Motivational System），它能够驱策有机体发生反应、从事活动，在最广泛的领域里为人类的各种活动提供动机。情绪的这一动机功能既体现在生理活动中，也体现在人的认识活动中。

一般来说，生理内驱力（Drive）是激活有机体行为的动力。但是情绪的作用则在于能够放大内驱力的信号，从而更强有力地激发行动（S. Tomkins，1973 年）。例如，人在缺水或缺氧的情况下，血液成分发生变化，产生补充水分或氧气的生理需要。但是这种生理驱力本身并没有足够的力量去驱策行动。而这时产生的恐慌感和急迫感起着放大和增强内驱力信号的作用，并与之合并而成为驱策人行动的强大动机。

此外，内驱力带有生物节律活动的刻板性。例如呼吸、睡眠、进食均按生物节律而定时，情绪反应却比内驱力更为灵活，它不但能根据主客观的需要及时地发生反应，而且可以脱离内驱力而独立地起动机作用。例如，无论在任何时候和何种情况中发生，恐惧均能使人退缩，愤怒一定会发生攻击，厌恶一定引起躲避等。

情绪的动机功能还体现在对认识活动的驱策上，这一点通过兴趣情绪明显地表现出来。严格来说，认识的对象并不具有对活动的驱策性；促使人去认识事物的是兴趣和好奇心。兴趣作为认识活动的动机，导致注意的选择与集中，支配感知的方向和思维加工，从而支持着对新异事物的探索。

3. 情绪是心理活动的组织者

情绪是独立的心理过程，有自己的发生机制和操作规律；作为脑内的一个监测系统，情绪对其他心理活动具有组织的作用（A. Sroufe，1976 年、1979 年）。情绪的组织作用包括对活动的瓦解或促进这个两方面，一般来说，正性情绪起协调的、组织的作用；负性情绪起破坏、瓦解或阻断的作用。

有研究证明，情绪能影响认知操作的效果，其影响效应取决于情绪的性质及强度。中等唤醒水平的愉快和兴趣情绪为认知活动提供最佳的情绪背景。愉快强度与操作效果

曲线呈倒“U”形，过低或过度的愉快唤醒均不利于认知操作。这些研究结果符合关于不同唤醒水平的情绪对手工操作的不同效应的叶克斯—道森规律（A. Welford，T.，1974年）。而对负情绪来说，痛苦、恐惧的强度与操作效果呈直线相关，情绪强度越大，操作效果越差。与痛苦、恐惧不同的是，由于愤怒情绪具有自信度较强的性质和指向于外的倾向，中等强度的愤怒一旦爆发出来，有可能组织个体倾向于面对的任务，导致较好的操作效果（孟昭兰，1984年、1987年）。这些研究结果则补充了叶克斯—道森曲线。上述结果表明，情绪执行着监测认知活动的功能，不同性质和不同强度的情绪起着不同程度的组织或瓦解认知活动的作用。

情绪的组织功能也体现在对记忆的影响方面。鲍维尔的研究表明，当人处在良好的情绪状态时，更容易回忆那些带有愉快情绪色彩的材料；如果识记材料在某种情绪状态下被记忆，那么在同样的情绪状态下，这些材料更容易被回忆出来（G. Bower，1981年）。这说明情绪具有一种干预记忆效果的作用，使记忆的内容根据情绪性质进行归类。

情绪的组织功能还表现在影响人的行为上。人们的行为常被当时的情绪所支配。当人处在积极、乐观的情绪状态时，倾向于注意事物美好的一面，态度和善，乐于助人，并勇于承担重担。而消极情绪状态则使人产生悲观意识，失去希望与渴求，也更易产生攻击性。

4. 情绪是人际通信交流的重要手段

情绪和语言一样，具有服务于人际通信（interpersonalcorn-munication）的功能。情绪通过独特的通信手段，即由面部肌肉运动模式、声调和身体姿态变化所构成的表情来实现信息传递和人际间互相了解。其中面部表情是最重要的情绪信息媒介。

语言是人际交流的主要工具，而情绪信息的传递则应当说是语言交际的重要补充。而且，在许多情景中，表情能使言语交流所造成的不确定性和模棱两可的情况明确起来，成为人的态度、感受的最好注解；而在另一些场合，人的思想或愿望不宜言传，也能够通过表情来传递信息。在电影业发展早期，无声电影正是通过演员的各种表情动作来向观众传递信息的。

但是，从通信交流的发生上说，表情信息的交流则出现得比语言要早得多，情绪是高等动物信息传递的主要工具，也是前言语阶段婴儿与成人互相沟通的唯一渠道和手段。情绪的适应功能正是通过其通信作用实现的。

表情信号的传递不仅服务于人际交往，而且往往成为人们认识事物的媒介。这一现象在婴幼儿中表现得最明显，在成人中也经常发生。例如，婴儿从一岁左右开始，当面临陌生的不确定情境时，往往从成人面孔上搜寻表情信息（鼓励或阻止的表情），然后才采取行动（趋近或退缩）。这一现象称作情绪的社会性参照作用（social referencing of emotion，R. Emde，1986年）。情绪的参照作用对于儿童和成人都有助于社会适应，尤其对于儿童的心理发展起着关键的作用。它有助于促进儿童探索新异环境，扩大活动范围和发展智慧能力。

情绪的通信交流作用还体现在构成人与人之间的感情联结上。例如，母婴之间有着以感情为核心的特殊的依恋关系，这是最典型的感情联结模型。半岁以上婴儿在母亲离开时会表现不安和哭闹，称为“分离焦虑”（R. Spitz，1965年）。婴儿在七八个月以后，在母亲经常接近和离开的不断重复中，学会预料母亲接近和离开的后果，形成“依恋安全感”（securityof attachment，R. Bowlby，1969 年、1973 年）。依恋安全感的建立是儿童情绪健康和人格完善发展的重要基础。它使婴儿经常快乐，更容易同他人接近并建立友好关系，更愿意认识和探索新鲜事物。此外，感情联结还有其他多种形式，例如友谊、亲情和恋爱，都是以感情为纽带的联结模式。

情绪的功能向我们揭示，情绪既服务于人类基本的生存适应需要，又服务于人类社会群体生活的需要。人们每时每刻发生的情绪过程，都是自然环境和社会环境对人发生影响相结合的反应。情绪卷入人的整个心理过程和实际生活，成为人的活动的驱动力和组织者。

第二节　健康情绪的标准和表现

当客观环境中出现的事物与我们自身的需要相一致时，就会产生愉快的情绪，当客观环境中出现的事物与我们自身的需要不一致时，就会产生不满意或焦虑的反应。由此可见，情绪是指客观环境中的事物是否符合人的需要产生的内心体验。情绪有两种相反的类型，一是积极的情绪，二是消极的情绪。

在实际当中，我们要设法保持积极的情绪，避免出现消极的情绪。积极的情绪又称健康的情绪，它是我们每个人追求的目标。我们认为健康情绪应具有如下标准和表现，请大家对照此标准确认自己情绪的健康水平。

一、情绪活动必须事出有因

作为一个人，不可能不产生情绪反应，产生情绪反应是人的一种正常的心理特点。关键在于自己所拥有的情绪是否事出有因，如果在某些时候，莫名其妙地产生悲伤、恐惧、喜悦、愤怒、愉悦等情绪，这就是一种不健康的情绪反应。健康的情绪应当是事出有因，也就是“世界上没有无缘无故的爱，也没有无缘无故的根”。例如，沮丧的情绪，它产生的原因应当是挫折，悲哀的情绪产生的原因应当是不幸的事件。

二、情绪反应要与情绪产生的原因相一致

健康的情绪应当是情绪反应与产生情绪反应的原因相一致，也就是不能出现矛盾的反应。当自己的愿望获得满足，或者遇到喜事时，我们的反应应当是愉悦、高兴和幸福；当我们遭遇意想不到的危险时，就会产生紧张、恐怖的反应；当我们想去做一件事情，经常受到干扰时，就会产生挫折的反应。假如情绪反应与大多数人的反应不一致，该悲哀的不悲哀，该快乐的不快乐，说明情绪健康上存在一定的问题。

三、情绪反应要适度

情绪反应适度是说情绪的强度应当与引起情绪的原因相一致，也就是，强烈的刺激应当引起强烈的情绪反应，较弱的刺激应当引起较弱的反应。但是，这并不是绝对的，

因为情绪反应除了受刺激的影响以外，还要受其他因素的作用，同一种刺激强度，不同的人会有不同的反应。总体上说，情绪的反应要适度，特别是要避免出现强烈的情绪状态。

四、情绪稳定

健康的情绪应当是稳定的情绪。当我们受到源自于外界的刺激时，刚开始时，情绪反应比较强烈，以后随着时间的推移，情绪反应逐渐减弱，并趋于稳定。如果愤怒的情绪无法随时间的推移而弱化，或者时高时低，就是情绪不稳定了。

五、心情愉快

心情愉快是每个人都要最求的生活目标之一，心情愉快的人做什么都会感到信心十足，精力充沛。心情愉快说明身心健康，对许多方面都很满意，心身处于积极状态。与此相反，如果一个人经常情绪低落、愁眉苦脸、心情郁闷，则是心理不健康的标志之一。

六、自我控制

健康的情绪应当是能够进行自我调节和控制的，这种自我控制与调节尤其表现在危机时刻。当遭遇到危险时，应当沉着冷静，积极调控自己的情绪，使紧张激动的情绪趋于缓和，动员全身的力量去应对面前的危险情境。情绪健康的人应当是个人情绪的主宰。

第三节　大学生不良情绪的表现

一、大学生情绪的特点

大学阶段是人的情绪充分发展的时期，大学生的情绪世界正日趋强烈、丰富多彩，产生了对自己行为的责任感和严肃对待生活的态度。归纳起来，大学生的情绪具有以下特点：

（一）情绪活动丰富多彩

大学生学习生活中随着自我意识的不断发展，不断产生各种新的需要，而且需要的强度也在不断增加。由于新的需要不断涌现，大学生的情绪活动也就日益丰富起来。突出表现在大学生对自我认知的态度体验，如自尊、自信、自卑、自负以及友谊、爱情等方面的多种情绪体验。

（二）不稳定性

大学生热情奔放、容易激动，有着丰富、复杂、强烈并有如“疾风怒涛”般的情绪世界。他们喜欢感情用事，遇事好激动，对自己认为不良的现象深恶痛绝，对罹难者多加恻隐之心；他们对外部刺激反应迅速、敏感，时而热情、奔放、激昂慷慨，时而忧郁悲观，怨天尤人，高兴时手舞足蹈，消沉时无精打采，苦闷时受到鼓舞能精神振奋，遭挫折时则灰心丧气，喜怒哀乐溢于言表。在强烈的感情冲击下，可能会遇事武断，行为固执，不听劝告，我行我素。个别心胸不够宽广的人，甚至会走上轻生之路。

相当一部分刚跨进大学校门的同学，自认为自己是高考竞争的胜利者，时代的骄子宠儿，因而争强好胜，自尊心极强，事事不甘落后于人，有一股蓬勃向上的朝气和热情，对一切充满了憧憬和幻想。然而经过一段时间观察和了解，会发现大学校园藏龙卧虎，群英荟萃，高中时代自己“鹤立鸡群”，现在反而成了“马尾牛后”。他们中的一部分人会顿时由自尊、热情转变为自卑、消沉，感到懊恼泄气，甚至因此陷入极度苦闷而不能自拔，出现情绪的大起大落。此外，女大学生一般比男同学更富于浪漫的想象力，她们经常在梦幻中编织着美妙的生活图景。然而，一旦真正进入实际生活，便会发现并不像原先想象的那样令人心驰神往。面对严峻的现实，部分同学也会感到不知所措，心理一下子失去平衡，在体验上出现各种程度不同的紧张感和压抑感，有时还会感到严重的心理冲突，甚至觉得整个世界一片暗淡。

正因为大学生的情绪起伏不定，动荡多变，情景性强，感染性大，来得及而强烈，去得快而迅速。所以，他们既可以表现出惊人的豪壮行为，也可能因为狂热和不冷静，而盲目做出追悔莫及的蠢事，酿成不可挽回的后果。

（三）鲜明的层次性

大学生情绪的发展是一个由不成熟到成熟、由简单到丰富的渐进过程，往往呈现出层次性和递增性的特点。

一年级的新生，由于缺乏在新的环境中独立生活的思想准备和自理能力，往往思乡思亲之情很重，留恋中学生活及父母乡亲，经常想回家，集体观念较淡薄。大多数新生对自己能够跨进大学校门感到自豪和满足，难免有些飘飘然，个别人优越感达到顶峰，但对于迥然不同于中学时代的生活环境的变换、师生同学的更新、学习方式的改变等的不适应，又会感到茫然不知所措，自豪和满足中往往伴随着时隐时现的自卑和焦虑。因此他们特别希望得到别人的关心和鼓励。他们对一切充满了美妙的幻想和憧憬，随心逐愿地将生活理想化，对各种知识领域有广泛的兴趣，要求更多的个人自由和牢固的友谊，尤其需要坦率和诚实。但由于他们摆不正个人与社会、与集体的关系和位置，往往会使其行动表现得盲目自信和过于自负，对自己的自我认识和作用都缺乏系统分析的态度。

二年级、三年级大学生随着生活环境的熟悉和适应，随着年龄和阅历的不断增长，专业基础课和专业课的逐步展开，普遍存在着适应感、随意感和自信感。情绪一般比较稳定，既没有新生的激动和盲目，也不像四年级同学临近毕业时的紧张和忧虑。他们越来越变得比较复杂和有主见，强调自我独立性和自我表现的倾向开始突出起来。他们对周围的一切有所了解，集体荣誉感较强，热心参加各种社会活动，迫切希望在学习、工作等方面取得突出成绩，期冀引起人们的关注和垂青。他们能够根据已有的知识经验和

自身条件，对外界的各种影响有选择地吸收，逐步克服自己的幼稚和盲目性，学会较稳妥地处理各种关系，较现实地设计自己的理想。

四年级的大学生经过几年的学习，大体掌握了教学大纲所要求的各种知识，世界观基本形成并有一定的深度，有一定的分析和解决问题的能力。他们的情绪趋于稳定，能够比较理智地对待和处理各种问题。但由于面临毕业和择业，精神上又处于一种紧张状态。概括起来，四年级大学生程度不同地存在着以下三种心理状态：

1. 紧迫感

觉得时间不够用，学习的自觉性、独立性更强，有强烈的成就感，迫切希望在德智体诸方面得到全面发展。

2. 责任感

对政治、经济生活中的重大事件更为关心，并与自己未来的工作联系起来考虑，希望社会团结稳定、改革事业取得胜利。能够抓紧在校的有限时间，争取在政治和业务上有所提高。

3. 忧虑感

担心学非所用，将来胜任不了所承担的工作任务；考虑未来工作单位不满意而领导又不允许流动等。此外四年级大学生不像其他年级大学生那样兴趣广泛，集体观念逐渐淡化，班级也出现松弛趋势。

据此看来，从低年级到高年级，大学生情绪的波动性逐渐减弱，稳定性日趋增强。

（四）微妙的隐蔽性

大学生的情绪不再像儿童那样天真直露，心口如一，也不同于一般少年一引而发，其表现具有文饰的、内隐的、曲折的性质。他们的心理往往带有闭锁性，即把自己真实的内心情绪世界封闭、伪装起来，不肯轻易吐露心曲、暴露秘密。在特别的情况下，他们情绪的外显形式与内在体验并不一致，心口不一，让人不易把握其真实的思想脉络。这是情绪自我调控能力增强的表现，因为社会生活有时候要求人们有自我调节和克制情绪的能力。当然，大学生情绪表现的这种状态并不是一贯的，与成年人相比，大学生毕竟阅历较浅，涉世未深，内心深处也存在希望被理解的强烈愿望，还比较袒露、率直，当意志不完全能控制情绪时，也会锋芒毕露，咄咄逼人。此外，在条件适当，遇到知心、知音、知己的时候，大学生的真情也会倾诉和表现出来。

（五）可控性

大学生具有较高的文化修养，具备反省自身弱点的能力和控制自己情绪变化的能力。一个理智的大学生面对不良的情绪波动时，能主动地寻找引起情绪波动的原因，并不断地调节自己的情绪状态，避免情绪波动造成的不利影响。

二、大学生常见的情绪问题

健康正常的情绪，能保证大学生整个身心处于积极向上的状态，心理平衡而协调，精力旺盛，朝气蓬勃，思维敏捷，充满热情，能保持平静的心境、清醒的头脑和控制行动的自觉性。而异常情绪轻则影响大学生的正常学习、生活，重则构成心理障碍，造成思维迟钝，情绪消沉、社会适应能力低下，极易罹患各种疾病，损害身体健康。因此，大学生的异常情绪应引起我们的高度重视。

（一）焦虑

焦虑是一种预料到威胁性刺激而又无能为力去应付的痛苦反应，是面对冲突和挫折而产生的不愉快的情绪体验。大学生焦虑的表现是怀疑自己的能力，夸大自己的失败，经常疑惑忧虑，惶惶然不知所措；怨天尤人，自忧自怜，闷闷不乐，脾气古怪，经常处于一种无缘由的紧张恐惧状态。外部特征主要是面部紧绷，愁眉深锁，行动刻板，无法安静，两手常做无意识的小动作等。大学生的焦虑有各种各样的表现，引起焦虑的原因也各不相同，主要原因是在学习、工作、人际交往方面的挫折。

1. 适应困难产生的焦虑

这种焦虑在大学生中比较常见。首先，是对新环境的不适应产生的焦虑。很多大学生在入学以前，生活上的事都由父母包办，自己的生活自理能力很差。上大学后一切都得自己做又不知该如何去做，整日因考虑生活琐事而焦虑。其次，许多大学生习惯了高中那种被动的学习方式，对于把大量时间留给自己主动自学的方式感到茫然，不得要领，成绩下降，因此忧心忡忡。

2. 考试焦虑

这是学生中的一种特殊焦虑，即由于担心考试失败或渴望获得更好的分数而产生的焦虑。考试焦虑在大学生身上都有不同程度的表现。中等程度的考试焦虑会促进和提高考试成绩，无不良影响。严重的考试焦虑会影响正常的学习、复习和考试。

3. 对身体的过分专注而产生的焦虑

这种焦虑在大学生中也较常见。一方面是对自己健康状况过分担心而产生的焦虑；另一方面是对遗精和手淫会损伤身体的焦虑；许多大学生认为遗精、手淫会耗散元气，有损健康，且不道德，但又难以克制，造成很大的心理压力，从而陷入焦虑之中。

4. 选择性焦虑

大学生活中有各种选择冲突。例如，自己的兴趣与所学专业的冲突，选择朋友和恋人的冲突，选择毕业去向的冲突等。在很多情况下，要求大学生做出非此即彼的选择，“鱼和熊掌不可兼得”，为做出理想选择而整日思虑万千，顾虑重重。

一般而言，适度的焦虑在现实生活中是正常的、自然的、有益的，能激励人们克服困难，战胜挫折。危险来临时有较充分的心理准备，能增强人的工作效率和积极性。但过度和时间持续过久的焦虑则可能导致焦虑症，由于情绪高度紧张，注意力无法集中，使正常的学习活动几乎不能进行。

（二）忧郁

忧郁是一种失望、无助、痛苦、悲伤的情绪体验。大学生忧郁的主要表现是情绪低落、意志消沉、兴趣丧失、反应迟钝、多愁善感、自寻烦恼，干什么事都无精打采，郁

郁寡欢，对于不幸的遭遇过度敏感，对于可喜的事物却麻木不仁，经常处于苦闷和孤独状态。从心理学上分析，产生忧郁情绪的大学生大多数具有抑郁性气质的特征，一般表现为情绪低落，自卑懦弱，多疑孤僻，缺乏毅力，在性格上属于内倾型。这种人一般适应环境困难，不善交际，感情冷淡内向，富于幻想而少实际行动。此外，长期努力得不到补偿而感到失望，或几经挫折、屡遭劫难而缺乏思想准备和心理准备，也是造成大学生忧郁情绪的原因。忧郁情绪在大学生中以轻度表现为多。若及时调节，一般能够转化。但如果连续受挫且强度过大，而又没有及时调节，则可能失去战胜苦难的勇气，没有控制悲观情绪的能力，缺乏弥补缺失的条件和机会，长年累月感到悲观绝望，自疚懊丧，孤寂自卑，消极怕事，思维杂乱，未老先衰，从自卑自责走向自暴自弃，以致失去生活的勇气，甚至走上自我毁灭的道路。这是应该引起我们高度警觉的。

（三）嫉妒

嫉妒是一种主体感到不如别人而又不愿承认、不能容忍，导致猜疑、焦虑、憎恶、敌意、怨恨的情绪体验。大学生嫉妒情绪的主要表现是无法容忍他人的优点和进步，对人品好、学习棒、能力强的同学不承认也不服气，非要与其比高低、分上下、争输赢。难以如愿时就多方诋毁别人的名誉和成绩，以发现别人的缺陷、看到别人的失败为快慰。对要求进步或有可能超过自己的同学冷嘲热讽，有的则公开他人的私人秘密。有时为了压倒别人，还会为一点小事寻衅闹事等。引起大学生嫉妒情绪的主要原因是当事人不自信、缺乏自知之明。既看不到自身的不足，又不愿承认别人比自己强，同时又没有把握赶上别人。这种心理矛盾反应在情绪上，就容易产生嫉妒心理。此外，那些自尊心和优越感比较强的大学生，在他们认为被别人“不公正”的低估、评价时，在他们感到属于自己的东西（人或物）存在着被别人夺去的可能时，往往也会产生强烈的嫉妒心。大学生的嫉妒情绪是可以转化的。如果正视自己的弱点，承认别人的长处而自我升华，则可以奋起直追，赶超他人；若任嫉妒情绪发展蔓延，则可能咬牙切齿，愤愤不平，或消极沉沦，一蹶不振，或铤而走险，恶意报复，给自己和他人带来损害。

（四）骄傲

骄傲是一种认为自己了不起，什么都比别人强，因而看不起别人的情绪体验。大学生骄傲情绪不像中小学生那样外露明显、趾高气扬，是一种内在的排斥他人的心理状态。常常表现在对他人的言谈或举止等不屑一顾或熟视无睹，沾沾自喜，恃才傲物，居高临下。对他人轻慢无礼多加指斥，极少首肯，对需要帮助的同学爱理不理，颇不耐烦。自己的一举一动都带有明显的傲气和睥睨一切的轻狂。有骄傲情绪的大学生一般都有一些值得“骄傲”的资本，诸如聪敏机灵、成绩优异等。但并非有这些特点的大学生都有骄傲情绪。产生骄傲情绪的主要原因是当事人自视过高、盲目乐观，优越感太强，看不到别人的优点和自己的不足，不能全面、理智、清醒地看待自己和评价他人。过于放纵自己也过于苛求他人。大学生骄傲的直接后果是上进心削弱，人际关系僵硬，失去他人的尊重和信任，严重的会助长自私自利，极端个人主义的恶性膨胀。

（五）冷漠

冷漠是一种对周围的人或事无动于衷、漠不关心、置之不理的情绪体验，是个体对挫折的一种退缩式反应。一般而言，青年大学生血气方刚，情感丰富，富于激情，但也有少数大学生情绪冷漠。具体表现是不关心国家大事，不关心他人痛痒，对自己的进步、人生的价值、国家的前途等漠然置之；意志衰退，看破红尘，丧失了生活的乐趣；对周围所发生的一切感到无动于衷，索然无味，安于现状，心灰意冷，缺乏进取精神，得过且过，终日随波逐流，混日子等。引起大学生情绪冷漠的主要原因是当事人对战胜挫折、克服困难自感无能为力，因而失去信心和勇气，对原先追求的目标逐渐失去兴趣以至无动于衷、甘心退让，表现出漠不关心的麻木冷漠。此外，缺乏家庭温暖，缺乏安全、信任、受尊重的社会环境，也会造成部分大学生性格孤僻、情绪冷漠麻木，行为粗野无礼。

由于时代的前进和社会的发展，使许多传统观念发生了巨大变化，对大学生产生了强大的压力和冲击波，造成他们的心理不平衡和诸多矛盾。出现各种异常情绪是不足为奇的，这也正是大学生的情绪趋于成熟稳定的必然过程。问题不在于出现了多少种异常情绪，而在于对这些异常情绪的自觉控制和积极调节。情绪控制和调节得当，将能促进大学生的心理健康协调发展。

※ 探索自我

情 绪 测 试

【测试说明】下面的每个问题都有3种答案供你选择，选出一个与你实际情况最相近的答案。对测题中出现与自己生活、身份不相符合的情况，可以不予选择。

1. 看到你最近一次拍摄的照片有何想法？（ ）

A. 不称心　　B. 很好　　C. 可以

2. 你是否想到若干年后有什么使自己极为不安的事？（ ）

A. 常有　　B. 没有　　C. 偶尔

3. 你被朋友、同学起过绰号、挖苦过吗？（ ）

A. 常有　　B. 没有　　C. 偶尔

4. 你上床以后，是否经常再起来一次，看看门窗是否关好，炉子是否封好，以及诸如此类的事情？（ ）

A. 常有　　B. 没有　　C. 偶尔

5. 你是否满意与你关系最密切的人？（ ）

A. 不满意　　B. 非常满意　　C. 还算满意

6. 你在半夜的时候，经常觉得有什么值得害怕的事情吗？（ ）

A. 经常　　B. 没有　　C. 偶尔

7. 你有因梦见什么可怕的事而惊醒吗？（ ）

A. 常有发生　　B. 没有　　C. 偶尔

8. 你有一个梦，曾经做过许多次吗？（ ）

A. 有　　B. 没有　　C. 记不清

9. 有没有一种食物，使你吃后要呕吐？ （ ）

A. 有 B. 没有 C. 不清楚

10. 除去看到的世界外，你心中有没有另外一种世界呢？ （ ）

A. 有 B. 没有 C. 不清楚

11. 你心中是否时常觉得你不是现在父母所生的呢？ （ ）

A. 时常 B. 没有 C. 偶尔

12. 你曾经觉得有一个人爱你或尊重你吗？ （ ）

A. 是的 B. 不曾 C. 说不清

13. 你是否常常觉得你的家庭对你不好，但是你又确知他们的确对你好呢？ （ ）

A. 是的 B. 不是 C. 偶尔

14. 你觉得没有人十分了解你吗？ （ ）

A. 是的 B. 不是 C. 讲不清楚

15. 你在早晨起来的时候，最经常有的感觉是什么？ （ ）

A. 忧郁 B. 快乐 C. 讲不清楚

16. 每到秋天，你经常的感受是什么？

A. 秋雨霏霏或枯叶遍地 B. 秋高气爽或艳阳天 C. 不清楚

17. 你在高处的时候，觉得站不稳当吗？ （ ）

A. 是的 B. 不是 C. 有时

18. 你平常觉得自己强健吗？ （ ）

A. 不 B. 是的 C. 不清楚

19. 你一回家就立刻把房门关上吗？ （ ）

A. 是的 B. 不是 C. 不清楚

20. 你坐在房间里把门关上后，觉得心里不安吗？ （ ）

A. 是的 B. 不是 C. 偶尔

21. 你在要决定一件事情的时候，觉得很难决定吗？ （ ）

A. 是的 B. 不是 C. 偶尔

22. 你常常用抛硬币、抽签这类游戏来测吉凶吗？ （ ）

A. 常常 B. 没有 C. 偶尔

23. 你常常因为碰到东西而跌倒吗？ （ ）

A. 常常 B. 没有 C. 偶尔

24. 你是否要一个多小时才能入睡，或醒得比你希望的要早一个小时？ （ ）

A. 经常 B. 从不 C. 偶尔

25. 你曾否看到、听到或感觉到别人察觉不到的东西？ （ ）

A. 经常 B. 从不 C. 偶尔

26. 你是否认为自己有超越常人的能力？ （ ）

A. 是的 B. 没有 C. 在某些方面

27. 你曾经觉得有人跟你走，因而心里不安吗？ （ ）

A. 是的 B. 没有 C. 不清楚

28. 你是否觉得有人在注意你的言行？（ ）

A. 是的　B. 没有　C. 不清楚

29. 当你一个人走夜路时，你是否觉得前面潜藏着危险？（ ）

A. 是的　B. 没有　C. 偶尔

30. 你对别人自杀的想法是什么？（ ）

A. 可以体验到　B. 不可思议　C. 不清楚

【计分方法】选择 A 得 2 分；选择 B 得 0 分；选择 C 得 1 分，将 30 道题相加得总分。

【测试结果】若你的得分少于 20 分，表明你目前的情绪稳定饱满，自信心强；你有一定的社会活动能力，能理解周围人的心情，顾全大局；你一定是性格爽朗、受人欢迎的人。

若你的得分在 20～40 分之间，表明你情绪基本稳定，但较为低沉，对事情的考虑过于冷静，处事淡漠消极，丧失发挥人格的良机；你的自信心受到压抑，干事的热情忽高忽低、瞻前顾后。

若你的得分在 40 分以上，表明你的情绪不稳定，日常烦恼太多，以致使自己的心情处于紧张和矛盾之中。

若你的得分在 50 分以上，则是一种危险的信号，需要寻求心理医生的帮助。

第四节　情绪的自我管理

一、情绪调节的方法

良好的情绪调节能促进身心健康。贝克和塞利格曼都认为，某些认知策略，如认知评价上的忽视，可以预防或减轻抑郁。格罗斯的研究发现，情绪调节可以减少表情行为，降低情感体验，从而减轻焦虑等负性情绪对人们的不良影响，因而对身心健康有益。相反，不良的情绪调节不利于身心健康。例如，长期压抑悲伤和哭泣容易引起呼吸系统的疾病，抑制爱会引起支气管疾病或癌症，不表达情绪会加速癌症的恶化，对愤怒的压抑与心血管疾病、高血压的发病率有着密切联系。情绪调节是个体管理和改变自己或他人情绪的过程，在这个过程中，通过一定的策略和机制，使情绪在生理活动、主观体验、表情行为等方面发生一定的变化。如果一个人处于悲哀情绪中，可以用以下方法来调节。

（一）生理调节

情绪的生理调节是以一定的生理过程为基础的，调节过程中存在着相应的生理反应变化模式。个体在悲伤的时候，会出现肌肉紧张、心跳加快、感到冷和喉咙堵等生理现象，抑制悲伤会引起躯体活动下降，心血管系统的交感神经激活水平和呼吸等明显上

升，这就是对悲哀情绪的一种生理调节。情绪生理成分的调节是系统性的，这种调节将改变或降低处于高唤醒水平的烦恼和痛苦。

（二）情绪体验调节

情绪体验调节是情绪调节的重要方面。当体验过于强烈时，个体会有意识地进行调整。不同情绪体验有着不同的情绪调节过程，可采用不同的策略。

个体在悲伤时可采取寻求帮助策略，比如向家人或亲密朋友倾诉并寻找社会支持。

（三）行为调节

行为调节是个体通过控制和改变自己的表情和行为来实现的。在日常生活中，人们主要采用两种调节方式，一是抑制和掩盖不适当的情绪表达；二是呈现适当的交流信号。处于悲哀情绪状态的个体在向新上司表示友好和尊重时，即使感到悲伤，也要管理或控制自己的情绪，不要影响信息的表达和交流。行为调节可以对情绪体验产生影响。莱尔德发现，不同的脸部肌肉使个体产生相应的体验，处于悲哀情绪中的个体可以利用微笑的面部表情来影响自己的情绪体验。

（四）认知调节

良好的认知调节包含以下步骤：知觉或再认唤醒需要调节的情绪；解释情绪唤醒的原因和认识改变情绪的方式和途径；做出改变情绪的决定和设定目标；产生适当的个体力所能及的调节反应；对反应进行一定的评价，尤其是评价这些反应是否达到目标；将调节付诸实践。

处于悲哀情绪中的个体，首先找到这种悲哀情绪出现的原因，如亲人的去世等；然后认识到这种状态不应该持续下去，自己的亲人会希望自己过得快乐，所以要想办法让自己摆脱不良情绪，可以找朋友聊天或出去度假，用一个星期的时间彻底从悲哀中走出来。之后便将自己的打算付诸行动，一个星期后对自己的情绪状态再次加以评价。若做得好可以鼓励自己继续努力，若做得不好再采用其他方式进行调节。

（五）人际调节

人际调节属于社会调节或外部环境的调节。在人际调节中，个体的动机状态、社会信号、自然环境、记忆等因素都起重要作用。在社会信号中，他人的情绪信号，尤其是与个体关系密切的人（如母亲、教师、朋友等）发出的情绪信号对情绪调节有较大的作用。在自然环境中，美丽风景令人赏心悦目；而混乱、肮脏、臭气熏天的环境则令人恶心。个人记忆也会影响人们的情绪，有些环境让人想起愉快的情境，而有些环境让人回忆起痛苦经历。

二、大学生不良情绪的调节

因为情绪是受意志制约的，所以人有调节和控制自己情绪的能力。大学生的情绪调节不仅是必要的，而且也是可能的。从心理学的角度看，大学生情绪调节控制的主要方法有如下几种。

（一）合理宣泄法

心理学研究表明，情绪的产生能刺激体内产生能量，如极度愤怒可以使之处于应激状态，消化活动被抑制，糖从肝脏中释放出来，肾上腺素分泌增多，使血压升高，体内能量处于高度激活状态。这种聚集在体内的能量如果不能被及时疏泄，长期积压会形成“情结”。精神分析学家认为，情结是一种被压抑在潜意识中的愿望或不快的念头。在抑制控制薄弱时会以莫名其妙的不安感或症状表现出来，形成一种情绪障碍或变态心理。因此，为了降低精神上的过度紧张，避免产生因心理因素而出现的疾病，很有必要将受到较大挫折后积压在心头的痛苦、愤怒、悲伤、烦恼等紧张情绪发泄出来。当然，这种发泄不能毫无顾忌、不择手段、为所欲为，必须合理地控制在既能降低自己的紧张情绪，又不至于使他人受到伤害的范围内。我们称这种有节制的发泄为合理宣泄。

如何宣泄自己的情绪呢？

1. 诉说

即将自己的情绪用恰当的语言坦率地表达出来，把闷在心里的苦恼倾诉出来，把所受的委屈全摆出来，这样，对当事人双方都能增进了解，冰释误会，减少矛盾和冲突；对自己所信赖的人表达情绪，既可得到同情和理解，又能求得疏导和指导，即所谓“一个快乐由两个人分担，就变成了两个快乐；一个痛苦由两个人分担，就变成了半个痛苦”。这有利于矛盾的解决。

2. 哭

若遇到意外打击，产生较大的悲伤、愤怒、委屈时，也可以用痛哭的办法宣泄自己的情绪。生理学家经过化学测定发现：人因情绪冲动流出的眼泪，能把体内精神受到沉重压力而产生的有关化合物发散出来并排出体外。因此，人们在痛哭流泪之后总会感到舒适轻松一些。另外，情绪本身有一种自我调节的机制，情绪表现的过程也就是情绪缓解的过程，表现越激烈缓解越充分。一旦情绪缓解之后，因情绪紧张而带来的感觉、记忆和思维障碍也就自行消退。这样便可以较客观地感知外界事物，恢复有关的记忆，冷静思考，寻找挫折的原因和解决问题的方法。

3. 行动

在无对象诉说或不便于痛哭的情况下，也可以面对着沙包狠揺一通，或找个体力活猛干一阵；到空旷无人的旷野引吭高歌或聚声长啸，同样能借此释放聚集的能量，降低、缓解情绪，达到宣泄的目的。

（二）提高升华法

提高升华是指当个人欲望或需求因各种原因或条件限制不能实现时，将其原有的内部动机转化为社会性动机，以社会可以承认、接受、允许的方式，去追求更高的目标，获得新的更高级的精神满足。也就是说，将情绪激起的能量投射到战胜挫折，或者有利、有益于社会和个人成长的活动中去，使其具有建设性和创造性。这是一种最为积极的情绪自我调节控制方法，是最有效的情绪宣泄方式。司马迁受辱发奋写《史记》，孙膑受打击著述兵书，歌德因失恋创作《少年维特之烦恼》等，都是情绪升华的生动事

例。在我们现实生活中，一个犯有错误的同学用洗刷污点，勤奋学习的形式来创造美好未来；一个学习、生活、恋爱上受过挫折的人，把痛苦转化为对事业的执着追求，因失误带来内疚，用高尚行为来弥补；具有严重进攻性特征的人，将其精力转向为热爱各种体育项目等。这些都是有意义的升华。

（三）转移注意法

在某种情绪影响自己或将要影响自己，而自己又难以进行控制时，对这种情绪不予理睬，并将自己的注意力转移到其他有益的方面去，这种情绪调节方法称之为转移。按照条件反射学说，在发生情绪反应时，会在大脑皮层上出现一个强烈的兴奋灶，此时如果另外建立一个或几个新的兴奋中心，便可以抵消或冲淡原有的兴奋中心。也就是说，当我们注意某一事件时，这一事件对我们才会产生影响。当我们把注意力放在其他事情上时，原来的事件对我们的影响就会降低或消失。如旅游观光和欣赏优秀的文学作品便是一种调节情绪的有效方式。当我们登高望远，极目长空，可以使人心旷神怡，荣辱皆忘；游历风景名胜，凭吊历史遗迹，可以使人心胸豁达忘却个人得失；听《黄河大合唱》："我们站在高山之巅，望黄河滚滚……惊涛澎湃，掀起万丈狂澜……"会激起我们热爱中华的壮烈情怀，置个人忧伤于度外。

（四）压抑遗忘法

压抑是指对一些既无法升华，又不能转移的不良情绪，用意志的力量将它们排出自己的记忆予以遗忘，来保持心理的平衡。如由于误会遭到他人无端的猜疑、打骂或侮辱，既不能报复，又无法补偿；因为过错受到自己心仪爱慕的异性同学的耻笑，既不便解释，又无法转移。这些因人为因素而造成的挫折会使人的情绪更加愤怒、沮丧。若老是郁积于心，挥之不去，这种情绪会不断蔓延，日益加重，在这种情况下，压抑遗忘就不失为一种缓解情绪的有效方法了。挫折被暂时遗忘，便暂时达到了心理平衡，挫折被永远遗忘，因这种挫折而产生的不愉快的情绪体验便会消失。在发生重大挫折时，人们往往力图变换环境，离开或改变产生挫折的情境，有利于遗忘所受的挫折，或者随着时间的推移，所受挫折产生的情绪逐渐减弱以至消失。不过，压抑不是消失，受挫后的痛苦体验只是在一时的管辖下暂时潜伏着，或者说，由意识的境界转入潜意识的境界，只是在意识之下，而不是在意识之外，一旦被重新认识，仍可能重新唤起力图遗忘的记忆。从心理健康的角度分析，压抑是必要的，一定的压抑可以免受各种挫折和痛苦，维持心理平衡。但压抑也有一个限度，压抑过久或过度，又会引起各种心理疾病。因此，对于无法压抑的情绪要以符合社会行为规范的适当方式宣泄出来，如无端受辱可以去法庭起诉，使犯罪者受法律的制裁等，以此达到心理平衡。

（五）语言暗示法

一个人为不良情绪所压抑的时候，可以通过言语的暗示作用来调节和放松情绪。如一些容易爆发激情的同学要经常提醒自己不要遇事激动。林则徐写张"制怒"的条幅挂在墙上，就是为了自我警戒。还有的同学陷入忧愁时，提醒自己"忧愁没有用，于事无益”。当有较大的内心冲突和烦恼时，可以用“不要怕，不着急，安下心来，会好的”等语言，给自己鼓励和安慰，只要是在松弛平静、排出杂念、专心致志的情况下进行这种自我暗示，往往对情绪的好转有明显的作用。

（六）幽默缓冲法

高尚的幽默是情绪的缓冲剂，是有助于个人适应社会的工具。当个体发现某种不和谐的或于己不利的现象时，为了不使自己陷入激动状态，最好的办法是以超然洒脱的态度及寓意深长的语言、表情或动作，用诙谐的手法机智、巧妙地表达自己的情绪。这样做，往往能使紧张的精神放松，解放被压抑的情绪，避免刺激或干扰，摆脱难堪窘迫的场面，消除身心的某些痛苦，调节和保持身心健康。研究表明，幽默可以冰释误会，活跃气氛，缓和难堪，减轻焦躁；可以使陌生者相识，怀疑者释疑，戒备者去戒；可以使人心情开朗舒畅，精神愉快振奋，驱除疲劳，排出忧虑，解除烦恼，充满信心。

（七）理智消解法

不良情绪的理智消解，通常有三个步骤：第一步，首先要承认不良情绪的存在。有的人产生了不良情绪还不承认，比如，一个人因失恋而痛苦，别人劝慰他从不良情绪中解脱出来，可他自己却不承认自己的情绪是不良的。有的人为蝇头小利一类的事犯颜动怒，别人劝他何必动气，他马上反驳：“谁生气了！”有了不良情绪，就要承认。认为不良情绪确实存在后，第二步，就要分析产生的原因，弄清自己所苦恼、忧愁、愤怒的事物，是否可恼、可忧、可怒。通过理智分析，就会发现多数情况下并不是这样，不良情绪也会得到消解。第三步，有时确实有可恼、可忧、可怒的理由，那么，就要寻求适当的方法和途径来解决它。

（八）转换视角法

换个角度看问题，常可使人从负性情绪中解脱出来，保持心情舒畅。比如说，有的学生拼命用功，却没考上大学，便心灰意冷，觉得前途渺茫，如果就这样继续想下去，就会越想越悲观失望。如果换个角度去想就会心情舒畅：吃点苦，受些挫折对自己有好处，何况自己还年轻，可以从零开始，一切从头来，年轻就是一笔巨大的财富。

（九）音乐疗法

音乐作为一种艺术，是人的情绪、情感的一种表现方式，曲调和节奏不同的音乐可以使人产生不同的情绪体验。古希腊人认为，不同的曲调代表不同的情绪：A 调高扬，B 调哀怨，C 调和蔼，D 调热情奔放，E 调安静优雅，F 调淫荡，G 调浮躁。在国外，音乐调节已应用到了外科手术及精神病、抑郁症、焦虑症等的治疗上，如忧郁烦闷时可以听《蓝色多瑙河》《卡门》《渔舟唱晚》等意境广阔、充满活力、轻松愉快的音乐；失眠时可以听莫扎特的优雅宁静的《摇篮曲》、门德尔松的《仲夏夜之梦》等乐曲；情绪浮躁时可以听《小夜曲》等宁静清爽的乐曲。每个人都可以根据自己的情绪状况，选择适合的音乐来调节自己的情绪状况。

第五节 情绪调节之心理素质拓展训练

一、心理训练

（一）完成下列语句

闭上眼睛并做三四次深呼吸，然后就情绪问题完成下面语句，之后与同学讨论：

（1）我生活中最快乐的时刻是：________________________________；

（2）发笑使我感到：________________________________；

（3）当……时，我感到悲伤：________________________________；

（4）当他人哭的时候，我通常是：________________________________；

（5）我最后一次哭的时候是：________________________________；

（6）当我想生气的时候，我通常：________________________________；

（7）在家里，令我生气的是：________________________________；

（8）当他人生气的时候，我：________________________________。

（二）讨论情绪宣泄的作用以及社会对情绪宣泄的态度

将一些情绪（如高兴、悲伤、生气）列在黑板上并逐一加以讨论，这些情绪的表达在什么时候有利于加深人际关系，什么时候会疏远人际关系。与其压抑愤怒情绪或怒不可遏，不如感受这种情绪，承认这种感受，并且不轻易地指责，而是加强沟通，确切表达自我情绪体验，如“当你……的时候，我感到很生气”，这样做有助于心理健康。

（三）按照情绪节律周期

人一个月总有几天会感到情绪低落，或者情绪高涨，请记录每一个情绪高涨或低落的日子，并看看这两个时期的情绪表现有什么不同。连续记录三个月，找出自己的情绪节律周期。

（四）逐日记录一周的情绪变化

每天晚上回顾一下你当天发生了一些什么情绪变化（包括喜、怒、哀、乐、爱、恶、恨等），是什么原因引起的，然后在一周结束时加以综合分析，了解自己情绪的发生有些什么特点。比如：

（1）在一周时间中哪种情绪发生的最多？是积极的情绪还是消极的情绪？________

____

____

（2）你的情绪发生合理吗？是应该还是不应该？______________________________

____

____

（3）你产生这些情绪是无意识的，还是有意识的？你当时是否曾有意对某种情绪进行控制？____

____

____

（五）自我放松训练

无论是哪种克服负性情绪的方法，最终的目的都是为了使身心放松，使生理和心理活动趋于平衡。

放松的方法很多，有深度呼吸训练、肌肉放松训练、精心反思、生物反馈、意象训练等，下面逐一介绍每一种放松训练的实施方法。

1. 深度呼吸训练

深度呼吸训练方法简便易行，不受场所、时间等条件的限制，行、坐、站、卧都可以进行，其目的是通过深度呼吸，使身体各组织器官与呼吸节律发生共振，进而达到放松的效果。下面我们不妨做一次，看效果如何。

好！现在请你放下手中正在做的事情。如果你身边有椅子，请你全身放松坐在椅子上，调整你的坐姿，感觉到最舒服为止。如果你是在寝室，请你全身放松，仰卧在床上。如果你身边什么也没有，就请你全身放松，站在你认为最方便的地方。准备好了吗？现在我们就要做放松训练了。

好，现在请深呼吸，全身放松，观察自己的呼吸和身体各部位的活动状况，注意体会自己的肺部在一张一合、一张一合地呼吸，呼吸频率在逐渐减慢，呼吸的深度在逐渐加深，紧张的部位在逐渐放松。用感觉去体察你身体的部位，持续一段时间，当你感觉到身体的各部位不那么紧张了，请把注意力再转移到呼吸上。你似乎在观察自己呼吸，似乎又没有观察，感觉在有无之间。

请用鼻子深吸一口气，再慢慢地、均匀地呼出。呼气的时候平和而舒畅。继续呼吸，慢慢地、均匀地、深长地、平和地、舒畅地呼吸。

现在让我们数一下呼吸的次数，一、二、三、……、十；再重新开始从一数到十。你可以通过重复10遍、20遍。注意一下你身体各部位的感觉，各部位的感觉在渐渐地、渐渐地与呼吸的节律趋于一致。全身的毛孔在随着肺的一张一合，有规律地开合，开合，开合……

现在你不仅仅是在用肺呼吸，而是用身体来进行呼吸，吸气的时候，气又从毛孔中呼出。吸进清新空气，呼出污浊空气，一次、二次、三次……渐渐地，你会感觉到身体的各个部位很放松，很通畅，仿佛整个身体融入大自然之中。

好了，我们的放松训练就要结束了，请慢慢闭上你的眼睛（如果做呼吸前没有闭上眼睛的话），静静地，不去想任何事情，过一两分钟就可以做你该做的事情了。

2. 静坐与冥想

有时，你可能觉得自己的思维很混乱。如心猿意马，一会儿想到家里，一会儿又想到吃饭，一会儿又想到刚才发生过的事情。每个念头之间似乎没有什么联系，从一个想法一下子跃到了另一个毫无联系的想法，心情也因此而很烦躁，不能专心地做自己想做的事情。这是大脑在提醒你，该平心静气地休息一下了。此时，你可以做下面的训练（最好是闭上眼睛）：

先静下心来，反思一下现在自己在想什么。注意出现在你头脑中的每一个想法。一个想法出现了，不要去理它，看它到哪里去。这时，你会发现，你不理它时，它自己就悄悄地溜掉了。一瞬间，你就感觉到头脑中很空、很静，这些也不要去管它，随它去。瞬间一过，又一个念头出现了，这时，你还是似注意似没有注意地对待它，自然而然地它也会像前一个念头一样，一闪即逝了。你就这样去注意每一个念头，但不能有意去捕捉它们。慢慢地，你就会发现，这些念头像行云流水一样，从面前一闪而过，不知道飘到哪里去了。这样随想几十分钟，慢慢地睁开眼睛，你会感觉到眼睛比以前明亮多了，思路也清晰多了，思维更敏捷了。这时，你就可以再去做你想做还没有做完的事情。

3. 自我暗示

自我暗示方法可以用来调节局部紧张，也可以用来调节全身各部位紧张。不仅对紧张起作用，对其他的情绪问题也同样起作用，并对生理疾病有一定的疗效。采用自我暗示方法要注意以下几个方面：

（1）语言要简洁，不多于5个字；

（2）暗示的语言要积极、肯定，千万不要采用消极、否定的暗示语言；

（3）暗示时，运用的意识要温和，不要带强制性；

（4）暗示后，就不要再去想暗示语了，过一段时间以后再重新进行自我暗示；

（5）每次暗示时，暗示语重复3～5次为最佳；

（6）在一段时间内，最好只用一种暗示语或某一个特定暗示语。

下面就具体介绍一下暗示的自我调节方法。

首先，发现你紧张或不舒服的部位，确定紧张或不舒服的症状反应。然后，针对症状反应，发出良好的信息，如“放松”“清静”等，每次重复3～5遍。

如果经过一段时间，还感觉到紧张或不舒服，就再重复第二步的过程。

4. 意象训练

意象训练的基本原理就是通过想象轻松、愉快的情境（如大海、山水、瀑布、蓝天、白云等），达到身心放松、情绪舒畅的目的。意象训练的效果取决于想象的生动性和逼真性，想象越清晰、生动，放松的效果就越明显。意象训练法不仅能消除疲劳，恢复精力，长时间坚持意象训练，还可以达到开发智能的效果。在进行意象训练时，你可以想象某一个特定的情境，也可以像旅游一样，从一个地方到另一个地方逐一想象，采取何种方式要看哪种情况更适合你。下面就通过语言引导来进行一次意象训练。

现在请你全身放松，闭上眼睛，静静地、静静地观察你头脑中闪过的每一个念头，不要去理它，任它来去。

好，我们想象秋天的天空……

站在高山云颠，仰望湛蓝的天空，显得那么高远，那么幽深……

天空中，行云如流水，又仿佛是一片片棉絮，从天际涌出，悠悠然从顶空飘过，又消失在无尽的远处……

你可以重复想象上面描述的情境，渐渐地，一闭上眼睛，你的头脑中便会显现出秋天的景色，一幅动态的、有序的画面。如果你感觉到想象动态画面很吃力的话，也可以想象你所喜欢的静态画面，或是蓝天白云，或是青山绿水等。如果你的想象能力很好，你就可以做下一步的训练，把想象从外界转移向体内。想象自己站在或是坐在一朵金色的莲花上，周身金光四射，就像刚刚升起的太阳，照耀万物。这种训练方法你可以做几分钟、几十分钟或更长时间，如果能坚持不懈地进行训练，经过一段时间你就会发现自己的身体素质、学习效率都会发生很大的变化。

5. 肌肉放松训练

肌肉放松训练是通过从头到脚的一步一步放松，并结合自我暗示，达到消除紧张、调节精神状态的目的。

现在请你按下面的指导语，从头到尾做一次肌肉放松训练。

请你全身松弛下来（自己平时训练，最好闭上眼睛），全身肌肉、组织器官松而不散，以默念的方式暗示自己“放松”，重复3～5次，再做几次深呼吸（次数不限），先把注意力转移到头部，头顶的肌肉放松，头后部的肌肉放松，颈椎放松；再把注意力转移到胸部，前胸的肌肉放松，胸椎放松，内脏器官（心脏、肝脏、肺、脾等）放松；背部肌肉放松，肩部肌肉放松，肩胛骨放松，大臂的肌肉放松，肘关节的肌肉放松，小臂的肌肉放松，手掌放松，手背肌肉放松，手指各关节放松；现在把注意力转移到腰部和腹部，腹部肌肉放松，腰部两侧的肌肉放松，腰椎放松，肾脏、胃、肠放松，小腹部放松；现在把注意力转向下肢，臀部的肌肉放松，大腿内侧的肌肉放松，小腿外侧的肌肉放松，踝关节放松，脚背的肌肉和骨骼放松，脚掌放松，脚趾各关节放松。

好，现在全身都放松，放松……

这个过程你可以重复做几次、几十次甚至更多，具体要看自己方便与否。如果你感到很疲劳或难以入睡，不妨用上述方法试一试，或许会收到良好的效果。

二、复习思考题

1. 什么是情绪？大学生的情绪具有哪些特点？

2. 大学生有哪些常见不良情绪？对大学生有何影响？

3. 结合自己的实际，谈谈如何调控不良情绪？

第六章 人际交往，沟通的桥梁

※ 心灵导读

“得不到友谊的人将是终身可怜的孤独者。没有友情的社会则只是一片繁华的沙漠。”

——培根

人的日常生活以及工作并不是自己一个人就可以完成的，俗话说“团结就是力量”，人与人之间的相处使得一些事情变得尤为重要，想要让自己活得更好，那么就需要让自己的人际交往更加顺利。对于众多的大学生来说，大学生活可能是学生时代的最后一站，从踏入大学的那一时刻起，我们就开始离开家庭、住宿学校，迈出我们独立生活的第一步，当一个人处在生活的转变时期，最重要的和最紧迫的问题莫过于思考如何在新环境中建立好人际关系了。但是，我们很多同学由于不能很好地处理与别人之间的关系，结果使得学习、生活都变得一团糟。因此，认识到人际交往的重要性，掌握基本的人际交往的原则和方法对于大学生更好地适应大学生活、适应社会，以及未来发展来说都具有重要的意义和价值。

第一节 人际关系概述

我们每个人的人生都是在与别人的交往中度过的，甚至可以说，我们每个人都是交往的产物，从我们出生后的第一声啼哭开始，我们便落入到一个巨大而又复杂的人际关系网中，不管我们愿意与否、自觉与否，我们都必须与别人进行着各种各样的交往。

一、人际交往的含义和意义

（一）人际交往的含义

人际意为人与人之间；交往是指人们运用语言或非语言符号交换意见、传达思想、表达感情和需要的交流过程；人际交往是指人们在社会实践中形成的人与人之间相互发生的关系，即在一定社会关系制约下，人与人之间在交流、联系、活动中形成的心理距离和心理关系。

人际交往表现在认知、情感和行为三个方面，可以说人际交往是由这三种心理因素构成的。认知是人际交往的前提条件。人际交往首先通过彼此相互感知、认识、理解而建立一定的心理关系。情感是人际交往的主要调节因素。没有情感因素的参与和调节，其关系是不可想象的。行为是人际交往的主要手段。在人际交往中，无论是认知因素，还是情感因素都通过行为，即言语举止、表情、手势等外部动作表现出来并达到相互交往的目的。认知、情感和行为是人际关系三个相互联系、相互促进的有机体。在交往中，人们相互间认知一致、情感相容、行为配合，就形成良好、和谐的人际关系，反之就会产生不和谐、相斥的人际关系。这些不同性质的人际关系交织在一起，就构成一张动态的、多维的、错综复杂的人际“关系网”。

（二）人际交往的意义

每一个人的成长和发展都依存于一定的人际关系，人际关系的好坏往往是一个人心理健康水平、社会适应能力的综合体现。对于正处于学习、成长之中的大学生来说，培养良好的人际交往能力和融洽的人际关系，显得尤为重要。

1. 人际交往有助于信息的传递和交流

这是人际交往的基本功能。人们在共同的交往活动中，彼此交流思想、知识、经验、情感等，这一切都是信息交流，人际交往就是一个不断输出信息和接受信息的过程。有人估计，人们在一天中除了8小时的睡眠外，其余的16小时中大约有70%的时间都在进行着相互间的交往与信息的交流。很多有识之士都十分重视人际交往中的信息传递。

2. 人际交往有助于促进学习和工作效率的提高

人际关系是在群体里、在交往过程中实现的。群体内人际关系的好坏对学习、工作效率有很大的影响。人际关系是通过它对劳动、学习态度的调节作用而间接影响人们的学习、工作效率的。社会心理学家研究表明，人们在学习和生产劳动中约有15%的时间用于人际关系冲突后的体验上。群体内各个成员之间如果能够相互沟通、理解、体谅、信任、支持，就会形成一种相容的心理气氛，使各个成员不但会产生满意、愉快的情绪体验，而且会以最小的能量消耗产生最大的成绩，更好地发挥各个成员的聪明才智，达到事半功倍的效果。相反，人际关系紧张、冲突，既消耗了人们宝贵的时间又使人精神不愉快，处于苦恼之中，影响人们的学习、工作和生活。

3. 人际交往有助于促进人的身心健康

我国医学心理学家丁瓒说过：“人类心理的适应，最主要的就是对人际关系的适应，所以人类心理的病态，主要是由人与人之间关系的失调而来的。”人际关系良好的人，能为别人所接受、理解，也能用信任、友爱、宽容的态度与他人相处。他们不为一时的冲动所驱使，不为暂时的困难而焦虑，虽怒而不失态，虽悲而不自毁，他们的心境始终是豁达、开朗、稳定和乐观的，促进了身心的健康。相反一个人如果缺少人际交往或人际关系紧张，喜怒哀乐等情感无处交流，日久天长，必然会造成心理上的障碍，影响身心健康，导致心理失调，甚至危害身体。心理学有个感觉剥夺实验就能证明这一点：20世纪50年代初期，加拿大心理学家赫伯，以把外界的空气、阳光、声音全部隔绝为试

验条件，一天给25美元，吸引许多大学生参加试验。其结果证明，人们忍受不了没有任何刺激的环境。有的大学生仅仅几个小时就忍受不了，凡忍受下来的都出现了幻觉、失去常态，甚至会导致精神障碍。所以改善人际关系是身心健康的基本保证。

4. 人际交往有助于促进良好个性的形成

人际关系对人的个性改变有很大作用。一个人的个性除了受先天遗传因素的影响外，更重要的是后天环境的影响。人们的交往不仅是认知上的相互沟通、情感的相互交流，而且也是性格和个性相互影响的过程。在交往中，一方的行为会对另一方起着很大的暗示作用。使个体获得进行全面比较的参照系数，全面了解到自己的为人，并可产生追求理想人格的强烈渴望。一个人长期生活在友好、信任、相容的人际气氛中，其个性会在他人和环境的影响下，在其自身的努力下，变得勇敢、热情、开朗、豁达、积极、主动。相反，一个人长期生活在不良的人际关系中，则会变得冷漠、粗暴、自私、悲观、脆弱，这反过来又促使人际关系更加不和谐。

5. 人际交往有助于知识经验的获得

在与人交往的过程中，人们随时可能通过与他人交流而获取对自己的学习、工作和生活有意义、有价值的知识经验，以他人的长处填补自己的短处，发展和更新已有的知识体系。此外，在交往过程中，人们会不断增强竞争能力，提高交际能力，开发创造能力，使自己的素质得到不断发展和完善。

※ 探索自我

交往类型测试

【测试说明】以下四对八种交往类型，符合自己的实际情况的打“√”；不符合自己实际情况的打“×”；介于符合与不符合之间的打“△”。

一、主动型—被动型

1. 在路上碰到熟人你主动打招呼吗？
2. 你经常主动写信或打电话与外地亲友联系吗？
3. 在课堂上你会主动发言吗？
4. 在你有困难时，你会毫不犹豫地请求别人帮助吗？
5. 在车船上，你会主动与别人交谈吗？
6. 在人们各行其是的环境中生活，你感到不自在吗？
7. 你喜欢串门吗？
8. 有同学来拜访你，你非常热情和高兴吗？

二、领导型—随从型

1. 你喜欢在大庭广众之下侃侃而谈吗？
2. 在集体中你常坚持己见吗？
3. 别人批评你时，你很难接受吗？
4. 你喜欢考虑影响全局的宏观问题胜于喜欢考虑具体的微观问题吗？

5. 在同学意见有分歧时，你愿意当仲裁吗？
6. 你很同情弱者吗？
7. 当与你有关的人做错事时，你是否感到自己也有责任？
8. 在有几个人的情况下，有人提出问题你会率先回答吗？

三、严谨型—随便型

1. 和老朋友渐渐疏远了，你感到心里不安吗？
2. 在新环境中，你不会结交一些朋友吗？
3. 班级活动时，有人替你垫了公共汽车票、门票钱，事后你一定如数归还吗？
4. 与人约会，因意外情况迟到了，你会解释再三吗？
5. 你很少同异性同学交往吗？
6. 在集体活动中，你不会爽声大笑吧？
7. 你从无忘记自己的诺言吗？
8. 根据情况取消既定计划，你很不自在吗？

四、开放型—闭锁型

1. 在信中或电话中，你经常谈论自己吗？
2. 心中有事，你总是憋不住要找同学倾吐吗？
3. 与志趣不同、性格相异的人交往，感到愉快吗？
4. 同学们愿意找你交流不同的见解吗？
5. 在集体中，你会发表没有完全成熟的意见吗？
6. 你喜欢不断结交新朋友吗？
7. 你喜欢不断接受新思想、新观念、新信息吗？
8. 经常有同学来拜访你吗？

【计分方法】打“√”的每题得 3 分；打“×”的每题得 1 分；打“△”的每题得 2 分。将四对八种交往类型分别加出总分。

【测试结果】如果你的每对得分在 16 分以上，说明你属于每对交往类型的前一种；得分在 12 分以下，说明你属于每对交往类型的后一种；得分在 11～15 分之间，说明你属于中间型。

二、人际交往的影响因素

人际交往受很多因素的影响，概括来说，主要体现在以下几个方面：

（一）时空邻近性

俗话说：“远亲不如近邻”。这说明时空距离是形成密切的人际关系的一个重要条件。邻近性是指如果其他条件相同，人们在时空上越接近，双方交往和接触的机会就越多，彼此间就越易形成密切的人际关系。大学生们由于同时入学，或年龄相当，或住在同一个寝室，或经常在一个教室和图书馆一起学习，或是同乡等原因，经常接触，相互

交往的次数多，容易具有共同的经验、共同的话题、共同的体会，从而建立起较密切的人际关系。

（二）态度相似性

俗话说："物以类聚，人以群分"。人与人若具有相类似的认知与价值观，不但容易获得对方的支持与共鸣，同时也容易预测对方的感情与反应倾向，在交往过程中彼此容易适应，从而建立良好的人际关系。所谓相似性，包括年龄、学历、兴趣、爱好、态度、信仰、容貌等方面的类似性或者共同性，具有上述某方面相似性的人容易成为朋友，建立亲密关系，其中特别是态度的相似性。

相似性有助于交往，这是因为：首先，各种相似的因素使人具有较多的共同参与社会活动的机会，因而人们接触较多，容易熟悉和相悦；其次，相似性可使交往双方产生一种社会增强作用，能满足双方共同的需要；最后，相似性可使人与人之间的意见容易沟通，由于较少有沟通上的障碍，可减少误会、曲解和冲突，从而有利于维持良好的人际关系。大学生在评价自己的这种友谊时说："我们性格志趣相投谈得拢。"又说："我们有共同的语言，在情感和信仰上没有隔阂和矛盾。"

（三）需求互补性

互补性也是密切人际关系的重要因素之一。如果相似性是客观因素，那么，互补性可视为主观因素。互补实际上是一种主观的需要或动机。有时两个性格很不相同的人相处得很好，并成为好朋友，这就是由于双方都知道自己的长处和短处，都想利用对方的长处来弥补自己的短处，这是一种心理上的需要，基于这种需要，双方可以和睦相处。特别是异性之间，根据互补性原则结为姻缘的相当普遍。常言道，男刚女柔，刚柔结合，既相冲又相容。

当交往的双方能彼此满足对方的心理需求，彼此将产生强烈的吸引力，从而使相互之间的关系更加密切。大学生们长期在一起生活、学习和工作，虽然不可避免地会产生这样或那样的矛盾。但是，如果一方所表现出来的行为，正好能满足另一方的心理需求，则彼此间将产生强烈的吸引力，从而使他们之间的人际关系更密切。大学生们的心理需求很多，归纳起来主要有：安全需求、归属需求、自尊自信需求、成才成就需求。大学生们在评价他们之间的友谊时，也往往说："他成绩好，知识面广，可以帮助我，带动我。""他人缘好，我们常在一起，能够在思想上、学习上等方面获得他的帮助。"这也说明互补性需要是人际关系密切的重要条件。

（四）个性特征

个体能力、性格、品德等个性特征，是构成人际吸引的重要因素。心理学家奥尔波特经过研究发现，人际吸引力最重要的成分是人的内在属性，如涵养、幽默、礼貌等；其次是形体的特点，如体魄、服装、仪表等；再次是个人表现出来的特殊行为，比如新奇和令人喜欢的动作等；最后是个人的角色地位引起他人的爱慕与尊敬。

（五）外表特征

爱美之心，人皆有之。一个人的长相、穿着、仪表、容貌、体态，往往是构成人际吸引力的重要因素，特别是在初次交往和第一印象中。亚里士多德曾经说过：外表包括人的外貌、身高、风度等。这些因素也会影响人与人之间的关系。美丽比介绍信更具有推荐力。由于首因效应，外表特征在人际吸引力中占有重要地位，尽管我们都懂得“以貌取人，失之于人”的道理，但是，在人们交往活动中外表特征有时也会在无形中影响着人与人之间关系的建立与发展。

在戴恩及同事的一项实验中，给大学生们看三个大学生的照片：第一个外貌有吸引力；第二个相貌一般；第三个无吸引力，让被试者在27种个性特征上对这3个样本做出评价，并要求他们估计这3个人未来是否幸福。结果表明，最合人心意的、最幸福的预言都落在外貌有吸引力的人身上。

（六）才能与专长

一般来说，一个人的才能出众或有某方面的专长，对别人就有一种吸引力。当然，有时候过于精明强干的人也不一定都受人喜欢。社会心理学家阿伦森的研究结果显示：十全十美的人（实际上不存在），使人感到高不可攀，敬而远之，人们往往不敢与之交往。相反，有小缺点、才能超群者往往更受人们喜爱。大学生们经常说：“没有缺点本身就是最大的缺点。”所以，个人的才能与专长是指个人某方面的出类拔萃，超群脱凡之处，而不是指十全十美。这也是一个人吸引他人的重要组成部分，是构成人际吸引力的重要因素。

三、影响人际交往的心理效应

社会心理学研究表明，在人际交往中，对交往对象的认知、印象、态度以及情感等，都影响到交往的正常进行。然而，由于种种原因，在交往过程中的人际认知往往会出现这样或那样的心理偏差。

（一）首因效应

首因，即最先的印象，或称第一印象。在人际交往中，人们往往注意开始接触到的细节，如对方的表情、身材、容貌等，而对后来接触到的细节不太注意。这种由先前的信息而形成的最初的印象及其对后来信息的影响，就是首因效应。

首因效应是大学生在交往活动中一种比较常见的现象。客观地说，首因效应在交往活动中有一定的作用。这就是我们常说的“先入为主”，它影响着今后交往活动的深入进行，当然，第一印象也不是不可改变的。虽然第一印象赖以产生的信息是有限的，但由于人的认知具有综合性，完全可以把这些不完全的信息贯穿起来，用思维填补空缺，形成一定程度的整体印象。

（二）近因效应

近因，即最后的印象。近因效应，指的是最后的印象对人们认知具有的影响。最后

留下的印象，往往是最深刻的印象，这也就是心理学上所阐释的倒摄作用。首因效应与近因效应不是对立的，而是一个问题的两个方面。在大学生的人际交往中，第一印象固然重要，最后的印象也是不可忽视的。一般而论，在对陌生人的认知中，首因效应比较明显；而对熟识的人的认知中，近因效应比较明显。这就告诉我们，在与他人进行交往时，既要注意平时给对方留下的印象，也要注意给对方留下的第一印象和最后印象。

（三）光环效应

光环效应又称晕轮效应，指的是在人际交往中，人们常从对方所具有的某个特性而泛化到其他有关的一系列特性上，从局部信息形成一个完整的印象，即根据最少量的情况对别人做出全面的结论。所谓“情人眼里出西施”，说的就是这种光环效应，光环效应实际上是个人主观推断的泛化和扩张的结果。在光环效应状态下，一个人的优点或缺点一旦变为光圈被扩大，其优点或缺点也就隐退到光的背后被别人视而不见了。在大学生的人际交往中，光环效应也是一种常见的现象。例如，男女大学生会对外表吸引人的同学赋予较多的理想人格特征，常常为那些长相比较动人的同学设计美好的未来。

（四）投射效应

投射效应是指在人际交往中，认知者形成对别人的印象时总是假设他人与自己有相同的倾向，即把自己的特性投射到其他人身上。所谓“以小人之心，度君子之腹”，反映的就是这种投射效应的一个侧面。

一般来说，投射可分为两种类型：一种是指个人没有意识到自己具有某些特性，而把这些特性加到了他人身上。例如，一个对他人有敌意的同学，总感觉到对方对自己怀有仇恨，似乎对方的一举一动都有挑衅的色彩。另一种是指个人意识到自己的某些不称心的特性，而把这些特性加到他人身上。例如，在考场上，想作弊的同学总感觉别的同学也在作弊，倘若自己不作弊就吃亏了。值得注意的是，后一种投射往往会把自己某些不称心的特性，投射到自己尊敬的人、崇拜的人身上。其逻辑是：他们有这些特性照样有着光辉的形象，自己有这些特性又有何妨。目的是通过这种投射重新估价自己不称心的特性，以求得心理上的暂时平衡。

（五）定势效应

定势效应是指由于人们头脑中存在着某种想法，而影响对他人的认知和评价。在人际交往活动中，当我们认知他人时，常常会不自觉地产生一种有准备的心理状态（出现原有的某种想法），并从这种心理状态出发，按照事物的一定的外部联系进行认知和评价，于是也就产生了定势效应。定势效应在某种条件下有助于我们对他人作概括的了解，但往往会产生认知的偏差。例如，农村来的同学认为城市来的同学见多识广，但狡猾、小气；城市来的同学则认为农村来的同学孤陋寡闻，但忠厚、老实。

（六）刻板印象

刻板印象是社会上对于某一类事物或人物的一种比较固定、概括而笼统的看法。

它主要表现为：在人际交往过程中机械地将交往对象归于某一类人，不管他是否呈现出该类人的特征，都认为他是该类人的代表，进而把对该类人的评价强加于他。刻板印象作为一种固定化认识，虽然有利于对某一群体做出概括性的评价，但也容易产生偏差，造成“先入为主”的成见，阻碍人与人之间深入细致的认知。例如，男生往往认为女生心细、胆小、娇气；女生则往往认为男生心粗、胆大、傲气。

第二节　大学生人际交往的心理分析

一、大学生人际交往的特点

大学生人际关系的特点是由大学生自身条件决定的。大学生文化层次比较高，生理和心理都趋于成熟，重感情、爱幻想，在人际关系上表现为迫切希望交往、追求平等、注重精神、情感性强的特点。

（一）迫切性

青年时期是一生中在交往方面较独特的阶段，有迫切的交友愿望。某大学组织一次对新生的问卷调查有一题为“你现在最迫切的需要是什么?”在知识、友谊、金钱、时间、爱情、能力等多项选择如，选择友谊的占83%，仅次于对知识的需要。这说明大学生社会参与感强，他们迫切地希望与他人交往，让他人了解并承认自己，得到他人的理解、关心和尊重，并在交往中锻炼自己各方面的能力，为以后进入社会打下基础。

（二）平等性

大学生由于生理和心理上的日趋成熟，其自我意识也处于逐渐成熟的过程中，产生了“成人感”，希望在各个方面努力体现其独立的人格。加之大学生知识水平较高，民主思想较浓，平等观念强。因此大学生在人际交往中表现出强烈的追求。

（三）多样性

大学生文化水平高，兴趣爱好广泛，知识丰富，热情开朗，朝气蓬勃，思想活跃。这些决定了大学生的交往内容十分广泛，交往形式丰富多彩，内容涉及政治、经济、文学、艺术、体育、学习、娱乐、个人情感等广泛领域。他们可以通过组织社团、举办篝火晚会、搞联谊活动、爬山、游泳、旅游、散步、郊游等形式进行交往。

（四）易变性

大学生由于心理发展的不完善，情绪容易产生波动，做事容易冲动，加之生活领域的不断拓宽，因而在选择交往对象上也相应地表现出易变性。

（五）精神交往性

大学生思想活跃，有着丰富的精神世界。大学生人际关系一般重义轻利，不是以物质关系为前提，更多的是精神领域内的交流，如交流思想、切磋学问、探索人生、抚慰鼓励等。我国社会心理学工作者对435名三年级大学生作抽样调查，了解他们的交往目的结果是：有利于学习提高的占66.9%，有利于工作的占15.2%，便于娱乐的占16.8%，共同探索人生的占49.2%，生活上互相照顾的占28.5%，这说明大学生交往的主要目的是为了满足精神需要，丰富自己的精神世界，即便是相互馈赠或物质上的援助，也只是精神交往的一种辅助行为。

（六）情感性

大学生的人际交往，不仅是学习上的互相帮助、生活上的互相照顾，还是娱乐上的合作都表现出较强的感情联系。而且由于大学生心理发育还没有完全成熟，情感很不稳定，好恶易显于表，好友之间朝亲夕分的事常有发生。因而其人际关系受情感影响而引起的变化也不小，这种情感的波动导致大学生人际关系的不稳定性。有的大学生，特别是女大学生因情感变化太快，很难交上知心朋友。极少数大学生在与异性的交往中只注重感情，超越现实，不顾后果，铸成终身遗憾的大错。

二、大学生人际交往的原则

由于各地的风俗习惯、风土人情千差万别，家庭环境和成长的经历不尽一致，生活习惯、兴趣、爱好、个性有较大的差别，再加上不了解人际交往的心理原则、技巧和艺术，从而导致了不少大学生在和他人交往中经常碰壁。有些大学生因此对人际交往失去了信心，从而在心理上封闭自己，独来独往，最终给自己带来精神上的压抑和痛苦。因此，大学生要建立良好的人际关系，必须掌握一些交往的原则、规范、技巧和艺术，才能达到事半功倍的效果。

（一）平等原则

在人际交往中，平等待人是建立良好的人际交往的前提。如果没有平等待人的观念，就不可能与人建立密切的人际关系。交往要平等指的是人与人之间的相互交往应该平等，做到一视同仁。同学之间不要因为家庭、经历、特长、经济等方面的不同而对人“另眼相看”，也不要因为学习成绩、社交能力等方面存在差异而看不起别人，更不要因为自己获得了荣誉和拥有良好的社会背景而傲视别人。只有把每个人都看成和自己同等的人，像求助于别人一样帮助别人，才能与他人形成真正平等互助的正常交往。

（二）互利原则

互利原则要求人们在交往过程中，交往双方都得到好处和利益，心理上获得满足。互利包括三个方面：物质互利、精神互利和物质与精神兼利。大学生交友中的互利虽然也有一定的物质互利，但主要还是精神互利。大学生的生理和心理特点决定了他们最希望能得到别人的理解和支持，喜欢引人注目，渴望出类拔萃。大学生精神互利，与他们本身需求系统中精神需求所占比重较大有关。

大学生在同他人交往的时候，要想从他人那里获得关心、注意和爱护，就必须考虑到他人也有这种需要。这也是互利原则所需求的。因此，建立良好的人际关系要互相关心、互相爱护、互相帮助、互相理解、互相尊重，不能只让别人对自己贡献，而自己对别人只讲索取。

（三）信用原则

所谓信用，是指在人与人的交往中，要说真话而不要说假话，要遵守诺言，兑现诺言。信用是忠诚的外在表现，讲信用是相对于他人而言的，没有交往便无所谓信用问题，单独的个人就不存在信用问题。但是，人是离不开交往的，而交往离不开信用。在大学生的人际交往中，取信于人是非常重要的。由于大学生群体的特殊性，他们的信用一般不像社会政治与经济交往中那样受到法律的约束，而主要是依靠道德力量来约束。因此，大学生在人际交往过程中，只有真诚待人，才有可能谈得上与别人建立和保持良好的人际关系。社会经验证明，为人与交友最重要、最根本的就是要诚实，诚实才能使人放心，才能取得他人的信任，别人也才能同我们推心置腹地交心。信用是大学生结交知己良朋必不可少的前提。大学生们也都喜欢同诚实正派的人交往，这样的交往有一种安全感。

常言道："言必信，行必果。"取信于人的主要方法概括为守信、信任、不轻诺、诚实、树立自信心。无信不立，守信是第一步。树立自信心，就是为了获取信用，自信被视为成功的第一要诀。一位研究人际关系的学者说得好："人际关系不好的人大都缺乏自信心。想保持良好的人际关系，必先找回个人的自信心。"大学生在交往过程中，既要自信，又要信人，做到互相之间以信相待，以诚相待。

（四）兼容原则

兼容原则是指人们在交往过程中出现矛盾，遇到冲突时要有耐心，能够宽容他人，做到包容并蓄，包括容忍对方的个性和缺点。大学生在人际交往过程中应该学会宽以待人，不计较他人的细枝末节，如物质利益的损失和某些性格上的差异，甚至一些言词方面的冒犯等，这样才能在学习、生活和工作中保持融洽的人际关系。

大学生主要过集体生活，他们来自全国各地，每个人的个性、习性、兴趣爱好各不相同。有人外向，有人内向；有人热情，有人深沉；有人大方，有人小气；有人学习成绩优秀，有人文体特长较多。因此，要想关系融洽，需每一个大学生能够相互尊重他人的习惯、爱好，不把自己的主观意志强加给别人。同时还要充分理解对方的心理，谅解别人的过失，对别人不要求全责备。只有这样，同学之间才能避免和消除猜忌、纠纷、傲慢和自卑，形成协调的、融洽的、和睦的人际关系，使大学生的集体成为一个温暖的集体，而这一切都是离不开兼容的。

兼容不仅表现在对非原则的问题上不斤斤计较，而且表现在别人明显亏待了自己的时候也能做到以德报怨；兼容不仅表现在容忍别人的短处，也要容忍别人的长处。当别

人不如自己的时候不轻视怠慢，当别人优于自己的时候，不嫉贤妒能。当然，兼容也不是软弱无力，恰恰相反，不以牙还牙，抑制狭隘的报复心理本身就是力量和勇气的表现。佛语说得好："以恨还恨，恨依然存在；以爱还恨，恨自然消失。"大学生是有文化的，知书识礼，应该达到"有理也让人"这样的心理境界，严于律己，宽以待人，兼容并蓄。

(五) 尊重原则

尊重是由"人人平等"的社会伦理规范所规定的人际交往原则。它包括自尊与尊重他人两个方面。自尊就是在各种场合都要自重、自爱，不做有损于人格尊严的事。尊重他人就是重视他人的人格和价值，承认他人在人际交往中的平等地位。一个不尊重他人，经常损害别人，或把别人当工具使唤、"呼之即来，挥之即去"的人，人们是不愿与之交往的。人都有友爱和受人尊重的需要，大学生的自尊心都比较强，他们希望在社会中有一定的地位，受到人们的信赖与尊重，使自己成为社会中平等的一员。

三、大学生人际交往的主要类型

大学生人际交往的类型是建立在特定的外部环境和心理环境的基础上的。按照交往的范围可分为以下三类：

第一类，个体与个体之间的关系。如同学关系、朋友关系、师生关系和亲子关系。

第二类，个体与群体之间的关系。如个体与家庭、学生与班级、群体与群体等。

第三类，血缘关系、地缘关系与业缘关系。

血缘关系是指父母与子女的关系、兄弟姐妹之间的关系及由此衍生出的亲戚关系。目前家庭教养方式与大学生的相关研究得到充分重视，家庭中的人际关系显得相当重要。

地缘关系是指居住在共同的地区而产生的人际关系，如同乡关系、邻里关系等，这种关系因共同的乡土观念、相似的生活方式、相同的语言文化带来更多的心理相容性，特别是大学新生初次离家求学，老乡在一定程度上起着心理稳定剂的作用，非正式群体中的老乡始终活跃于校园。

业缘关系是指共同的事业、爱好而结成的关系，如师生关系、师徒关系等。大学里的师生关系也有别于中学，师生关系是平等的身份，是以学术为纽带而建立的，看似疏淡实则志同道合。

这里我们着重介绍大学生之间的交往关系，即同学关系（含异性关系、地缘关系、趣缘关系）；大学生同教师的交往关系，即师生关系；大学生与父母的关系，即亲子关系。

(一) 同学关系

同学关系是学校人际关系的基础内容之一，是大学生人际交往中最普遍的关系，它在大学生的整个人际交往中占有重要位置。学生群体之间和学生个体之间人际关系的好坏，会对学生的身心产生重要影响。究其原因，目前我国大学生入学年龄一般在 18 岁左右，经过4～5年的大学学习，在他们毕业时23岁左右。这一时期正处于青春期后期与成年初期阶段。从心理和生理上分析，这一时期青年的自我意识得到发展并逐渐成熟，他们希望摆脱大人而独立，需要得到他人的尊重和承认。

然而，他们又往往体会到一种与青春期以前阶段不同的种种激动与烦恼，产生青春期特有的孤独感、急躁感。随着性的成熟，还会产生不安感和不适感。加之高校特定的环境，又脱离原有熟悉的环境、人际关系和学习方式，对大学生活心理准备不足，在突变的环境面前，大学生显得很难适应，心理产生许多矛盾和困惑。所以，这个时期的大学生往往迫切希望与他人交往，以期得到他人的承认、尊重和理解。互相关心、互诉衷肠，获得信息并借助他人提供的经验解除心理障碍，达到精神上的满足与愉悦，实现心理平衡、扩展知识、充实生活。

青年期知心朋友的亲密程度往往超过同父母、老师的关系。大学生在几年同窗生活中能结成浓厚的情谊。这种同学交往不仅存在于学生时代，而且可延伸到毕业以后，成为步入社会交往的纽带。同学交往的内容包括学习知识、获得信息、加强友谊、充实生活和恋爱等。同学交往的范围越来越广。过去，大学生的社交活动大多习惯和局限于同班、同乡的小圈子里。现在，随着第二课堂的开辟等原因，大学生交往不再局限于同班、同乡，只要对其学业有帮助、对其思想有启发、能丰富其情感生活的，他们都乐于交往。文、理科间的学生加强了往来，跨系、跨院校的活动增多了。大学生交往的形式不拘一格。大学生之间的交往在新条件下采取新的交往形式，如学术研讨会、各种沙龙、舞会联欢、寒暑假的社会调查等。这些形式的交往丰富了同学的知识，充实了课余生活，增强了大学生对社会和国情的了解，为大学生以后走上社会打下基础。同学交往的作用可分积极作用和消极作用两个方面。从积极作用看，大学生通过同学间的交往活动，产生了积极的心理品质，增强了自信心、自尊心和责任感，促进了专业知识的学习，起到积极作用。从消极作用来看，同学交往不当，也容易产生消极的群体行为和从众行为，也有的大学生只热衷于人际交往，影响了对专业知识的学习，导致交往行为的消极性。所以，大学生应努力发扬人际交往的积极因素。避免消极影响的产生。

（二）师生关系

师生关系是大学生人际交往的主要关系之一，是学校人际关系的中心。研究表明，良好的师生关系能提高教师的教育效果，有利于学生身心的健康发展；不良的师生关系则易导致教育上的失败。据调查，大学生喜欢的教师具有知识渊博、业务能力强、敢于发表独到见解、热情、平易近人、严格要求并关心学生、办事公正等个性特征。大学生期待教师的教育和帮助、关怀和热爱，并在此基础上建立起与教师纯真的感情。但是，大学阶段的师生关系与中、小学不同，大学教师着重培养学生的系统学习能力、自立能力和独立思考能力，双方交往主要发生在课堂上，课下也多与专业学习有关。相对于同学交往来说，师生交往显得比较淡薄，相互沟通少，除生活、学习上依靠他们的帮助和指导外，在人际关系上没有更迫切的交往动机。所以，尽管师生关系比较重要，但在大学生的人际关系中并不占很突出的位置。

（三）亲子关系

大学生和父母的交往是一种最亲密、最可靠的交往关系。亲子之间的交往带有浓厚的感情色彩。大学生离开父母独自生活后，在感情生活方面渴望不断得到家庭的温暖，而且目前作为独生子女的大学生日渐增多，他们生活和思想上的独立性很薄弱，对父母的依赖性强，并把父母的付出看成理所当然，往往只讲索取不讲回报。大学生正处于成才的过程中，更需要父母在政治思想、道德品质、人生观及学习等方面的关心和指导。每一个父母都有"望子成龙"的迫切愿望，他们希望在给予子女物质帮助的同时能够给予子女思想和精神上的帮助。作为子女的大学生，应敞开心扉，主动向父母暴露思想并接受亲人情理交融的指导，学会一种对父母的感恩，把亲子关系升华到一个新的境界。

第三节　大学生人际交往的常见问题和方法

一、大学生人际交往的常见问题

个人只有形成了对自己人际关系客观、正确的了解，方能更好地认识自己，调节自己与他人的人际关系。在现实生活中，大学生常见的交往心理障碍主要有以下几个方面的表现。

（一）过于理想化

大学生生活经历一般不足，缺乏对事物本质的把握能力，故他们对人际的认知过于理想化；易把理想和可能性当作现实，即对人际交往的期望值较高，用理想化的尺度来衡量现实。大学生在进入大学之前，充满了对自己心中理想大学的憧憬，当然也包括对大学里温馨、和谐的人际关系的憧憬。他们赋予大学人际关系以理想、完美的色彩。这使得他们对校园里人际关系的复杂性和多样性缺乏足够的心理准备。许多大学生认为朋友间应无话不谈，一旦发现对方有什么事没告诉自己，就觉得不够朋友，甚至有被欺骗、受伤害之感。大学生人际关系中又确实存在着某些不足，故与同龄人相比，大学生对人际关系的满意度更低。有资料显示，有大约70%的大学生不同程度地对自己的人际关系感到不满意，而从具体分析来看，主要是其理想与现实不相吻合而产生的失望。

（二）归因偏差

大学生在认识自己的人际关系，处理自己人际关系中相关的一些事情时，容易呈现出一定的归因偏差甚至错误。有调查发现，一些女生不敢与异性同学打招呼，归因于自己来自农村，长得不漂亮等；而一些学生将自己交往范围小，归因为对方考虑地位、家庭背景、利益等因素过多，而不是归因为自己没有主动与人交流，自己的兴趣爱好不够广泛等。另一项调查发现，大学生对自己人际关系总体归因偏向于内控性，但对人际关系失败的归因表现出外控倾向；文科学生较理科学生对人际关系的归因更为外控；大四学生在人际交往失败方面的归因与大一、大二的学生存在显著差异，更为外控。正是由于对自己的认知偏见和对他人的消极认识、评价使许多大学生在自己的人际交往中产生嫉妒、自卑、猜疑、报复等不良心理，极大程度地局限了他们的人际交往，阻碍人际关系的发展，也严重影响着他们的心理健康。

（三）自我中心

现在的大学生大多数是独生子女，他们在中小学时期往往是表现出色的好学生，已习惯接受别人的表扬和肯定。许多人进入大学后仍主观固执，自我意识强，自理能力差，想问题、处理事情往往以自我为中心。他们常常认为自己就是“恒星”，别人是“行星”，都应该围着他们转，关心他们，为他们着想。他们往往会过分关注自我，过分注重自我需要的满足，却忽略或否认他人的需要，并以自我需要展开人际活动，进而以此作为判断和评价人际关系的标准。他们不太注意了解他人的性格、爱好、生活习惯、思维方式等的差异，缺乏宽容精神；认为好朋友就是和自己观点一致的人，处处维护自己利益的人，只要别人的思想和自己产生分歧，就把这些人视为“异已”，排斥在交际圈之外。调查结果显示，有 26.21%的同学要求自己的朋友要 100%地对自己好。如果朋友达不到这一要求，往往会由最初的亲密走到后来的各奔东西。

（四）过分苛求

由于大学生的生理、心理还不够成熟，情绪化色彩重，生活经验也不丰富，他们在认知方面往往还存在着绝对化、概括化的误区，即过分苛求自己和他人，追求完美；经常以一时一事评判自己或他人整个人乃至整个人生，缺乏辩证的弹性思维。在交往过程中，这种不全面的认知能力首先表现为从自己的心理出发认识和理解问题，缺乏对对方性格和心理的客观了解，从而很容易产生误解和矛盾。

二、大学生人际交往的优化和调适

（一）克服交往的心理障碍

1. 摆脱孤独感

孤独感在青年期有其心理上的独特性，他们随着心理的成熟，越来越发现自我与其他同龄人之间的心理差异，意识到自己与众不同的特点，产生了与他人交往、了解别人内心世界并被其他同龄人接受的需要。如果这种需要得不到满足，便容易感到空虚，产生孤独感。大学生们常常产生这样的矛盾心理：一方面觉得自己心中有许多不愿轻易告诉人的秘密，有一种闭锁心理；另一方面又渴望别人能真正了解自己，能与自己彼此以心换心地沟通思想。当寻觅不到这样的“知音”时，便会陷入惆怅和苦恼之中，加深自己的孤独感。

摆脱孤独感的基本途径就在于改变不适当的处世态度和生活方式，拓展生活空间，在积极的交往活动中加强与他人的心灵联系。一个人在紧张和充实的生活中，是无暇顾及孤独的。只有在无所事事的时候才会感到寂寞和空虚。因此，在闲暇时间积极从事各

种有兴趣的活动，积极参加各种社交活动，可使人觉得生活充实而富有乐趣。当感到自己被人所理解、所容纳，并与别人心理相容的时候，便会抛弃自我封闭的孤独感。

2. 正确对待生活

一个人对人生的看法及其处世态度，会在很大程度上影响他的交往态度和方式。人生总是充满着顺利与挫折、成功与失败、幸运与不幸、获得与丧失的交织。生活中，许多人由于种种心灵的创伤而把自己关闭起来。事实上，这种自我压抑的方式只能使自己承受痛苦的煎熬，而不能从根本上得到解脱。最好的办法就是通过结交多些良朋知己，开放自己的心扉。也有人是以清高绝俗的态度来对待人生的，他们不屑与周围的“芸芸众生”为伍，而只期望结交没有缺点的“完人”，实际上是戴着有色眼镜待人接物。当然，“个人奋斗”本身并非坏事，但是，如果鄙视周围的人，离开社会交际，那只能成为孤家寡人，在精神上不可能愉快，在事业上也很难成功。

正确地对待人生，就意味着以平等的态度同他人往来，学会正确地评价别人的优缺点。对大学生来说，关键是要放下自己的架子，丢掉清高之感，牢牢记得“三人行必有我师”的古训，与任何人真诚交往都是会有所收获的。要善于发现别人身上的闪光点，这样就能找到理想的朋友，建立良好的人际关系。

3. 战胜自卑和羞怯

自卑与羞怯，常常使人不敢大方地与人平等交往。虽然个人主观上很想同别人交往，但又不敢大胆地进入社交圈子，唯恐受到别人的拒绝和耻笑，当与他人来往时，容易出现无法抑制的脸红心跳、惶恐失措，严重者会患上“社交恐惧症”。

战胜自卑和羞怯，尤其是“社交恐惧症”，关键在于树立起成功交往的信心。充满自信才能在精神上和躯体上都有所放松，从而使人显得坦然自若，沉着镇定。第一次成功的社交经验，将会极大地破除社交神秘感和增强对自己的社交能力的自信，从而逐步走上人际交往的良性循环。

4. 克服嫉妒心理

嫉妒心理是当个体的私欲得不到满足时，对造成这种不满足的原因和周围已经得到满足的人产生的一种不服气、不愉快等的情绪体验。在嫉妒心理的支配下，会产生嫉妒行为。对于嫉妒，有的人能够克制自己不采取攻击性言行，使之逐渐淡化，甚至能够利用它转化为积极的竞争行为。而有的人则不能把握这种情感，并向消极一面转化，产生痛苦、忧伤、攻击性言行，导致人际冲突和交往障碍。

大学生中嫉妒心理是比较普遍的，因此，很有必要克服、解决好人际交往中的嫉妒情绪，促使其向积极方面转化。这就要求做到：要认清嫉妒的危害性是打击别人，贻误自己；要正确认识自己，摆正自己与别人的位置，任何人都既有缺点，也有优点，重要的是如何取长补短；还要克服私心，加强个人修养。

5. 克服猜疑心理

人际关系中的猜疑心理，是由于对人际关系的不正确的认识而引起的。有这种心理的人对别人总是抱有不信任的态度，认为人人都是自私的、虚伪的。他们总是以一种怀疑的眼光看他人，对他人存有戒心，自己不肯讲真话，戴着假面具与人交往。猜疑是交往的大敌，消除疑心，最根本的是去掉私心杂念，“心底无私天地宽”。当产生猜疑心的时候，应立刻提醒自己，暗示自己：“我不能这么想，这样会把事情弄糟，无助于问题的解决。”“我应该相信别人，不能以己之心度他人之腹。”同时，不妨来个角色置换，即站在对方的立场上，处理和思考这个问题，可谓“将心比心”。

（二）培养良好的交往风度

良好的交往风度是成功交往的基本条件，因为它制约着我们在交往对象心目中形成的印象，也制约着对方以何种方式做出反应。人的社交风度是其各种心理素质和修养的外部体现，它能反映出我们的道德品质、思想感情、性格气质、学识教养、处世态度乃至交往的诚意。

1. 精神状态饱满

与人交往，神采奕奕，精力充沛，显得坦荡自信，就能激发对方的交往动机，活跃交往气氛。相反，如果萎靡不振、无精打采，便显得是在敷衍对方，即使我们有交往的诚意，对方也会感到兴味索然乃至不快。大学生正值青春时期，体力充沛，精力旺盛，思维灵活，反应敏捷，是发展人际交往的良好年华。

2. 待人态度诚恳

不管对待什么交往对象，都应该以平等的态度待人，显得诚恳而坦率，做到一视同仁。不俯仰讨好位尊者，也不藐视冷落位卑者，做到不卑不亢。作为大学生，要讲究端庄而不过于矜持，谦逊而不矫饰作伪，在待人接物过程中，充分显示出自己的诚挚之心。

3. 仪表礼节洒脱

根据人际吸引原则，一个人风仪秀气，英俊潇洒，能增加个人的交往风度。大学生应该注意自己的衣着服饰与自己的气质、体型、年龄、身份、场合相符，讲究基本的称呼、问好、告辞、致谢、致歉、寒暄、婉拒等礼节以及交往时的身体姿态。

4. 行为神态得体

人的神态和表情，是沟通人际间的思想感情的非语言交往手段，是交往风度的具体表现方式。面部肌肉放松，微带笑容，是一种轻松友好的表示；而脸苦若冰霜，则旁人不敢亲近。朴素大方，温文尔雅的行为，能正确表达自己的良好愿望；粗俗不雅的动作则使人生厌。分寸得当的交往距离能使彼此心理上都感到舒适坦然，过度亲热和冷淡则容易引起对方误会。

5. 言词谈吐高雅

大学生都是有较高文化修养的人，说话时应注意用词准确通俗，语音语调恰当，说笑话掌握分寸，言语不要拖泥带水，不要喋喋不休。幽默的谈吐使人轻松愉快，增添活跃气氛，但要注意场合和分寸。会说更要会听，常言道：“会说的不如会听的”，“用一秒钟的时间说，用十分钟的时间听”。听人说话也是一门学问，需要讲究艺术，不仅要耳朵聆听，还要做到眼睛注视对方，并用心用脑思考每一个问题。

人的交往风度和能力是在交际实践过程中逐渐培养和发展起来的。大学生们只要勇于在社交中锻炼，个人交际能力就必定会不断地得到提高，从而建立良好的人际关系。

（三）加强个人修养

个人修养，主要包括道德品质和文化知识方面的修养，这二者是相辅相成的。加强道德修养，就要提高文化科学知识水平。大学生在加强个人的道德和文化知识修养的同时，还要注意培养豁达大度的胸襟。有意识地培养自己宽阔的胸怀，这也是医治嫉妒的良方。大学生要有气量，不要让私心膨胀。

加强大学生个人修养十分重要，方法也多种多样。例如，学习先进榜样；阅读进步书籍；继承优秀民族传统文化以及全人类文明成果；参加实践锻炼，深入生活，了解国情社情民情。总的来说，大学生要建立良好的人际关系，从个人来说，应该做到："严于律己，宽以待人，善于沟通，乐于助人"。

（四）调适交往的尺度

任何事物都有一个度，超过或破坏了这个度，就会改变事物的性质，带来不良的后果。所以，在人际交往中要把握好交往的方向、广度、深度、距离、频率等。

1. 交往的方向要正确

我们大学生的思想相对来说比较单纯，不够成熟，因此，在交往中同那些人交往、交往的目的是什么、如何把握方向，就显得尤为重要。俗语说"近朱者赤，近墨者黑"，交什么样的朋友对我们今后的发展影响是非常大的，很多大学生就是因为交友不慎而误入歧途，毁了自己大好的前途。所以，我们在交往中的目的、方向一定要明确。

2. 交往的广度要适当

我们每个人都有自己能够密切交往的交际圈，但如果仅限于自己的交际圈，就会陷入狭小的人际圈子不能自拔，形成排他性而失去了许多可交的益友是非常遗憾的，所以，我们应该走出交际圈，与更多的人进行交往。但是，我们的交往范围也不是越大越好，如果人数太多、范围太大，也必然会分散自己的精力，影响学习，结果是得不偿失。所以，我们交往的广度要适当。

3. 交往的深度要适当

我们在人际交往过程中，如何对待他人、如何选择交往对象、如何确定交往层次，是一个复杂的问题，应该认真加以选择，谁该深交、谁该浅交、谁该拒交要做到心中有数，不能混淆。古人云："益者三友，友真、友淳、友多闻，益矣；友便辟、友善柔、友倾佞，损矣。"这就是说，和正直、讲信用、有学问的人交往，会得益匪浅，与那种献媚奉承、心术不正、华而不实的人交往，则会带来坏处。

4. 交往的频率、距离要适度

在人际交往中，心理距离因素和频率因素起着十分重要的作用。一般来说，心理距离越近，表明相互之间的感情越深，交往的频率越高；心理距离越远，则表明相互之间的感情越浅，交往的频率越低。但是，接触的次数过多，有时容易发生摩擦和冲突，也可能产生腻烦现象，使好感下降，所以，在人际交往中，我们要适当把握交往的心理距离，即使是再要好的朋友，交往也不是越近越亲密就越好，如果两个人每天都形影不离，那么，相互之间就会缺乏各自应有的一片天空，久而久之便会产生厌烦心理，影响彼此的感情和友谊。

（五）学会交往技巧

1. 给人留下良好的第一印象

良好第一印象的建立，首先靠的是外部特征，如长相、面部表情、身体姿态、言语、行为表现、衣着服饰等。首次相见，双方的注意力特别集中，记忆力也很强，将眼睛和耳朵都朝向对方捕捉对方身上发出的信息，并以此形成第一印象。因此，在人际交往中，应尽量使自己的仪表符合当时所扮演的角色，即在不同的场合、针对不同的人，伴以不同的表情、姿态、语调，该严肃时严肃，该放松时放松，衣着要干净整洁，这是获得对方好感、留下良好第一印象的有效方法。

2. 交谈的技巧

俗语说："一样话，十样说，一句话让人笑，一句话让人跳。"可见，交往中的同一句话由于语气、语调、面部表情和当时的情景不同而出现不同的含义。所以，交谈成功与否不仅取决于交谈的内容，而且取决于交谈的方式方法。我们在与别人交谈时应掌握以下一些技巧：

（1）谈话时尽量让对方先说，一是可以显示自己谦逊，二是借此机会来观察对方。

（2）在谈话的过程中，尽可能不要谈论对方的隐私和忌讳的话题。

（3）在有几个人一起交谈时，不要把注意力集中在一个人身上，要注意平衡。不要目光长时间盯着对方或审视对方，让对方感到不舒服。

（4）不要经常打断对方的谈话或抢接对方的话题。

（5）不要口若悬河、滔滔不绝、忽视对方的反应。也不要注意力不集中，经常让对方重复谈过的话题，或对对方的谈话表现出不耐烦。

（6）不要单方面突然结束交谈或强行把话题转移到自己感兴趣的方面去；也不要随便解释某种现象、妄下断言或不懂装懂，借以表现自己。

3. 倾听的技巧

学会倾听是一项重要的交往艺术，越是善于倾听他人意见的人，人际关系就越融洽，因为，倾听本身就等于告诉对方，"你是一个值得我倾听你讲话的人"，表现出对别人的尊重，无形中就会提高对方的自尊心，加深了彼此的感情，在倾听对方讲话时应掌握以下技巧：

（1）精神要集中，表情要专注，经常与对方进行目光交流。

（2）要不停地赞许性地点头、微笑、做手势，或不时用"对""是这样"以及重复一些我们认为重要的话，这表示我们在注意倾听，鼓励对方把话继续讲下去。

（3）在交谈中如有疑问，可以提出一些富有启发性或针对性的问题，对方会感到我们对他的话很重视，有知己的感觉。

4. 非语言交往技巧

美国心理学家梅拉比安曾提出了这样一个公式：信息的全部表达＝7%的语调＋38%的声音＋55%的表情。这充分说明了非语言行为的状态作用。为了增进自己的人际

关系，应注意以下非语言交往技巧：

（1）服饰技巧。服饰展示着一个人的形象和风度，因此，在人际交往中，必须注意自己的服饰问题，服饰要整洁、得体，要体现出自己的个性，与自己的身份相符合，形成自己的人格风度。

（2）目光技巧。我们说“眼睛是心灵的窗口”，显示着心灵深处的信息。目光是人际交往中重要的信息来源，心理学家发现，在一般文化背景中，人们相互之间频频的目光对视是一种亲切交往，但其对象大多限于情侣和亲人之间。如果一般关系的异性敢于长时间地对视，则意味着彼此感情和关系的升级；在相互不太亲密的交往对象之间，直愣愣地盯着对方，往往是一种失礼的行为；而上下打量对方则是一种轻蔑和挑衅的表示；躲避别人的目光表示自卑；在对方瞪视之下垂下视线，则表示退让和服从；在遇到困难或感到恐惧时，长时间凝视来向别人求援，往往可以增加得到帮助的困难性。

（3）体态技巧。体态是一种无声的语言，它通过人的手势、身体的姿态、面部表情等来传递信息，既体现了人的精神魅力，又体现了人的外在魅力，是人的思想感情与文化修养的外在体现。一个人的姿势、眼神和动作，能从多方面反映他的内心世界，在日常生活中，如果表现出热情和兴趣，往往身体略微倾向交谈的对方，并伴有微笑、注视等；微微欠身，表示谦虚有礼；身体后仰，表示傲慢；侧转身表示厌恶和轻蔑；背朝人家表示不屑一顾；慌慌张张地走路，表示有压力或感到不安，动作不自然，表明有心事；交往中两手揪衣襟、抓后脑勺，表示缺乏自信等。另外，人的面部表情是人的内心状态的晴雨表，它是一个人情绪、态度和人格的外在表现。

在社交场合有些体态应避免出现，如拉拉扯扯、指手画脚、将身体靠在别人身上或物体上、当众伸懒腰、挖鼻孔、掏耳朵、打哈欠、大声说笑、点头哈腰、歪头斜视等。这些都是对人不尊重的表现，会直接影响人际交往。

（4）距离技巧。心理学家通过观察和实验发现，人都有一个把自己围住的心理上的空间，一旦这个空间被人触犯，就会感到不舒服或不安全，甚至愤怒。在人际交往中，人与人之间的距离表达特定的意思。

①亲密带（0～0.5 米）。在这种距离内，人们不仅靠语言，还通过视觉、听觉、触觉、嗅觉来传递信息，每个人都能感到对方呼吸的快慢，皮肤的气味。这样的距离往往限于贴心朋友、夫妻和情人之间，其他人如果插足这个空间，就会引起十分敏感的反应和冲突。

②个人距离带（0.5～1.25 米）。一般的亲密朋友是在 0.5～0.8 米的距离带交往，而普通朋友则在 0.8～1.25 米的距离交往

③社会带（1.25～3.5 米）。在这种距离内的交往，彼此的关系不再是私人性质的，而是公开的社会交往，如在办公室里一起工作的同事总是保持这种距离进行交往。

④公共带（3.5～7.5 米）。这种距离常常用于非正式交往，人们之间极为生硬的谈话适合于这个距离。如上课、开会等。

在实际交往中，需要我们根据相互之间的关系、亲疏、远近以及类型来调整与人交往的最佳空间距离，从而有助于增进人际关系。

第四节　人际交往之心理素质拓展训练

一、心理训练

融洽的宿舍关系

大学生的宿舍关系是大学生人际关系的重要组成部分，小小的宿舍是大学生最直接参与的人际交往场所，也是衡量大学生人际交往能力、心理健康和为人处世的一杆小标尺。人际关系是大学生面对的最苦恼、最难适应的问题。大学生寝室是学生最为集中、滞留时间最长的社区，是学生生活休息、思想交流、信息沟通、情感传递的主要场所，是大学生人际关系建构的重要阵地，但也是人际关系紧张的高危地带和主要矛盾的集散地。

1. 了解自己的宿舍关系

（1）你和你室友是根据怎样的原则分到同一宿舍的？

（2）若可以重新调整宿舍，你会重新选择新的室友与你同住吗？

（3）每间宿舍都会有一名室长，那么，你们是如何推选室长的？

（4）你认为当一名室长，最重要的条件是什么？

（5）假如你是室长，你会采取怎样的方式增进室友之间的感情？

（6）当室友之间发生矛盾冲突，若你是一室之长，你会如何处理？

（7）宿舍的清洁卫生是怎样解决的？

（8）你们可曾为宿舍某成员庆祝过生日？或全体宿舍成员一起过节日？是以什么样的方式进行的？

（9）若学校或学院举办一个活动，参加的条件之一是全体宿舍成员都参与，那么你们宿舍是如何决定参不参加这个活动的？

（10）在宿舍成员中，可有分帮结派的情况？若有，它是以怎样的方式形成的？你会扮演什么角色？

（11）关于水电费支付问题，你们宿舍是如何处理的？

（12）在节约水电问题上，你们宿舍是否采取措施？如果有，采取了什么措施？

（13）若你们宿舍设立了室规，那么它都涉及哪些方面？

（14）宿舍成员之间是否经常聊天？一般的话题涉及哪些方面？是在什么时间？

（15）若宿舍成员中有你不喜欢的类型，你会如何与其相处？

2. 宿舍主要问题

（1）“猫头鹰”和“百灵鸟”

你的寝室有没有“猫头鹰”型（晚睡晚起）和“百灵鸟”型（早睡早起）的同学？比如夜里打游戏，语音聊天，点蜡烛看书、打电话等；或者每天早上起得很早，影响大家早上的睡眠。

遇到这样的室友你有没有协调的方法？________________________________

____。

与室友协商制定一份寝室作息制度：

①＿＿＿＿＿＿＿＿＿＿＿＿＿＿＿＿＿＿＿＿＿＿＿＿＿＿＿＿＿＿＿＿＿＿；

②＿＿＿＿＿＿＿＿＿＿＿＿＿＿＿＿＿＿＿＿＿＿＿＿＿＿＿＿＿＿＿＿＿＿；

③＿＿＿＿＿＿＿＿＿＿＿＿＿＿＿＿＿＿＿＿＿＿＿＿＿＿＿＿＿＿＿＿＿＿；

④＿＿＿＿＿＿＿＿＿＿＿＿＿＿＿＿＿＿＿＿＿＿＿＿＿＿＿＿＿＿＿＿＿＿。

(2)“邋遢大王”和“栗原太郎”

你的寝室有没有“邋遢大王”（不讲卫生者）和“栗原太郎”（洁癖者）？比如乱扔东西，从来不叠被子，床上又脏又乱，袜子穿完也不洗，踢了球一身臭汗也不洗，上厕所甚至常常忘记冲水，从不打扫寝室卫生，反而是垃圾制造者；或者不允许任何人碰自己的东西，每天要洗很多次手，每天都要洗衣服，觉得到处都是细菌。

遇到这样的室友你该如何调节与其相处的方法？＿＿＿＿＿＿＿＿＿＿＿＿＿＿

＿＿＿＿＿＿＿＿＿＿＿＿＿＿＿＿＿＿＿＿＿＿＿＿＿＿＿＿＿＿＿＿＿＿＿＿。

寝室卫生需要大家来共同尽义务，请你制作一份值日表，并写出如果不履行规定应受到怎样的惩罚。

(3)“万人迷”和“无人理”

有一些同学是班级里的“爱情宠儿”“老师宠儿”“学习宠儿”，是学生中的焦点人物，有众多追求者，但也常是一些同学嫉妒的对象；但是也有一些同学长相平平、成绩平平，得不到大家的关注，从来没有人追求。这造成了室友之间的心理失衡，容易产生嫉妒、反感情绪。如果你的寝室存在这样两种类型的人，你会怎么调节相互的关系？如果你是“万人迷”或者“无人理”，你想对自己说些什么？

我（万人迷）想对自己说：＿＿＿＿＿＿＿＿＿＿＿＿＿＿＿＿＿＿＿＿＿＿；

我（无人理）想对自己说：＿＿＿＿＿＿＿＿＿＿＿＿＿＿＿＿＿＿＿＿＿＿。

(4)“富二代”和“草根族”

大学生来自不同的地区，地域的差异可能带来贫富差距，这种“经济的不平等”导致的矛盾在大学生中也很普遍。有的学生家庭条件好，经常请客吃饭，买名牌衣服和化妆品，用高级电子产品；但是有的学生家境贫寒，节衣缩食，自己打工补贴生活费，可能还要申请助学贷款，如果处理不好他们之间的关系可能造成互相敌视。

你觉得经济条件差距较大的同学之间能有长久的友谊吗？为什么？＿＿＿＿＿＿

＿＿＿＿＿＿＿＿＿＿＿＿＿＿＿＿＿＿＿＿＿＿＿＿＿＿＿＿＿＿＿＿＿＿＿＿

他们之间应该从哪些方面互相理解和包容？＿＿＿＿＿＿＿＿＿＿＿＿＿＿＿＿

＿＿＿＿＿＿＿＿＿＿＿＿＿＿＿＿＿＿＿＿＿＿＿＿＿＿＿＿＿＿＿＿＿＿＿＿

(5)“胶布人”和“独行侠”

有的同学无论室友当时是否愿意，都要拉上室友一起锻炼、上课、吃饭、娱乐等，过于亲密的交往使得室友失去了与别人交流的时间和空间，狭隘的人际交往让室友觉得空虚而对此人的“友好”烦恼不堪；还有的同学什么事都独来独往，万事不求人，很难与他人建立亲密关系。

如果你的宿舍有这两类人，你会怎样处理与他们的关系？＿＿＿＿＿＿＿＿＿＿

＿＿＿＿＿＿＿＿＿＿＿＿＿＿＿＿＿＿＿＿＿＿＿＿＿＿＿＿＿＿＿＿＿＿＿＿

二、复习思考题

1. 什么是人际交往？大学生人际交往有哪些常见类型？
2. 大学生人际交往的障碍及其影响因素有哪些？
3. 结合你自己的实际谈谈怎样对常见的人际关系问题进行调适？

第七章 恋爱心理，爱人爱己

※ 心灵导读

“爱是亘古长明的灯塔，它定睛望着风暴却兀不为动，爱就是充实了的生命，正如盛满了酒的酒杯。”

——泰戈尔

爱情是人类永恒的主题。随着时代的发展、生活方式与人们观念的改变，男女青年对待爱情的观念与态度也在发展和改变。面对时代的发展和自身的成长，大学生应如何理解和对待恋爱与爱情，这是关系他们健康成长的大问题。

第一节 爱情概述

一、爱情的含义

什么是爱情，如果让 100 个人来回答这个问题，肯定就会有 100 种甚至多于 100 种答案。有人说，爱情就是“一场游戏一场梦”；有人坚信爱情就是“金钱和地位的附庸”；也有人说爱情是“两颗心相互碰撞的产物”等。正是对爱情的理解不一样，也就形成了每个人不同的恋爱观。

马克思说：“真正的爱情是表现恋人对他的偶像采取含蓄、谦恭甚至羞涩的态度，而绝不是表现在随意流露热情的过早的亲昵。如果你以人就是人以及人同世界的关系是一种充满人性的关系为先决条件，那你只能以爱去换取爱，以信任换取信任，如果你想欣赏艺术，你必须是一个有艺术修养的人，如果你想对他人施加影响，你必须是一个能促进和鼓舞他人的人。你同人及自然的每一种关系必须是你真正的个人生活的一种特定的、符合你的意志对象的体现。如果你在爱别人，但却没唤起他人的爱，也就是你的爱作为一种爱情并不能使对方产生爱情，如果作为一个正在爱的人你不能把自己变成一个被人爱的人，那么你的爱情是软弱无力的，是一种不幸。”

苏霍姆林斯基说：“真正的爱情，这意味着不仅是欣赏美，而且要培植美，创造美”；“在生活中还有别的事情的时候，爱情才会是美好的，如果没有崇高的社会目标将人们联结在一起，爱情就会变成地狱。”

别林斯基说："爱情是生活中的诗歌和太阳，但是在我们这个时代，如果想把幸福大厦仅仅建立在爱情之上，并在内心指望自己的一切意愿都得到充分满足，他将是不幸的。"

瓦西列夫在《情爱论》中说："爱情是作为男女关系上的一种特殊的审美感而发展起来的，爱情创造了美，使人对美的领悟能力敏锐起来，促进对世界的艺术化认识。""爱情把人的自然本性和社会本质联结在一起，它是生物关系和社会关系、生理因素和心理因素的综合体，是物质和意识多方面的、深刻的、有生命的辩证体。"

罗兰说："爱情可能是恒久的，那是一份坚贞和执着，但也可能是很脆弱的，那是当你存有太多幻想而又不肯忍受现实的缺点的时候，能维持长远的感情，其中定有很多的宽容与原谅。"

弗洛姆说："爱是我们对所爱者的生命与成长的主动关切，没有这种关切就没有爱。"

柏杨说："爱情是不按逻辑发展的，所以必须时时注意它的变化，爱情更不是永恒的，所以必须不断地追求。"

邓颖超说："真正持久的爱情不是一见倾心，因为相互的全面的理解、思想观点的协和，不是短时间就能达到的，必须经过相当时期才能真正了解，才能实际地衡量双方的感情。"

通过以上名人对爱情的描述，我们说真正的爱情是指男女双方在相互交往与了解的基础上形成的彼此爱慕和依恋的情感。

二、爱情的发展

现代人的爱情一般是经过恋爱而形成的。恋爱是男女双方由相互吸引开始，进而相互爱慕和相互依恋、相互知心的过程，一般可以分为三个阶段。

（一）互相爱慕和吸引的阶段

恋爱首先产生于相互吸引。这种互相吸引可能是由于双方的魅力而"一见倾心"。也可能开始时并无好感，只是由于接触多了才产生好感。但不论以哪种方式开始，总是双方能互相吸引，不见面时就想念他（她），并产生种种关于对方的想象。这往往是"单相思"的阶段。

（二）互相了解和加深情感的阶段

这是恋爱进入发展的关键阶段。在一般情况下，当双方基于互相吸引而进行交往以后，总是朝着情感加温的方向发展，双方都在对方面前表现自己的优点，去做一些使对方满意和高兴的事情，甚至尽量去美化对方。但是，这种情感的加温过程也可能由于主客观的原因而中途发生挫折：发现对方不忠诚、对方恋爱的动机不纯或者家庭反对、某些客观情况发生变化等其他问题，都可能使恋爱关系中断或者破裂。

(三) 建立爱情的阶段

什么叫建立爱情？这是双方经过一段交往与了解达成了进一步发展情感的默契，或者彼此明确表态向着缔结婚姻的方向发展。总之，这是正式肯定彼此之间的恋爱关系。双方开始从共同的关系来考虑问题，情感更加亲密，下一步的发展就是缔结婚姻。

※ 探索自我

恋爱观测试

【测试说明】恋爱观测试由 17 道题组成，从 A、B、C、D 四个答案中选择一个符合自己的实际情况的。

1. 你想象中的爱情是（　　）。

A. 具有令人神往的浪漫色彩　　B. 能满足自己的情欲

C. 使人振奋向上　　D. 没想过

2. 你希望同你恋人的结识是这样开始的（　　）。

A. 在工作或学习中逐渐产生爱情　　B. 青梅竹马

C. 一见钟情　　D. 随便

3. 你对未来妻子的主要要求是（　　）。

A. 别人都称赞她的美貌　　B. 善于理家

C. 顺从你的意见　　D. 能在多方面帮助自己

4. 你对未来丈夫的主要要求是（　　）。

A. 有钱或有地位　　B. 为人正直有事业心

C. 不嗜烟酒，体贴自己　　D. 英俊有风度

5. 你认为完美的结合是（　　）。

A. 门当户对　　B. 郎才女貌

C. 心心相印　　D. 情趣相投

6. 你认为巩固爱情的最好途径是（　　）。

A. 满足对方物质要求　　B. 柔情蜜意

C. 对爱人言听计从　　D. 完美自己

7. 在下列格言中，你最喜欢的是（　　）。

A. 生命诚可贵，爱情价更高

B. 爱情的意义在于帮助对方，同时也提高自己

C. 有福同享，有难同当

D. 为了爱，我什么都愿干

8. 你希望恋人同你在兴趣爱好上（　　）。

A. 完全一致　　B. 虽不一致，但能相互照应

C. 服从自己的兴趣　　D. 互不干涉

9. 当你发现爱人缺点时，你的态度（　　）。

A. 无所谓　　B. 嫌弃对方

C. 内心十分痛苦　　D. 帮他（她）改进

10. 你对恋爱中的曲折怎么看?（　　）。

A. 最好不要出现　　B. 自认倒霉

C. 想办法分手　　D. 把它作为对爱情的考验

11. 你对家庭的向往是（　　）。

A. 能同爱人天天在一起　　B. 人生归宿

C. 能享天伦之乐　　D. 激励对生活的新追求

12. 自己有一位异性朋友时，你将（　　）。

A. 告诉恋人，在同意下继续交往　　B. 让恋人知道，但不准干涉

C. 不告诉　　D. 告诉与否看恋人的气量态度而定

13. 另一位异性比恋人条件更好，且对自己有好感，（　　）。

A. 讨好对方，想法接近　　B. 保持友谊，说明情况

C. 持冷淡态度　　D. 听之任之

14. 当你迟迟找不到理想的恋人时，（　　）。

A. 反省自己的择偶标准是否实际　　B. 一如既往

C. 心灰意冷，甚至绝望　　D. 随便找一个

15. 当你所爱的人不爱你时，（　　）。

A. 愉快地同他（她）分手　　B. 毁坏对方的名益

C. 千方百计缠住对方　　D. 不知所措

16. 你的恋人对你采取不道德的理由变心时，（　　）。

A. 报复　　B. 散布对方的缺点

C. 只当自己没有看准　　D. 吸取教训

17. 当发现恋人另有所爱时，（　　）。

A. 更加热烈地求爱　　B. 想法拆散他（她）们

C. 若他（她）们尚未确定关系就竞争　　D. 主动退出

【计分方法】在表 7-1 中，找出你所选题的分值，将所有题目的得分相加。

【测试结果】总分在 46 分以上，说明恋爱观正确；在 42 分以上，基本正确；在 42 分以下，说明你的恋爱观需要调整。

表 7-1　恋爱观测试计分方法

	1	2	3	4	5	6	7	8	9	10	11	12	13	14	15	16	17
A	2	3	1	0	1	1	2	1	1	1	2	3	0	3	3	0	1
B	1	2	2	3	1	0	3	2	0	2	1	2	3	1	0	1	0
C	3	1	1	2	3	2	2	0	2	0	1	1	2	0	1	2	2
D	0	1	3	1	2	3	1	3	3	3	3	1	1	1	1	3	3

第二节 大学生恋爱的心理特点

一、大学生恋爱的原因

（一）摆脱孤独，慰藉解闷

许多大学生远离家乡、父母、朋友，又不能很快适应大学生活以及当地文化习俗，因而常常有被抛弃、被遗忘的感觉，在节假日里这种感觉尤为明显，孤寂之感随时袭来。加上大学业余生活较为单调，人际关系复杂使得处于青春期特殊阶段的大学生常有一种莫名的惆怅和孤独感。当无法从周围获得这种心理需求的满足时，就谈恋爱，借助爱情来补偿心中的空虚寂寞，或摆脱人际孤独，或用之来代替父母的关爱。据调查有10.4%的大学生认为“谈恋爱主要是能够消除寂寞，排除孤独与空虚”，2011年一次网上调查显示，有27.37%的大学生认为“大学生活中，人际交往、学习考试等紧张使他们压力重重，而谈恋爱，可以建立一种比较亲密的关系，可以充实生活，缓解紧张，转移注意力，摆脱孤独，寻得一份感情寄托”。用许多同学的话说“恋爱打发了寂寞的夜晚和周末，恋爱使大学生活变得色彩斑斓，恋爱增强了男女双方的自信，恋爱引起了同学羡慕的目光。而没有恋爱的人让人觉得你不近人情，没有感情，是个怪物。”据调查，大学生谈恋爱的目的是为了摆脱孤独、慰藉解闷、打发时间、增加色彩，占到大学生恋爱人数的近一半。

（二）跟着感觉走，入乡随俗

应该说，有相当一部分大学生对“黑色七月”是刻骨铭心的，都想好好珍惜这来之不易的大学时光，并没有想过早地涉足恋爱，但是，随着大学校园中恋爱现象越来越普遍，一些同学经受不了诱惑，经受不了刺激，也纷纷地卷了进去，他们往往强调“跟着感觉走，不求天长地久，只求曾经拥有”。可以说，恋爱是一股风气，这股风气引起了男女大学生对异性间如何建立恋爱关系的重视，同时也给许多大学生带来了压力，这股压力迫使一部分人盲目地加入到恋爱的行列，例如，一名同学在课桌上写道“窗前明月光，人影一双双，唯我独徘徊，心里闷得慌。”这样的同学就仅仅是为了虚荣心和自尊心而加入到恋爱的行列。心想“你们能找，为什么我就不能找呢？我各方面也不比你差，我要不找岂不被你们笑话？”有的同学认为出出入入有女朋友相伴多潇洒，有男朋友陪伴多安全。

（三）错失机缘，把握机会

这种杞人忧天心理主要缘于大学生的年龄在毕业后相对来讲偏大了一些，故有些大学生特别是部分女大学生，担心自己步入社会后已是属于“大龄青年”，会成为被爱情遗忘的角色，因而把校园作为爱情最后的殿堂，在大学里加紧步伐，抓住机会加入恋爱洪流；还有人认为大学生人才济济，大家经历类似，交往单纯，机会较多，选择范围大，并且有较长时间互相了解，找一个称心如意的伴侣相对容易，而到了社会上则交往复杂，功利性强，不易找到志同道合的伴侣，所以需要把握住大学恋爱的好时机。

（四）渴望了解，满足好奇

这正是大学生恋爱的生理因素的表现，同时也由于大学生正处在喜欢探寻自我与世界的阶段，而未知的事物总是那么的神秘与充满诱惑，这对于没有恋爱经历的他们来讲，具有很强的吸引力。加上许多爱情故事、诗歌的影响，不少大学生对爱情充满了向往和好奇，渴望亲身体验，所以当机会来到时，即使可能不爱对方，也会去尝试，以满足自己的需要与好奇心。

（五）多方考虑，寻找出路

近年来，一向被认为是“象牙塔”的大学校园也受到社会上一些功利思想的影响，不少大学生的恋爱动机也不免沾染上这种思想。他们把恋爱作为达到自己某种目的的途径，精于为自己利益打算，刻意与那些家庭经济状况好的、社会地位高的、有海外关系等好条件的学生或校外的人谈恋爱；谁能为自己将来找个好的单位就与谁谈；谁能为自己吃、喝、玩、穿提供优惠条件就主动找谁谈恋爱，不再考虑其他就匆匆地加入恋爱大军中去的现象在如今的大学生中比比皆是。

（六）情感波动，放纵欲念

有少数大学生把谈恋爱作为一种时尚和一种感情消费，觉得大学阶段不谈朋友太亏待自己了，认为谈恋爱追求的是一种感官刺激，可以满足与异性交往的欲望，更有甚者认为在大学里谈恋爱可以为以后的恋爱获得经验，并由此发生婚前性行为，把玩弄异性作为一种乐趣，把大学作为自己的一个驿站，通过谈恋爱，从异性朋友身上实现自己的人生享乐。还有的大学生自觉潇洒、漂亮、有魅力搞三角恋爱、多角恋爱，甚至第三者插足、卖淫、嫖娼等。我们著名的教育家陶行知写了这样的一首诗来告诫那些放纵欲念的人：“爱之酒，甜而苦，两人喝是甘露，三人喝，酸如醋，随便喝毒中毒。”

（七）纯洁高尚，为爱而爱

部分大学生在男女长期共同学习、生活交往过程中，相互吸引，彼此了解，通过双方的选择，以情感为基础，由相知到相爱，由友谊发展到恋爱。这种动机促成的恋爱双方在恋爱中注重心灵的沟通，把和谐的精神生活和共同的事业成功作为目标，以婚姻关系为恋爱目的。

（八）相信感觉，一见钟情

持这类动机的大学生也不乏其人，在最近的网上调查表明，有36.66%的大学生认为是一见钟情，两个人一下子就产生了“感觉”，没有理由，没有原因。这当中有“一见钟情”的生理基础——大学生发育基本成熟，也由于其所接触的古今中外艺术经典所

熏陶的文化背景中不乏“一见钟情”的故事；在这类大学生心目中本身有一幅理想爱人的形象，一旦现实生活中有一个与之符合，那么他（她）就会采取行动；同时大学文化氛围中带有较多理想主义色彩，“一见钟情”正体现了大学生对浪漫主义的思考，而且这与这种文化氛围也恰好适应。因此有许多大学生在这种情况下，就将自己抛入了恋爱大潮中。

二、影响大学生恋爱的因素

大学期间，性生理的发育成熟是大学生恋爱的最根本的生理动因；生理发展所引发的心理巨变是大学生恋爱的心理动因；而宽松的校园环境、大学浪漫的人文氛围，以及社会开放的文化渗透和道德伦理规范的约束是大学生恋爱的环境动因。

（一）生理因素

一个身心健康的人迟早都会对异性产生倾慕爱恋之情，生理动因是大学生恋爱心理产生、发展的自然因素。我国当代大学生年龄一般在18～22岁之间，正值青春发育成熟期，即性萌发到成熟的时期，不仅生殖系统即性器官和内分泌在发育成熟，而且大脑中的性控制中枢与情绪中枢也正逐步成熟。这个时期大学生性本能欲求具有很强大的推动力，男女同学之间相容相悦，对异性产生好奇、好感、亲近的心理需要，出现了想与异性交往的欲望，引发其强烈的恋爱冲动，他们通过恋爱来满足这种欲求。

在这种过程中，生理上的变化以及发育不适，例如第二性征发育不良引起的外形缺憾，引发对身体形象、性器官功能发育的不满、不适，觉得不如己意，希望改变，但又很难改变时，就会产生心理挫折感，引起诸如自卑、焦虑、忧郁等情绪障碍。同时由于缺乏完备的性知识，以及保守的传统性教育，大学生将有一些正常的性意识表现，例如把常想一些性问题、常出现性幻想、常做性梦、自慰等看作是一种犯罪，出现性意识困扰，引发其不同程度的心理冲突，表现出焦虑、烦躁、忧郁、厌恶、内心痛苦不安、恐惧以及道德自责等，部分在此方面困扰严重的学生，甚至出现失眠、注意力分散、害怕与异性交往并常陷入一种苦闷困扰之中，从而影响其学习、生活等，甚至阻碍自我的正常发展。

这些情绪障碍、心理反应都对大学生的恋爱心理造成了影响，可见生理基础是大学生恋爱心理发生发展的根本原因，也协调着大学生恋爱心理的变化以及表现程度，进而影响着大学生恋爱心理的健康发展。

（二）环境因素

大学校园里，少了父母、长辈的“束缚”和“监控”，大学生觉得有了更大的自由与自主，对自己的恋爱问题持有相对较大的主见；同时同学中的恋爱相互影响，使得恋爱心理相互感染，活跃了大学生的恋爱心理；而大学浓厚的文化氛围，使学生可以从各种渠道，如报纸、杂志、影视、网络中获得有关爱情的各种信息，这些又诱导、刺激着大学生恋爱心理活动的发生、发展，并时时刻刻影响、调适转化着大学生的恋爱心理。

而传统的伦理道德规则也时时牵制影响着大学生的恋爱心理。特别是它严肃又神秘压抑的两面性，在外来“性解放”文化的影响渗透下，冲击着大学生的恋爱心理，使他们的恋爱观发生了错位，贬斥传统文化所推崇的贞操观、性与婚姻结合，漠视婚恋、家庭的责任与义务。加之地位、财富、权利等社会功利意识在大学生恋爱心理中的分量渐增，使他们陷入婚恋的认识误区，流入“性与道德、法律无关”“性与婚姻分离”的思想误区，这些给当事人心理造成或多或少的不良影响。在出现婚前性行为的大学生中，大多在心理上出现严重不安、自我否定、恐惧焦虑等心理反应。

这些不良的文化风气使大学生情感多于理智，为欠缺理性的恋爱找到了理论根据，并用这些谬论付之于实践，使得他们在恋爱心理上显得既茫然、迷乱又开放，所有这些加剧了恋爱期大学生心理的不安、烦恼和焦虑。因此，可以说环境特别是校园环境是引导与制约大学生恋爱心理健康发展的一个因素。

（三）心理因素

作为整个心理系统的一部分，大学生的恋爱心理和整个心理系统以及其他部分有着必然的联系。认知活动是大学生恋爱的感性基础，它对大学生恋爱心理起着感应、唤起和导向作用。而情绪则对大学生恋爱心理体验起着活跃和扩展的作用。情感是造成大学生恋爱心理不稳定的主要因素。青年中期的大学生可塑性强，情绪波动大，面对情感问题的两难抉择，在理想与现实的天平上，他们不知如何做才能使二者保持平衡，从而顾虑重重，思虑万千，诱发情感冲突。在大学生的恋爱心理形成过程中，担心害怕产生激情行为，悲哀带来失望与伤心，愤怒则引发了嫉妒与冷酷等，这常使大学生在建立健康恋爱心理过程中失去心理平衡，诱发了空虚、无助、寂寞的心绪，引发一些诸如抑郁、消沉、自卑、不安等情绪障碍，可以说情绪调节着大学生恋爱心理的起伏。至于意志方面，则把恋爱的建立与社会义务、责任、权利联系起来，制约着大学生恋爱心理的发展。众多有关越轨性行为的分析，以及恋爱受挫后的过激行为的调查显示，在缺乏主观意志力作用、自制力薄弱的情况下，大学生很难调整自己的恋爱认知与情绪，破坏了恋爱本身的美，严重的还引发恋爱心理障碍。此外，人格特质、自我概念等也都是大学生恋爱心理的重要因素。不同气质类型影响着大学生恋爱的表达方式与程度，以及恋爱心理的发展。性格倾向不同的大学生在恋爱情感体验中的表现也大相径庭。性格外倾者在恋爱过程中往往冲动、狂热、乐观、主动，而性格内倾者则往往是谨慎、被动、冷静、悲观。而大学生自我概念在这时也正处于发展成熟阶段，自我评价不当易使之形成自傲、自负等心理。恋爱中的大学生出现的负性情绪，诸如自卑主要是自我评价不当引起的。据调查，许多大学生因自己的外形特征、经济状况、家庭地位等不如人意，将恋爱挫折错误归因，怀疑自己的能力，从而造成情爱品质评价过低，形成消极的恋爱心理，诱发心理障碍，严重影响恋爱心理健康的发展。

第三节　大学生恋爱中的心理障碍和误区

爱情的神圣与庄严、神秘与美好吸引着无数大学生为之折腰。但是，恋爱通常不是

一帆风顺的，对于大学生而言，如果在恋爱问题上处理不当，引发恋爱挫折；如失恋、单恋、恋爱纠葛等，将会使当事人精神上受到不同程度的刺激。进而产生不良的心理甚至诱发心理疾病，危及身心健康。

一、大学生恋爱中的心理障碍

（一）失恋

大学生在校期间，其重要的人际关系除了师生关系、同伴关系之外，更重要的是两性之间的恋爱关系，它对大学生的意义已不仅是恋爱本身，而且是大学生自我价值感与自我评价的重要来源和基础。可想而知，失恋会给当事人带来剧烈的心理创伤，使人处于抑郁、焦虑、自卑、悲愤甚至绝望的消极情绪中，失恋对于大学生心理健康的影响肯定是其人生中最为严重的心理挫折之一。不少学生在失恋后出现失控和反常的心理。会产生极度的孤独感、绝望感和虚无感。一般有以下四种较为常见的不良心理：

1. 自卑心理

大学生虽然在他人面前显得自信心十足，但同时表现出对他人关于自己的评价以及自我评价的敏感。失恋使大学生对自己的人际吸引力产生极大的怀疑，怀疑自己不会再被人爱，怀疑自己没有能力再去爱别人，表现出对自己建立亲密关系能力的评价急剧降低。有的学生因为失恋觉得自己没有面子，在同学、亲友面前无地自容，特别是在异性面前没了自信，抬不起头来；有的学生觉得自己一无是处，认为自己各方面都很差，这表现出失恋大学生对自己各方面的评价出现偏差，引发过度自责行为，产生强烈的自卑心理，感到羞愧难当、心灰意冷。如果当事人性格内向，更易产生这种心理，长期这样下去，可能因此走上绝路。

2. 绝望心理

这是失恋所带来的一种极端心理反应，尤其当处于热恋中，其中一方被另一方拒绝而分手时，这种心理表现得格外强烈。当事人很难心理平静，觉得自尊和情感受到严重的伤害。这时他们可能将自己与外界隔离开，以保护自己免受更多的伤害和自尊心的毁损，甚至可能发誓“以后不再恋爱”，对恋爱绝望，从一次失恋中否定对方所属的性别、职业、出生地，乃至爱情本身。这种绝望心理，甚至会影响当事人对学习、生活或其他方面的信心、兴趣，很可能对学习、生活、人生感到无望，甚至出现自暴自弃行为。

3. 报复心理

这是大学生激情犯罪的一个常见起因。失恋后，有的学生失去理智，把自己的痛苦全部归因于对方的抛弃，认为对方对不起自己，因此产生报复心理。认为自己不好过也不让对方好过，特别是由于一方不道德而导致的失恋或恋爱进程明显受他人阻挠，使得当事人觉得自己更有理，也就更容易出现报复心理。在这种心理基础上引发的行为常常带有破坏性，发生校园冲突事件，伤害他人，伤害自己，这也是大学生恋爱中极度的占有欲受到挫折后而唤起的心理行为反应。

4. 悲愤、渺茫消沉心理

有人将爱情视为生命中最重要的，一旦失恋了，就学业、前途也不顾了，终日沉浸在极度痛苦中，反复咀嚼失恋后的痛苦，变得性格古怪，使人难以接近；有的选择对自己行为不加约束，放纵自己，或借酒消愁，对他人的关心不予理睬，很不近情理，冷漠、痛苦，严重的甚至导致精神分裂症；有的什么都不考虑了，只感到一片渺茫，今后也不知怎么办。

（二）单恋

单恋也是大学生恋爱中常见的一种恋爱挫折。恋爱应是两人之间的感情交流，但如果只是一方投入感情，而另一方毫无感情，或是根本不想与之进行这种交流，这就形成了单恋。单恋通常包括两种形式：一种是内心爱慕对方但无法表示出来或已被对方拒绝仍痴情不改的单恋；另一种是把与对方交往和友谊认为是“有意”或“暗示”而产生的“爱情错觉”。无论是哪种单恋形式都是一种畸形的恋爱，一种臆想型恋爱情结。这部分大学生常常沉湎于自我幻想或想象的虚幻情境中难以自拔。在心理上表现出由于痴情而对单恋对象产生强烈关注、幻想、焦躁和冲动。然而这一切都是在对方毫无觉察或者得不到对方认可和接受的情况下产生的，由此引起单恋大学生内心的痛苦和强烈的冲突；部分大学生碍于周围环境和心理压力，对自己内心深处的情感和暗恋感到难以启齿，不敢向对方诉说。这种闭锁心理更加深了他们的苦恼，很容易产生心理障碍和心态失衡，发生情感失控、精神萎靡、注意力分散、思维迟钝、消沉等现象，给学习、生活、身心健康造成很大的影响，严重的还会失去理智、精神异常。特别是低年级学生长期将这种情感压抑而不解决，那么当事人就很容易出现一系列心理障碍，如沉默、抑郁、消极厌世、兴趣消失、喜怒无常、激动不安，有的甚至走向极端，失去自我控制做出伤害他人的蠢事；少数学生在共同的学习、生活中爱上某位同学，就不顾一切付诸行动，不管对方是否接受就苦苦追求，完全不顾及对方的感受，甚至做出干扰对方正常学习、生活的行为，丧失人格、自尊去表达自己所谓的爱；还有的学生当现实（对方已有恋人）无情地击碎了爱的梦幻之后，就会陷入空虚、烦躁，甚至失落、绝望的巨大痛苦之中，承受感情的煎熬。这样的爱情是一种有害甚至危险的感情波澜，既会因为不思茶饭、夜不成眠而影响身体健康，又会因情绪的一落千丈、反复无常而损害心理健康。

（三）恋爱纠葛

恋爱纠葛是大学生恋爱的又一种恋爱挫折，主要是指恋爱时因某些主观因素或客观因素引发的欲罢不忍、欲爱不能的感情冲突与内心强烈的矛盾，它给恋爱中的大学生带来一系列的情感危机，引发极度紧张、不安、忧郁、焦躁、恐惧等不良情绪。如有的学生因恋爱遭到家庭反对或周围人的非议，显得心烦意乱，坐立不安、焦虑、抑郁；有的因恋人之间出现矛盾、误解或猜疑而忧心忡忡；有的因陷入“三角恋”或“多角恋”的漩涡中，不知如何摆脱这种局面而焦躁不安、恐惧；有的在热恋时由于“第三者”闯入双方出现感情危机，为此感到不安、痛苦等。这些恋爱纠葛、情感危机使大学生心理上遭受严重挫折，有的会无法控制自己的思想、行为以及情感，不能正常地学习、生活，甚至会精神崩溃，并导致自杀等恶性事件和诱发性精神病。

（四）网恋

网恋到底是虚拟的伊甸园，还是潘多拉的盒子？网恋究竟在多大程度上改变了大学生的恋爱方式？种种网恋现象折射出的又是怎样的深层心态？大多数大学生泰然面对网恋，相信在这个网络膨胀的社会中网恋是十分正常的事情，很多学生之所以喜欢上网聊天以及网恋，就是因为网络给了大学生一个毫无阻隔的、无比宽广的交流空间，大家不用彼此掩饰，因为本来就看不到对方。此外感情本来就不是一个看得到、摸得着的东西，在现实生活中如此，在网上也是这样。

但是我们应当看到，网络世界假的太多，和现实有很大区别，甜言蜜语往往是信口开河，因此不该将虚拟生活与现实搅在一起，上网只是一种消遣，不过是给生活添点调料。而且在大学生网恋中，有些人是抱着游戏的态度，不停地在QQ（国内最著名的聊天工具）中搜索异性，热聊三四天就迅速发展到网恋，失去兴趣后继续搜索。还有一些人，沉溺于网恋无法自拔，造成身心的伤害，甚至荒废了学业。当大家从虚幻的网络世界里走出来的时候，却发现他（她）和网上的他（她）有着很大的差异而无法接受。到现在为止，网恋最终结局大多是以悲剧收场的，而且更可怕的是一些不法分子开始利用“网恋”从事违法活动，这严重危害到社会的安定。同时，在网上交流，往往会彼此理想化，希望越大，失望越大，身边网恋失败的例子比比皆是，造成很多大学生较为严重的心理压力。

二、大学生恋爱中的误区

尽管大学生恋爱的心态各异，但大多数人还是能够理性地对待爱情的，只有少数大学生的恋爱是盲目的，甚至是畸形的，他们往往还没有弄清楚爱情的含义就匆匆地涉足爱河，演奏出一首首恋爱的变奏曲。仔细分析恋爱心态就不难发现，在青年学生的恋爱中存在着一些误区。

（一）重视现在而轻视将来

当代青年大学生在对待爱情的问题上存在着“重现在轻未来”的趋势，与社会青年的恋爱相比往往侧重感觉，较少考虑对方的家庭地位、经济条件、现实因素，因此大学生的恋爱也更加浪漫、纯情。在校学生的经济收入与毕业后的去向都存在着未知和不确定性，他们也不可能过多地考虑将来的问题，但他们不愿意因为将来的不可知而放弃享受爱情和青春，于是就出现了“重现在轻未来”的心理误区。不少大学生恋爱，往往只看中当时的感受和过程，而不看中恋爱的结果，只要彼此合适就走到一起，充分享受美好和甜蜜，至于爱情的种子能否结出婚姻的果实，则很少考虑或没有考虑，因此“只在乎曾经拥有，不在乎天长地久”自然有一定的市场。大学生中“重现在轻未来”的恋爱观，从表面上看来似乎存在着它的合理性，但却反映了他们功利主义、享乐主义的人生观、价值观。应当看到，恋爱的最终目的是结婚，但大多数青年学生的恋爱只是享受爱情，而很少考虑将来能否组织家庭，甚至明知道将来不能组织家庭还要谈恋爱，由于不考虑将来，所以也就可以不对对方的将来负责，这是极其有害的。

（二）重视感情而轻视理智

大学生由于其年龄特征决定了其轻率冲动、易感情用事的心理特点，反映在恋爱问题上，则存在着重感情轻理智的误区。据有关资料统计，谈恋爱的大学生发生两性关系的比例正呈逐年上升的趋势，这一方面说明大学生受现在开放的思想的影响；另一方面也说明相当一部分同学谈恋爱时往往在一时的感情冲动之下发生两性关系，有些同学错误地认为只要双方彼此相爱就可以发生两性关系，以追求灵与肉的结合，不需要过多地考虑将来，但他们尤其是女孩子没有过多地考虑到在中国这样一个传统的国度中，人们还是比较看中贞操的，一旦将来各方面的因素导致双方不能结合在一起，那么婚前发生两性关系只能既害了对方又害了自己。

（三）重视外表而轻视内涵

大学校园里恋爱的风气之所以盛行，其根本的原因就是大学生很容易被对方漂亮的外表、雄辩的口才等外在因素所吸引。大学生恋爱容易出现一见钟情的情况，谈恋爱的大学生一开始是被对方的外表所吸引，大学生中那些相貌出众的男女同学就容易成为被追求的对象，而相貌不出众的男生、女生就不那么引人注目，这反映了大学生在择偶方面的幼稚和片面，他们没有意识到外在的美是一时的，只有内在的美、丰富的内涵才是永恒的、更重要的。

（四）重视享乐而轻视理想追求

在大学校园里虽然流传着不少大学生恋人双方互相促进，最后双双考上研究生，获得爱情事业双丰收的佳话，但大多数大学生谈恋爱后却未能实现学业上齐头并进，为将来的幸福生活打下坚实的基础，而是把时间消磨在霓虹灯下、花前月下，两人世界的甜蜜使他们淡化了对知识的追求和对理想的渴望，放松了对未来理想生活的不懈追求。

（五）重视爱情而轻视友情

从广义上说，恋爱只是异性交往的一种形式，友情才是异性交往的最主要的形式。在一个人的成长过程中，与同龄人的交往是非常重要的，但恋爱是两个人每天缠在一起而忽略了与他人的交往，过早地进入二人世界就失去了许多参加集体活动的机会，也失去了许多重新审视自我的机会，最后导致人际交往发生问题。恋爱是大学生永恒的话题，这是青春、生理、心理发展的需要，爱情的萌发也是他们逐渐走向成熟的标志，然而，由于众多的原因，大学生在恋爱中往往把握不住爱情，走进误区，造成了不应有的损失。

第四节　健康恋爱观和择偶观的培养

爱是人类所特有的并经过后天学习而获得的一种情感体验，爱情是其中最美好的、

最令人陶醉的一种。两颗心在某个瞬间碰撞在一起，但这只是漫漫历程在动人而闪光的起点，在生活的激流中经历了种种考验之后，我们才能收获爱情的成熟果实，那么，为了明天的收获，我们必须在今天学习和实践爱的知识。

一、以审慎的态度对待爱情与恋爱

爱情与恋爱都是实现婚姻的基础和前提，是关系个人终身的大事，必须审慎对待。人活一生，在世界上相伴时间最长的人是夫妻。如果婚姻美满，双方可以度过幸福的一生；如果婚姻不尽如人意，就可能烦恼、痛苦一生。因此，大学生在学习期间切不可以用轻率的或者游戏的态度对待恋爱和爱情。否则，将自食苦果，后悔莫及。

如何以审慎的态度对待爱情与恋爱呢？就是要坚持在相互交往、相互了解的基础上建立爱情。“人不可貌相”，不能根据外表的印象来了解一个人，也不能凭借心理测验，而要通过共同的生活实践来进行考察。考察一个人，就是看他如何对待学习，如何对待工作，如何对待他人，如何对待有关国家和人民利益的大事。仅仅根据对方对自己好不好，不足以判断对方的人品，因为人在恋爱的时候总是表现得好，总是互相关心、互相爱护、互相帮助，结婚以后能否这样就不得而知了。如果我们了解一个人在各方面都表现得比较好，就比仅仅了解他对自己好要可靠得多。

二、坚持理性的抉择，调控恋爱的动机

男女恋爱的动机是一种复杂的系统，有满足眼前短时需要的动机，有满足终身婚姻需要的动机，有追求物质需要的动机，也有发展事业需要的动机。恋爱双方必须根据主客观的条件和长远的需要进行明智的抉择。

人都有爱美的天性。男性喜欢女性美丽、苗条；女性喜欢男性高大、英俊；男性喜欢女性温柔、体贴、善于持家；女性喜欢男性聪明、能干、对家庭负责、有事业心。然而，在这些相互喜欢和期望的人品中，有些是长期起作用的，有些只是暂时起作用的。爱美之心，人皆有之。在恋爱之初，美是起重要作用的因素。然而，外表的美是随着年龄的增长而变化的，年龄大了，面貌和身材就不再美了。如果人们仍以外貌的美作为维系爱情的主要因素，那么，随着年龄的增长，婚姻就会产生危机。维持婚姻长期稳定的主要因素是志趣相投、互相关心和体贴。除此之外，还要有对家庭的责任感和道德感。这样，当家庭面临意外事件的冲击、遭遇不幸时，才能迎风搏击，渡过难关。

卢梭说：“道德的美必然增添爱情的美。”因此，大学生在选择恋爱对象时，要善于识别和把握那些对婚姻稳定长期起作用的因素，并把对这些长期因素的追求作为恋爱的主导动机。外表的美要能体现心灵的美，爱情必须有道德感维系，这样才能消除婚姻中隐藏的危机。

三、区别友情与爱情

异性大学生间的友情与爱情，有时会交织在一起，犹如孪生的姐妹、色彩各异的并蒂花那样，很难辨别清楚。但是它们之间既有相似之处，又有不同之点。总的来看，异性青年的友情是爱情的最初表现形式，但是友情并不等于爱情；爱情是友情发展的一种

结果，而异性友情并不必然发展为爱情；爱情是友情的延伸和继续，而不是友情的结果；获得爱情的人同时会享受到友情的芬芳，而获得友谊的人则并不都能体验到爱情的那种韵味。

爱情是一种专一的感情，具有封闭性、排他性；而友情则产生在普遍的人际关系中，是开放、广泛和可以传递的。爱情具有“隐秘性”，不愿在众目睽睽之下谈恋爱，把自己爱情的言行公开在他人面前，但友情则是公开的，不仅是友情的对象，表达和交往的方式也同样如此。友情与爱情的不同还表现在：①交往不同：友谊最重要的交往是彼此的相互了解，而爱情是依靠感情而对对方的美化，这往往很难像分析好朋友一样分析爱人的优缺点。②地位不同：朋友之间立场相同，地位平等，既有人格的共鸣，又有剧烈的冲突；而爱情则有一体感，两者不是互相碰击，而是互相融合。③变化不同：友谊可能是暂时的，因环境的改变、工作的变迁、思想的分歧而随之发生变化。爱情则是长久的，永恒的。④责任不同：友谊关系主要承担道德义务，朋友之间要做到忠诚热忱、友爱互助，要讲原则明是非；而爱情关系的双方不仅要承担道德义务，结为婚姻关系后还要承担法律义务。

在大学生活中，友情是大学生人际交往的重要方面，它为大学生活提供了和谐、理解的气氛，使朋友和同龄人的意见更易于吸收，为大学生个性心理发展创造了良好的环境。同时，同学之间的友好交往会使大家感到集体的温暖，有利于解除个人的孤独感，有利于培养大学生良好的心理素质。友情的存在，给了在集体中生活的同学感情上的慰藉、生活上的帮助、学习上的指导和同龄人之间的理解。因此，大学生更需要友情，同时更应注意正确区别友情与爱情，认为男女之间只有爱情没有友情，或者错把友情当爱情，都不可能获得真正的友谊和爱情。只有正确地区别了友情与爱情，才能去大胆建立友谊，建设爱的桥梁，才能实现对爱情的向往和追求。

四、把握感情之舵

在恋爱过程中，强烈的情绪体验，使爱情强烈、奔放、焕发，使生活五彩缤纷，使恋爱过程甜酸苦辣俱全，从而大大地丰富了爱情的浪漫和吸引力。它还能提供巨大的动力，青年想念心爱的人会彻夜不眠；看上理想的异性后，可以花几天时间写一封有生以来最费脑筋的长信；约会时，宁愿跑得大汗淋漓，也不迟到一分钟。它还具有一定的评价作用，青年在恋爱时，产生的情绪反应和情绪体验，会使自己知道最喜欢的是什么，自己爱上了对方哪些方面。但是，在这种情感的影响下，青年的某些心理过程也会产生特异的改变，出现一些和平常不同的特点。比如，热恋中的男女，相恋情感高涨而理智有所蒙蔽，“情人眼里出西施”，这似乎是爱情领域中一种规律性的现象。在这种现象的作用下，他们感到对方完美无缺。只看到对方的优点，看不到对方的缺点，甚至把缺点看成是优点。如果别人指出恋人的缺点，就会觉得别人多事。他们总夸大自己与恋人之间的相似性，抹杀其间的差别，感到对方非常理想，天衣无缝，将对方偶像化，用自己的想象去补充美化自己希望爱慕的人。

爱情的这种现象是由于爱的“炽热”“融化”了自我，并且具有如下特点：失去独立意识，完全与恋人保持一致；似乎“注射”了对方的灵魂；盲目崇拜或听信恋人；似

乎对方说的一切都有道理；自己却显得十分幼稚，因此变得朴实谦虚起来；舍弃自己的个人利益，积极主动地迎合恋人的愿望；为对方做自己能够做的任何事情，只讲贡献不求索取；还会宽容对方的某些缺点和不足。

大学生从少年期刚刚过渡到青年期，生理成熟的速度高于心理发展的速度，更高于道德认识的速度。阅历浅、人生观和性格还不定型，对恋爱婚姻问题缺乏全面的认识。因此，极易感情放纵造成不应有的失误。

大学生对婚姻大事要慎重，要把握好情感之舵。如果一个人个性失去太多，就会变得脆弱，使对方感到失去了爱慕的对象和客体，也会失去魅力。如果过分迎合对方，还可能使自己个性特点逐步消失或者畸形发展，甚至为对方干出一些不正当的事情。爱情的发展和增强也有强大的推动作用，使恋人的形象在头脑中理想化，剔除了其中引起不良体验的部分，爱情会由此而变得更加纯洁、强烈，更令人向往。然而爱情也能使当事人产生错觉，甚至对恋人的某些本质性缺点视而不见，对友人的好心忠告当作耳旁风，一意孤行，酿成大错。一旦冷静下来，失去理想的光环，才发现对方并无光彩，因此青年在恋爱时，客观的评价是非常必要的。

热恋中的双方情感专注热烈，指向性很强，他们心中只记挂着对方，恨不得时时刻刻在一起，而对两人感情活动以外的其他活动兴趣不大。大学生要控制这股如火的热烈情感，并使之成为学业追求的动力。

五、纯真、自然的交往

男女之间的爱情是一种纯真而美好的感情。这种纯真的爱情生活，是人类的一种高尚的精神生活。只有在这种爱情基础上发展起来的恋爱和婚姻关系，才是美满和幸福的。

在恋爱过程中我们要做到如下几点：

(一) 真诚相见

帮助对方了解自己，吸引对方的回报，两人在相互的展示中，能够找到更多的共性，产生较强的共鸣。

(二) 互相尊重，讲求礼貌，平等相待

恋爱双方都应是平等的，每个人都应该尊重对方的看法，尊重对方的选择和行动自由，不应以“主人”或“支配者”的地位自居。

(三) 互相谅解、尊重人格、互相帮助

帮助对方解决各种困难和难题，是感情培养的重要方向。

每个青年人都需要爱情，但每个人也都需要别的东西，像理想、事业、前途等。如果一方在建立爱情的同时企图取得这些东西，另一方要支持，支持恋人的追求，这样两人的心会贴得更紧。

爱情是男女两性交往和精神交流的产物，尽管离别助长爱慕，但在爱恋中有一定的

交往频度还是必要的，特别是在感情建立初期更是如此。不过，交往不应过于频繁，有的人一爱上对方，恨不得一天见一次或者整天待在一起才好，这不但浪费时间，也不利于感情的培养。接触过频，有时会感到发展过快，不能冷静考虑，产生失误，有时也会因过于熟悉，慢慢失去激情和新鲜感，使人觉得爱情生活过于平淡枯燥，缺少令人兴奋的内容，感到对方身上的理想和色彩慢慢消退，失去吸引力。爱恋不等于结婚，所以必须保持一定的距离，善于用恰当的形式表达自己的爱情，就像俗语说的："真正爱情的表达不是用嘴，而是通过全部生活来体现的，真正爱情的接受不是用耳朵，而是用心灵来体验的。"

爱情的甜蜜和幸福并非只表现在相互的亲昵，它还包括在事业上的相助、学习上的互帮，生活上的互相体贴和患难之中的互相照顾。工作、学习是无止境的，亲昵则应当适可而止，应主动参加一些有益的集体活动，到朋友中去，到大自然中去。

六、践行爱情道德

自古以来，人们都赞美坚贞的爱情，真正的爱情是经得起人生道路上的各种曲折、磨难的考验，使人们在艰苦的生活和工作面前能够互相激励，增强信心和勇气，所以说它是一种特殊的情感。这种情感应该是强烈而持久，绝不是一时的感情冲动，而应当是纯洁而又高尚，绝不允许存在别有用心和虚伪，而是应该面向生活并有明确的责任和义务；绝不能脱离生活和实际困难而空想。美好的爱情应当是单一的、强烈的、持久的。这样，才能使生活更加美满幸福。

诚实专一是恋爱道德的核心，只有诚实专一的阳光雨露，才能培育出艳丽的爱情之花。当然，在一个青年即将进入恋爱生活的时候，他有权进行选择，一个人在几个人中选择自己的对象，看看与谁建立恋爱关系合适，这是允许的，也是必要的。但是，这种选择更多的应该在友谊的基础上进行，然而我们都知道，友情没有数量和性别的限制，爱情则除了友爱之外还有性爱的因素等，因此，一个人不能同时与一个以上的人发生爱情。搞三角恋爱，不管是认识上的不足还是出于其他什么动机，都是作弄人、伤害他人感情的行为，给别人只有痛苦。总之，交友可以广泛，爱情只能专一，一心一意者高尚，心猿意马者糊涂，来者不拒者虚荣，左右逢源者轻薄，游龙戏凤者堕落，门当户对者封建。

婚姻恋爱的实质，就是经过慎重选择，由两个人参加、结成生活道路上共同战斗的忠诚伴侣，组成一个家庭生活单位，成为社会中的一个细胞。因此，践行爱情的道德要求是十分重要的，因为它不是纯粹个人的私事，要对双方负责，要对后代负责，要对社会负责。真正的爱情必须是忠实的，既然在爱情上做了慎重的选择，就要对彼此间的爱情负责，承担道德上的责任和义务，一个人爱另一个人或接受另一个人的爱，那么他对另一个便承担着严肃的社会和心理责任。有人说这是做感情的奴役，但是列宁说："克己自律绝不是奴役，它们即使在恋爱方面也是必要的。"

七、走出失恋困境

恋爱不可能总是成功的，因为存在着不利于恋爱的各种社会和个人的因素。失恋对

任何人来说都不是甜的滋味，但是对一个有明确生活目的、有理智、能控制自己感情的人来说，它是可以解脱的。爱情是两相情愿的结合，只可追求而不可强求，既要尊重自己的选择，也要尊重别人的选择。做到失恋不失智、不失德。

（一）改变对恋爱的错误认知

面对失恋的打击，不同的人会出现不同的反应，原因首先在于不同的人看待问题的方式不同。要减少失恋对一个人的负面影响，最主要的是排除一些对恋爱不合理的观念，比如“爱情是人生的全部”“再也不会遇到比他更好的人”等。失恋者应换个角度看问题，爱情在人生中占有重要地位。没有爱情的人生是不完美的，但爱情不是生命意义的全部，只为爱情活着是苍白的；应看到爱情的脆弱性一面，恋爱既可能成功，也会遭遇失败；一次失恋不等于整个爱情生命的结束，人还会再恋爱，时过境迁，说不定又是柳暗花明；失恋只是一种选择的结果，每个人的欣赏角度不同，不同的人对于恋爱对象的心理需求各有侧重，对方不选择自己并不等于自己一无是处。

（二）了解“失恋过激反应”的心理机制

人们对现实的感受，往往并不等同于现实，最多只能接近现实。心理学家契可尼通过实验证明，一个人的记忆有这样一个奇特的方面，它对已完成的事情极易忘却，而对中断了的、未完成的事情却总是记忆犹新，这被称为“契可尼效应”。没有结果的恋情让人刻骨铭心，回味无穷，从心理学上解释，也许正因为它是未完成的、不成功的，如果我们懂得这一心理学常识，也许对于没有结果的爱就不会那么执着和念念不忘了。

（三）多为对方着想

一个人对伤害自己的人会本能地产生仇恨，这也是失恋者不能从痛苦中走出来的重要原因。我们应失恋不失态，失恋后不要穷追不舍、纠缠对方，甚至产生报复心理。谁都有选择爱的权利和拒绝爱的权利，既然是你所爱，就应设身处地为对方着想，让对方作选择，告诉对方，尽管自己很痛苦，既然对方觉得这样更幸福，自己就尊重他（她）的决定，并祝他（她）幸福。仇恨和报复并不能挽回失去的爱情，只能使自己的心态更加失衡，只有宽容才能让人释怀。

（四）适当运用心理保护机制，消除爱情固着心理

因为爱一个人，会觉得对方是最适合自己的，失去了倍感珍贵，甚至明知道对方不爱自己了，但依然深深地爱着对方而不能自拔。针对这种心理，应适当运用“酸葡萄”效应，多想想对方的缺点，打破把对方过于理想化的倾向，以修补心灵的创伤，常言说得好，“塞翁失马，焉知非福”，失恋虽然让自己失去了一次机会，但是却让自己进入了一个充满新机会的世界。人有一种在感情上进行自我恢复和再次示爱的能力，当自己平静地接受现实，重新寻觅，自己就会惊奇地发现，生活中还有更适合自己的人。许多重新获得幸福的人都有这样的体会。

（五）转移自己的注意力

失恋之后之所以难以摆脱恋情的困扰，是因为我们还把自己放在昔日与恋人的美好回忆情境中，因此要学会将自己的情感与注意力适当地转移到失恋对象以外的人或事。如清理掉与其相关的物品，避开以前常去的地方。同时，扩大人际交往，积极参加学校的各种娱乐活动，投身于大自然，在自然的怀抱中得到慰藉。

（六）适当地发泄情绪

不要把失恋的痛苦压抑在内心深处，一个人慢慢品味。寻找合适的途径把痛苦、难堪和绝望的情绪发泄出来，以减轻心理的负荷。找个没人的地方痛哭一场，或找朋友或亲人倾诉自己的痛苦，得到他们的理解、关心和支持；或者通过心理辅导老师的帮助，宣泄苦闷，重新建立起心理平衡。

八、培养爱的能力

爱是一种情感，也是一种艺术、一种能力。青年大学生要重视培养发展爱的能力，从而不仅祈求爱、渴望爱，还善于爱。

（一）迎接爱的能力

迎接爱的能力包括给予爱和接受爱的能力。前者是心中有了爱，在理智分析后，敢于表达，善于表达的能力；后者是面对别人的求爱，能及时、准确地做出判断，并作出接受、谢绝或再观察的选择。

要具备迎接爱的能力，就应懂得爱的深刻内涵，有健康的恋爱价值观；就应了解自己，知道自己喜欢什么、需要什么、适合什么；就应对自己、对他人保持热情；关心他人、热爱他人，正如马卡连柯所说："一个青年人如果不爱他的父母、同志和朋友，他就永远不会爱他所选来作为妻子的那个女人。"博爱是爱情的基础和养料，应在生活的所有领域里都能保持创造性和主动性。倘若在其他领域消极无能，他在爱的领域也必将重蹈覆辙；应有一种健康的心理，能坦然地表达爱或接受爱，能承受求爱被拒绝或拒绝求爱所引起的心理扰乱。

（二）拒绝爱的能力

这是对不愿或不值得接受的爱加以谢绝的能力。它包括两个方面：一是敢于理智地拒绝不希望得到的爱情，学会勇敢地说"不"；二是要掌握恰当的拒绝方式，即运用一种充满关切、尊重和机智的方式，既维护自己也维护他人的利益。

（三）承受失恋的能力

这是一种善于运用理智的力量驾驭痛苦的情绪，善于通过积极有效的途径和方式引导情感的挫折，以积极的姿态走出失恋的困境，恢复心理平衡的能力。

（四）发展爱的能力

这是在爱情生活中，维护、增进、深化爱的能力。在恋爱乃至婚姻生活中，会遇到许多矛盾、挫折、纠纷，发展爱的能力体现在能妥善处理这些可能对爱造成破坏的障碍，体现在相爱和共同生活的过程中，能使爱情不断更新、不断发展，保持永久的魅力。

第五节 恋爱观之心理素质拓展训练

一、心理训练

（一）主题：情感世界

（1）准备：将全体同学分成四组，要求男女生分配比例适当。

（2）要求：扮演角色要认真投人，用心体会在角色扮演中的情感反应，认真观察别人的表演，倾听别人的感受，在课后将自己的感受写出来。

（3）训练过程：

第一组题目：大学恋爱三部曲。

A. 先讨论确定大学生恋爱分哪三步，然后男女生自由配对进行简单的表演，要求每一队的表演具体形象、有代表性。一对同学表演时其他同学认真观察、评分。

B. 小组在部分成员表演后，展开讨论，交流表演的感受和观察的感受。

第二组题目：你喜欢他（她）什么？

A. 女生填写男生最吸引自己的三项品质。依次用①②③标出，如高大、乐观外向、出手大方、幽默、体育好、稳重、热情、真诚、有修养、有责任感、善于言谈、有相近的爱好等或自己想出来的其他品质。同时，填写男生最令人反感的品质若干条。

男生填写女生最吸引自己的三项品质，依次用①②③标出，如温柔、善良、漂亮、真诚、顺从、沉稳、会打扮自己、有相近的爱好等或自己想出来的其他品质。同时，填写女生最令人反感的品质若干条。

B. 小组成员在全部写完后，展开讨论。

第三组题目：异性间正常适度的情感交流。

A. 小组先讨论异性间正常适度的情感交流中应注意什么问题，然后自由组合，各自设计情感交流的方式，依次表演。一对同学表演时，其他同学认真观察、记录、评分。

B. 小组在部分成员表演后，展开讨论，交流表演的感受和观察的感受。

第四组题目：失恋状态。

A. 每个小组成员根据自己的观察、体验、想象，独自设计表现失恋状态的方式，依次表演，其他同学观察、记录、评分。

B. 小组在部分成员表演后，展开讨论，交流表演的感受和观察的感受。

评分：按照商议的评分规则，分成自评与他评的方式给各组打分，选出最佳表演奖，并将各组的体会整理出来，大家分享，同时选出最深刻感悟奖。

(二) 给正在恋爱的同学出谋划策

如何正确处理恋爱与学习、恋爱与活动、友情与爱情等的关系？先配对讨论，接着小组讨论，最后各小组交流和汇报讨论结果。

(三) 分组讨论

(1) 男女同学交往应当怎样把握友谊与爱情的界限？年龄相当的男女之间是否会存在纯洁的友情？很多人认为年龄相当的男女如果有深厚的友情的话，要么发展成为情人关系，要么就倒退为很一般的朋友甚至会变成陌路人，这种看法对不对？

(2) “我和一个男孩子情投意合，但双方因学习压力大始终没有捅破恋爱这层纸。上大学后他给我写了封火辣辣的求爱信，可此时我和他相隔遥遥千里，我不忍伤害他，没有信心开始这段恋情，我该怎么办?”

(3) 青春期的大学生没有产生对恋爱的渴求，甚至认为自己将来不会谈恋爱和结婚，这种心理是否有点不正常？有人认为爱情往往不能给人以安全感，有些人宁愿终身不结婚，应当如何看待这种现象？

(四) 讨论

让一位爱好外国文学的同学查阅有关莎士比亚的作品《罗密欧与朱丽叶》，在课堂上给其他同学介绍“罗密欧与朱丽叶”现象，并请其他同学提问和讨论。

二、复习思考题

1. 什么是爱情？大学生的爱情是如何发展的？

2. 男女同学在恋爱中有哪些心理差异？影响大学生恋爱心态有哪些？

3. 大学生常见的恋爱心理障碍和误区有哪些？结合实际谈谈怎样克服这些障碍和误区？

第八章　学习心理，学习能力提升的内在驱动力

※ 心灵导读

“孩子，我要求你读书用功，不是因为我要你跟别人比成绩，而是因为，我希望你将来会拥有选择的权利，选择有意义、有时间的工作，而不是被迫谋生。当你的工作在你心中有意义，你就有成就感。当你的工作给你时间，不剥夺你的生活，你就有尊严。成就感和尊严，给你快乐。”

——*龙应台*

学习是人类发展和进步的基础；学习也是我们每个人通向成功的必由之路。对于我们大学生而言，学习仍然是其生活的中心和活动的主要内容。

第一节　学习概述

与中学阶段不同，大学学习有着很强的目的性、自主性与选择性，它不单纯是为了学习而学习，而是为了兴趣而学习，是为了未来而学习，为了成长而学习。更为重要的是，大学时期是每位学子记忆力、动作反应速度最佳的黄金时期。学习，不仅是大学生未来事业的基础，还是其成长历程的关键。

一、学习的含义

“学习”一词，我国古代文献中早就有之。孔子说：“学而时习之，不亦说乎？”又说：“学而不思则罔，思而不学则殆。”孔子的这一观点，在一定程度上揭示了学习与练习、学习与情感、学习与思维的关系。但长期以来，人们对学习仍无一个统一的概念。

许多心理学家、教育学家和哲学家从不同的观点角度提出了学习的定义。桑代克说：“人类的学习就是人类本性和行为的改变，本性的改变只有在行为的变化上表现出来。”（1931 年）加涅说：“学习是人类倾向或才能的一种变化，这种变化要持续一段时间，而且不能把这种变化简单地归之为成长过程。”（1987 年）联合国教科文组织在 1987 年所做的《学习，财富蕴藏其中》报告中指出：学习是指个体发展终身教育的理念。

从广义上讲，学习是人和动物在生活过程中通过实践训练而获得的由经验引起的相对持久的适应性的心理变化，即有机体以经验方式引起的对环境相对持久的适应性的心理变化。在这个定义中，体现了四个论点：一是学习是动物和人共有的心理现象，虽然人的学习是相当复杂的，与动物的学习有本质区别，但不能否认动物也是有学习的；二是学习不是本能活动，而是后天习得的；三是任何水平的学习都将引起适应性的行为变化，不仅是外显行为的变化（有时并不显著），也有内隐行为或内部过程的变化，即个体内部经验的改组和重建，这种变化不是短暂的而是长久的；四是不能把个体的一切变化都归为学习（如由于疲劳、生长、机体损伤以及其他生理变化所产生的变化都不是学习），只有通过学习活动产生的变化才是学习。

综上所述，我们把学习定义为：学习是一种非常复杂的心理活动过程，是人在生活过程中获取个人经验的过程，是信息的输入、输出与反馈调节的动态过程。老师讲析、阅读书本、同学交流以及联系实际等，都是知识的输入；而运用输入进来的知识做练习、做作业以及解决生活中具体问题，则是知识的输出；筛选入出过程中的优劣、不断调节改进、提高入和出的质量，使学习动态结构得以优化，则是学习的反馈调节。学习过程中的三个环节都是不可缺少的，如果学习结构不完整，只知不停地输入、输出，没有学会及时地对入和出进行调节，就难以取得良好的学习效果。学会对学习进行调节，实际上就是学会如何学习，学会并掌握学习策略。

从上面学习的含义，结合大学生学习的实际，我们认为所谓大学生的学习，指的则是在教师有目的、有计划的指导下，个体积极主动地掌握知识、技能和形成高尚品德的过程。

二、大学学习的特点

人需要学习，只有通过学习才能达到自我完善与自我发展的目标。三字经上说："玉不琢，不成器，人不学，不知义"，就从一个侧面说明学习的重要性。大学学习较之中学阶段有着明显的不同，主要表现在以下四个方面：

（一）大学学习的自主性

自觉、积极、主动地学习是大学学习活动的核心，这种自主性体现在整个大学学习的多层面、多角度。

（1）大学教学指导性多，指令性少。大学生的学习不能完全依赖教师的计划安排，不能单纯接受教师授课内容。中学时期那种被动听课、盲目随从、无从取舍、缺乏质疑等已远不适应了。

（2）大学课程的门类明显增多，课堂教学时间相对减少。这对于住校大学生来说，课余自由安排的时间相对宽裕，这就要学会安排自修时间，制订切合自己的学习计划。

（3）大学教师讲课是提纲领的，对于教材有自己的取舍和补充。大学教师课堂上所讲的往往可能是自己在专业领域中最有心得的部分或关键的重点部分，其余部分往往由学生自己去读、去自学、去理解。教师在讲课中还可能引进与教材观点不同的许多观点，这和中学那种是就是是、非就是非的简单的、界定的教学模式是不能相比的。

(4) 选择什么样的学习方法、什么时候记笔记、怎样记等都是由大学生自主决定的。大学教师一般不会规定该用什么方法记忆、怎样阅读，往往只是提出学习的目标和要求，用什么样的方法达到要求则是各显神通。通过以上的分析，我们说大学学习的自主性特点，体现在整个大学学习过程的始终，并反映在大学学习的各个方面。大学生要想在大学里学习，就必须培养自己的自学能力。

(二) 大学学习的广泛性

广泛性是指大学生在学习过程中可以通过各种不同的途径和渠道吸收知识，也可以靠广泛的兴趣去探索，获得课程以外的知识。首先，大学学习活动的安排反映了广泛性的特点。如学术报告、知识讲座、专题讨论、社会调查、专业实习、查阅资料等众多形式为大学生多层面、多角度涉猎知识提供了条件。大学生只有广泛地学习，才能形成合理的知识结构，成为“通才”，锻炼能力增长才干。其次，在学习活动中可以广泛发展自己的兴趣，可以按照自己的意志和兴趣有选择地学习一些知识，可以选修一些适合自己的课程，也可以跨学科学习。

(三) 大学学习的专业性

每一个报考大学的学生，都填写过专业志愿，虽然最后录取的专业并不一定是自己满意的，但毕竟都有了专业的归宿。大学的学习实际上就是一种专业定向学习，学习的内容都是围绕着专业方向进行的，而且这种围绕又有很大的不确定性。中学教育是一种普通的基础教育，是为以后继续深造或就业做基础性的文化知识准备。而大学教育是一种专业基础教育，教育目标紧紧盯住未来社会的需要，尽可能地照顾到具体职业的特殊要求。因此，大学所传授的既有专业基础知识，又有专业知识，为了增强学生在未来社会的适应性，又开设了专业选修课和公共选修课，增设边缘学科；为了增强学生的竞争力，各学科都十分重视本学科最新成果和最新动态。这种动态性和灵活性有时就是不确定性。而实际上，这种不确定性是必要的，因为社会是不断发展的，只有不断跟踪社会发展变化，跟踪学科前沿动态，不断调整课程结构和内容，才能保证培养的人才与社会的需要相适应。

(四) 大学学习的探索性和创新性

探索性是指表现在学习过程中的创新意识和初步的创造性活动。大学生的学习能力主要是思维能力，在学习专业知识的基础上，许多大学生已经不能满足对现有结论的简单接受，还包括对书本结论之外新观点的寻求。学术上的新观点、新理论必然会触动大学生的创造思维。大学生可以把自己以往学到的知识进行重新组合，并从新的角度去分析和认识问题，去积极探索未知领域。随着时代对人才渴望的不断迫切，大学生学习活动的探索性将越来越重要。不少学生在校期间就能够参加教师组织的科研课题，并能发表一些论文，更有佼佼者还承揽了社会上的科研项目。

目前，高等学校普遍加强大学生创新能力的培养，在课程设置、课程安排、课程衔接上突出学生的主体地位，体现创新，加大了学生实践环节的培养，旨在提高大学生的创新能力。

上述特征使我们不难看出，大学生的学习活动较中学时期更复杂、更紧张，需要花费大量的心智能量，需要良好的心理素质和多方面的能力来保障其顺利进行。大学生进入大学后，确实有一部分大学生存在学习上的不适应，但这种不适应只是暂时的，只要我们善于在学习中思考，在实践中摸索，就会很快地掌握大学的学习规律，寻找一些符合自己的学习方法，成为学习生活的主人。

第二节 大学生常见的学习心理问题

大学是青年时期系统学习知识的最后一所学校，是培养掌握专业技能的高层次人才的场所。所以说，大学的学习对大学生的学习心理素质要求较高。大学生的心理发展水平和心理健康状况对大学生的学习产生很大的作用，直接影响学习效率和学习成绩，过去人们习惯把那些不想学习或学不进去、学习成绩下降、精力不集中、考试不及格乃至无法学习而退学的大学生统统都归结为缺乏理想、学习态度不端正、学习不认真、对自己要求不严等。当然这些因素是导致大学生不能正常学习的重要因素，但却不是唯一的因素。许多研究表明，大学生在学习过程中的心理问题，严重困扰着大学生。

一、学习适应不良

学习适应不良是大学一年级学生普遍存在的一种心理困惑，学习成绩不理想与学习适应不良有直接的关系，若得不到有效地克服，可能会给整个大学学习投下深重的阴影。

（一）表现

（1）不了解大学学习的规律，不适应大学的学习方法，不知道如何有效地开展学习活动。

（2）对本专业的知识、技能，要求认识不足，不知道怎样建构专业知识结构、培养专业技能，学习活动比较盲目。

（3）对本专业的学习缺乏应有的兴趣和动力，学习精力投入不足。

（4）对大学学习缺乏应有的紧迫感和自觉性，对大学学习的重要性、复杂性、艰巨性在心理和思想上准备不足。

（5）学习活动中独立性缺乏，对教师的依赖心强，习惯于由老师来安排自身的学习内容、学习计划和学习时间，否则便茫然不知所措。

（二）原因分析

1. 客观原因

大学的学习相对于中学来讲，在教学特点、方式和内容上有着很大的不同，大学老师上课来，下课就走，一堂课讲授的内容很多，而且有时会与教材有出入，注重教学的

内在逻辑严谨，而不太注意学生的反应。另外，我们在座的同学，无论是在家庭还是在学校，都是重点保护对象，过着衣来伸手、饭来张口的生活，而上大学后，一切都要靠自己，这种巨大的变化，对心理素质尚未成熟的大学生来说，必然会带来情绪上的波动和不安，从而影响了学习的正常进行。

2. 主观原因

由于我们在座的大多数同学都是从中学直接升入大学的，生活阅历浅、经验少，加上在高考竞争的压力下，无论是学校还是家庭，包括我们个人都只重视知识的学习，强调分数，因而忽视了能力的培养，在客观条件发生变化时，明显地暴露出适应能力差，不能尽快地随着环境的变化而及时调整自己，在学习上，还希望教师日日在侧、父母天天督促，因而在现实的学习中感到很不适应，产生了消极甚至厌烦的情绪，妨碍了学习。

二、学习动力缺乏

学习动力缺乏是指学习没有内在驱动力量，没有明确的学习方向，缺乏学习兴趣，甚至厌倦学习、逃避学习。用很多同学的话来说，就是学习不像中学那样有劲头了。这种状况，在大学校园比较普遍，如不及时调整，会形成厌学的风气，严重影响大学生的学习效果。

（一）表现

(1) 尽力逃避学习，不愿上课，或上课无精打采、不积极思维、上课睡觉、看课外书、课后基本不学习，沉浸于各种各样的娱乐活动、上网、侃大山、恋爱等。

(2) 焦虑过低，缺乏学习的自尊心和自信心，学习不好也不感到丢面子，缺乏动力、懒于学习。

(3) 学习中注意力不集中，容易受内外各种因素的干扰，学习满足于一知半解。

(4) 对学习厌倦，冷漠，畏惧心理浓重。

(5) 缺乏正确的学习策略和方法，不能主动地去寻找适合自己的学习策略和方法，学习能力较弱，学习成绩不好。

（二）原因分析

1. 外部原因

首先来自于社会。社会生活是影响学习动机的重要因素。社会对人们的价值观有巨大的影响，正确的价值观可以对学习动机产生积极的影响，而错误的价值观则对学习动机产生消极的影响。在当前社会生活中，存在着知识贬值的现象，很多学生认为，现在学好学坏没有什么大的区别，毕业以后还不知道干什么呢？另外，现在找工作，看的也不是单一的学习成绩，主要看有没有人、有没有钱。其次是来自于学校。学校是学生生活学习的场所。学校的校园环境、教学设备、课程设置、教学计划以及教师的素质等，都会对学生的学习动机产生影响。就目前而言，学校的教育体制改革还不够深入，从教学内容到方式上基本上还是传统的一套，教师讲课内容陈旧，跟不上社会的发展，从而影响了大学生的学习热情。例如，有一名同学在课桌上写道：“太阳当空照，学校是座庙，老师在念经，学生在睡觉。”最后来自于家庭。家庭是社会的细胞，是人类最基本的社会生活单位，是最重要的校外教育力量之一。家庭对学生学习动机的影响，主要是通过家庭环境潜移默化地进行的。家庭的经济条件、家长的文化程度和家庭规模是构成家庭环境的客观因素；家长的教育方式、期望程度和家庭气氛是构成家庭环境的主观因素。家庭环境的主观因素对学生学习动机的影响较大，其中尤以家长的教育期望和教育方式最为突出。

2. 内部原因

首先是心理上的自然松弛。经过高考激烈的竞争，一旦被录取了，从心理上便长长地松了一口气，加之进入大学后，学习又不那么紧张，新的目标还没有明确形成。其次是没有学习动机。近几年来，大学生受社会上不良思潮的影响，价值观越来越趋于实惠，表现在需求上就是越来越偏重“自我”、“实际”，甚至有的同学认为考取大学就等于端上了铁饭碗，就可以出人头地了，奋斗也就到此为止了；还有的同学认为成功是运气好，失败是运气不好；学习成绩不好是因为老师教得不好或老师出题太难，学习自然是对付。例如，一名同学在课桌上写道：“分不在高，及格就行，学不在深，作弊则灵，斯是教室，唯我清闲，小说传得快，杂志翻得勤，琢磨谈恋爱，寻思上网吧，无书声之乱耳，无复习之劳形，虽非跳舞场，堪比游乐厅，心理云‘混张文凭’。”

三、学习动机过强

有些大学生由于对自己的能力缺乏正确的认识，过高地估计自己，对自己的期望远远超出实际水平，而实际上又很难达到，因而造成心理上的不平衡和压力。由于心理压力过大，最后多半导致失败，而失败的体验往往会挫伤自信心，最终可能会使抱负和期望变得很低，从而使自己变得不求上进。

学习动机过强对大学生最大的影响是使大学生心理压力增大，从而难以专注学习，虽然说学习动机对学习活动起着推进、维持的作用，但这并不意味着学习动机的强度越大，效果就越好。学习动机作用于学习活动，有一个最佳水平的控制问题。动机之所以促进学习，是由于它能唤起、集中并保持学生的注意，使他们专注学习。动机缺乏，学习则不能专注学习，学习行为不会发生，即使发生了也不能维持。而动机过强，这种过强既可能是内部的抱负和期望过高，也可能是外部的奖惩诱因过强，都会使学生专注于自己的内部抱负和外部奖惩，而不能专注于学习，从而阻碍了学习。

四、学习过度焦虑

在大学生中，学习过度焦虑是比较常见的，主要是由于一些大学生在环境的影响下，形成不恰当的学习目标和抱负，如把学习的好坏与自己的尊严、形象联系得过于紧密，千方百计想通过学习来保护自己的自尊心不受伤害。但自信心又不足，学习方法不当，心理压力很大，就会产生学习过度焦虑。例如，有一名女同学，高考时以超出重点线很高的分数来到某所学校，但入学后，她感到教学内容多，进度快，学习很吃力，特别是高等数学，上课时老师不停地讲，前面的内容还没完全听懂，后面的又接踵而来，

她非常担心期末会考不及格，从小学到高中毕业，还从来没有这样的困境，要是考不及格，怎么向父母交代，脸往哪儿搁？所以她感到在学习上的压力很大。这个例子是一个比较典型的学习过度焦虑，由于过度焦虑，使一些学生在学习中不能正常发挥心理效能，注意力难以有效集中，在问题面前显得呆板固执，尽管花费了大量的时间和精力，但学习效率很低，有些同学为了减轻学习焦虑，对学习采取回避、退缩的态度和方式，逃避、害怕、厌烦学习和考试。

五、学习心理疲劳

学习心理疲劳表现为注意力不集中，思维迟钝、情绪躁动，记忆力下降、学习效率不高，并有失眠症状的出现。学习心理疲劳在大学生中并不少见，在心理调查中，很多同学反映记忆力下降、注意力不集中、急躁等都与心理疲劳有很大的关系。造成学习心理疲劳的原因是多方面的：

(1) 由于在学习活动中，不注意用眼卫生，学习内容长时间过于单调或生活中缺乏劳逸结合。

(2) 学习内容难度较大，学习过于紧张，使大脑神经持续处于高度紧张状态。

(3) 对学习活动缺乏兴趣，有厌烦、畏难情绪。

(4) 由于受到其他因素的干扰，学习中情绪低落，从而导致大脑神经活动处于抑制状态。

六、应试心理偏差

(一) 考试焦虑和怯场

在生活中，我们常常见到这样的同学，在即将考试或考试过程中，紧张、恐惧、思维迟钝、记忆力下降，甚至会引起生理上的不适，像腹泻、失眠、恶心等，严重的甚至在考试中突然晕倒在考场上，这都是考试焦虑和怯场的表现。造成考试焦虑和怯场的原因主要有以下几个方面：

(1) 动机超强。对考试成绩要求很高，把分数看得很重，在这种强烈的动机促使下，造成精神极度紧张，过分担忧自己考试的成败，而进入考场后，一旦真的遇到难题，便联想万千，从而影响了考试的正常进行。

(2) 缺乏自信。有些同学因为种种原因曾经历过考试失败的打击，在心理上形成了失败的定势，总是怀疑自己的能力，担心考不好，于是打破了心理的稳定性，分散了精力，从而影响了考试水平的发挥。

(3) 身心过度疲劳。一方面，作为正常的考试已使自身在体力和体能上有所消耗，考试本身就让人有一种压力感和紧张感，所以，每当考完最后一科时，都会长长松一口气，甚至有人高呼“总算解放了。”另一方面，是人为的紧张因素，为了能考得好，拿高分，有的同学打乱了以往的生活规律，夜以继日地学习，使得身心极度疲惫，因而产生负诱导，在考试中，由于紧张，负诱导的作用便出现了，明显感到记忆力下降，本来已经背过的或做过的题就是想不起来了，心里非常焦急，越焦急就越加强了负诱导，越想不起来越焦急，从而影响了正常水平的发挥。

（二）作弊心理

作弊这种行为在高校的考场上是颇有市场的，每一次的考试，总会有人不惜以身试法，每一次的考试前，学校附近的复印店异常兴隆，每一次考完试，从考场一直到宿舍遍地是纸条，据调查，在考试中有作弊行为或作弊心理的同学占考试人数的50%以上。作弊者一般有以下几种心态：

（1）由于学习动力缺乏而“混日子”的学生。有的学生平时不学习，把主要的精力全都放在从事各种活动或上网、看小说，考前又不想费力，所以把心事就全部放在作弊上。

（2）平时学习比较用功，把分数看得很重的学生。有的大学生非常好面子，唯恐自己的分数比别人低，拿不到奖学金，不惜铤而走险。

（3）偶尔为之。有考试焦虑和怯场的同学，本来准备得很充分，却因过度紧张而想不起来，怕影响成绩，再加上看到很多同学在作弊时并没有被抓，所以，心里就想，豁出去了，就这一回，下不为例。

总之，不管出于什么心态和何种原因，作弊者的目的是一致的，就是得到自己所期望的分数，起码及格，力争优秀。所以，在这个目标的驱动和侥幸心理的支配下，选择了一种错误的行为方式。

七、习惯性自暴自弃

习惯性自暴自弃是指个体连续经受到失败，体验到行为后果与行为无关而产生的一种无助心理和从此放弃努力的行为缺陷。

大学生习惯性自暴自弃产生的原因主要有两个方面：一是所经历的失败次数。如果在生活中经受的失败太多，或长期的努力没有结果，就容易使人自暴自弃；二是控制点的特征，即对影响自己生命与命运的那些力量的看法。具有外控特征的人，即认为自己主要受命运、机遇和别人的控制，认为行为的结果是自己不能控制的，在经历几次失败后，就会变得自暴自弃。

大学生自暴自弃现象，有可能局限于某一具体课程领域，也可能扩大到较大的学习范围和较多的科目。这类大学生在面对问题时，往往反应降低，甚至会自动放弃，同时还极易产生动机、认知情绪障碍，妨碍新的学习，影响成绩的提高。

※ 阅读资料

还是教授想得妙

某单位举办讲座，邀请北京大学的一位教授给全体管理人员讲授“企业的可持续发展战略”。在讲授之前，教授给大家出了一道有趣的思考题：“很远的地方发现了金矿，为了得到黄金，人们蜂拥而去，可一条大江挡住了必经之路，你们会怎么办？”

一石激起千层浪，会场上顿时热闹起来。

有的说：游过去。

有的说：绕道走。

但教授却笑而不语。

良久，教授才严肃认真地说："为什么非要去淘金，为什么不可以买一条船搞营运，接送那些淘金的人，这样照样可以发财致富！"

全体愕然。

教授接着说："人们为了发财，即使票价再贵，也心甘情愿买票上船，因为前面就是诱人的黄金！"

大家茅塞顿开：是啊，为什么不能换一种思维呢！

第三节　高职大学生学习心理与学习能力

一、高职大学生学习心理及特征

准确、全面、客观地了解高职生的学习心理特征，是使高职生学习心理得以有效改善的重要基础。这是由高职院校教育、教学特殊性和高职生个人心理发展以及学习能力等多方面因素共同影响的结果。

1. 高职生学习的主要特点

和普通高校学生相比，其学习的目的、内容以及方式等都具有特殊之处。通过调查并进行分析和归纳可知，高职生学习主要有以下几个方面的特点。

（1）学习的目的具有职业性

根据问卷调查中的数据显示，超过 90％的高职生都选择了"为了好的事业和富裕的生活"的学习动机，这代表大部分的高职生在一入学就对自己未来所从事的职业有了一定的选择，其学习的主要目的是可以在将来更好地就业。高职生通过在校学习专业知识与专业技能，养成和未来岗位相关的职业意识、职业道德以及职业习惯等素养。

（2）学习过程具有实践操作性

从高职生学习的实际来看，仅仅依靠对操作技能的步骤进行死记硬背很难完成学习任务，只有在掌握了一定的理论知识与操作要领，同时进行反复练习以后才可以更好地促进操作技能学习效果的提升。这表示高职生学习的最终目的是要可以学以致用，因此在高职生学习的过程中，生产实践活动是其中最为重要的一个环节，要通过技术原理的运用，不断地提升自己的动手操作以及实践应用能力。

（3）学习内容具有专业性

通过调查了解发现，大部分学生都认为高职阶段的学习内容和高中阶段的学习具有很大的差异，对于专业知识基础以及技能的运用要求较高，这表明高职院校和普通高校具有十分显著的专业性差别，强调在实施一定文化知识的基础上开展专业技术教育，要求学生不但要掌握本专业的相关文化知识，而且要掌握基本的操作技能，进而使自己成为技术扎实的专业人才。所以，在高职生的学习过程中，具有十分明显的专业性特征。

（4）学习方式具有半自主性

从调查中可以了解到，大多数学生都是依靠课堂学习与实践课来学习，很少在课下进行巩固，大部分学生都是在考试之前才进行复习，很少有学生能做到课前预习与课后复习。应该说，高职生在学习内容的范围上更为开放，自我可以进行支配的时间也较多，在学习的过程中，学生可以通过产学结合，边学习边实践，这就要求其在学习的过程中要更为能动选取与自己相适应的学习策略和方法。只有这样他们才可以在面临问题与各种情境时能动地做出反应。但因为高职生心理特征具有局限性，无法具有较强的自主性，仍需教师对其监控与指导，所以其学习方式具有半自主性。

2. 高职学生学习心理的特殊性

作为与普通高等教育并行的独立教育类型，高职教育是将“培养具有一定理论知识与具有较强实践能力的技术应用型人才”作为人才培养目标，其发展主要是为了与社会对高层次技术型人才需求相适应。但是，从实际来看，受到社会对高职教育的重视程度，专业设置范围、加之高职院校盲目扩招等方面因素的影响，高职生的学习基础普遍较差，也是其成为与普通高校学生相孤立的高教系统当中一个特殊的教育群体。而从学校层面来看，其教育教学是将就业作为主导方向，因此其课程设置也以技术掌握，实践操作为主，对学生的有效应用知识的学习策略具有相对较高的要求。从高职学生而言，大部分都在17～21岁间，处于最为丰富和活跃的青年初期阶段，逐渐从不成熟向成熟过渡，独立性和依赖性、成熟和幼稚、不自觉和自觉相互交织和矛盾并存。尽管他们思维活跃，精力旺盛，模仿力较强，自我意识也明显增强，然而其自制力、自我判断以及自我决策能力则相对较低，很容易受到外部因素的影响。情绪情感不够稳定，易爆发、易外露、易走极端等，这些都决定了高职学生学习心理具有特殊性。

3. 高职学生学习心理的积极特征

（1）高职学生具有较强的求知进取欲。通过问卷调查结果能够看出，高职学生具有较强的求知进取的动机，动机强度仅低于物质追求的动机，具体表现在几个方面，有的同学是出于“为了充实和丰富自己的精神世界，从学习中获得美的享受”；有的同学出于“为了提高自己的素质，追求真知”；还有的同学出于“为了成才，发挥自己的潜能和价值”的动机。从学习动机调查来看，也有部分同学说明了自己最主要的学习动机，还包括“要扩充知识面，提高自身素质”“对知识的渴望以及成才的需要”“开阔视野、提高自身技能”“丰富知识、锻炼能力”等。尽管在具体的行为中很多高职生并未真的付诸实践，但是这些也表明了高职学生对学习本身有一定程度的兴趣和热情，对知识的追求和渴望较为迫切，这是构成学生内在学习动机最重要的因素，也是推动学生学习行为最根本最直接的动力特征。

（2）高职学生学习情感丰富，联想能力较强。通过个别访谈结果表明，高职学生在学习过程中有丰富的情感表现，学习效果较好时明显表现出快乐、满足等情绪情感，学习效率低时也容易表现出沮丧、失落等，这种丰富的学习情感有助于向教师及时反馈学生学习心理状态，以便教师根据具体情况调整学习过程的进度，完善教学内容并改善教学方法。此外，丰富的学习情感反应使得高职学生学习时大脑处于活跃状态，联想和想象能力较强，能够更直观地培养技术知觉，也有助于发散思维的训练，从而帮助学生有效应对不同情况，做出学习行为的调整。

(3) 高职学生学习自我效能感水平和过去相比有所提升。学习自我效能感是指个体对自身成功完成学业任务所具有能力的判断与自信。问卷调查结果显示，高职学生对自己学习行为及学习能力的自信心比以往有所增强，这将对学习效果起到明显的正面促进作用。调查结果表明高职学生学习心理特征与以往年度相比发生了一些变化，因此，对于高职学生学习心理发展水平的评价不能停留在原来的阶段，而应更多关注学生学习心理中较积极的特征，鼓励并帮助学生保留这些积极的学习心理品质，从而进一步开发潜能。

二、高职大学生学习能力及影响因素

(一) 外部影响因素

根据相关研究显示，学习能力不高的学生多数都是属于外控型，这些学生容易受到外界无关刺激的干扰，造成学习效果不佳，学习成绩不高。而学习能力较高的学生通常都属于内控型，他们具有较强的自控能力，可以很好地克服外界因素的干扰，能够集中注意力完成学习任务，具有较好的学习态度，学习动机明确，学习习惯良好，这说明学习能力的高低和学生自身能够很好地调节与控制外部环境具有密切的关系。本书通过问卷调查，以及对相关文献进行研究的基础上认为，影响高职生学习能力的外部诱因主要有学校因素、家庭环境因素、教师因素以及社会因素四个方面。

1. 学校因素

首先，因为职业院校的发展时间不长，生源质量普遍不高，大多数的家长以及学生都觉得职业院校的教学相对较差，一旦进到了职业院校，或许就无法再接受一流的教育或考进名牌大学，这在无形当中使得学生的心理受到了打击，学习激情与自信心受到影响。从当前来看，职业院校中的青年教师大部分都是普通高校或是职业院校的应届毕业生，虽然具有比较全面的专业知识，然而他们之中的大多数都是直接从学校到学校，缺少在企业工作的经验和经历，专业技能操作水平也不高，这就使得对学生培养的质量受到了直接的影响。而学校所需要的“能工巧匠”又难以引进。其次，因为职业院校中的很多专业教师都是技术专业毕业的，没有接受过正规的教育和心理学培训；还有的专业教师是半路转行，从文化课教师转变成了专业课教师。真正的既有专业知识，又具有专业技能，同时有企业工作经验，受过系统的教师教育学、心理学培训的专业课教师少之又少。因此，高职院校普遍存在着严重的技能教育和心理教育相脱节的现状，尤其在民办院校更为突出。这就导致很多老师在对学生心理以及学习能力的指导上方法有限。另外，有些职业院校在专业设置上整体较差，专业设置老化，教学计划不能及时更新，有些专业课程设置过细、重复，不能满足社会发展的需要，很多知识在以后的工作中很少能用上，而真正有用的却没有学到，导致很多学生丧失了学习的积极性。最后，部分高职院校的教学资源不足，尤其是民办高职院校尤为突出。教学资源是实施教学的必要而直接的条件，包括教材、教师、多媒体、实验实训设备等。然而部分院校的教学资源欠缺，特别是实验实训设备，仅能满足少数学生动手的需要，导致实验实训课上很多学生无事可做，这也是高职学生动手能力无法提高的重要影响因素之一。

2. 家庭环境因素

家庭对于学生的影响也是不容忽视的因素之一。家庭是孩子成长的摇篮，可以说孩子的身体发育、知识的增长、智能的培养，尤其是品德的陶冶、良好行为习惯和个性的形成等，首先是在“家庭”中获得熏陶与启迪的。现代社会的教育目标是让每个公民获得终身教育，现代教育具有长期性、持久性。而学生在步入社会之前，超过一半的时间是在家庭中度过。即便是步入社会，每个孩子也不可能不受到家庭的影响。可以说，家庭对孩子的影响是终身的。然而，很多家长受教育的时间和年限比较短，有的甚至没有上过学，造成家长不能够和 90 后的一代很好地沟通和交流，不能够及时、正确地发现和纠正学生所犯的错误。很多父母忙于工作，没有时间和精力关心和陪伴学生，很少关心学生。有的父母对孩子希望过高，有的父母觉得能学多少是多少，还有父母抱着无所谓的态度，学不学没关系，只要在学校别惹事就行。这些对于孩子学习能力的提升都带来了阻碍作用。

3. 教师因素

第一，因为高职生普遍存在知识基础较差的客观实际，教师在课堂教学中很难施展，学生不配合教学活动，教学工作开展得非常吃力。一节课下来，教师筋疲力尽，而学生最后也没学到多少知识，因而教师便失去了成就感，觉得付出的心血难有回报。久而久之，教师工作便没有了动力，慵懒、厌教的情绪随之产生。第二，因为受到工作的压力和时间的限制，很多老师没有时间或没有动力去继续深造学习，结果导致自身的知识结构随着时间的推移出现了“断层”，掌握知识不能及时更新，无法与现代化教学适应，满足不了学生发展的要求。

4. 社会因素

尽管近年来政府大力发展职业教育，给职业院校的发展带来了一定的机遇，然而职业院校普遍存在社会认可度不高、招生困难的难题，主要原因是职业学校培养的毕业生质量与社会的需求还有一定差距。而导致这一现状的重要原因就是职业院校学生的学习状况不甚理想。

（二）内部因素

任何事物的发展都是内因起决定性的作用，学生自身的素质特点是影响学生学习的主要因素。对职业院校学生学习能力起到影响的内部因素就是指学生自身存在的因素的影响，例如学生自身的智力因素、入校前的知识基础、学习动机、学习兴趣、学习态度、学习习惯以及学习方法、对知识的应用、实际操作能力等方面因素，都会在很大程度上影响学生学习能力的发展。

首先，职业院校学生是中考和高考最后一批录取的，学生的知识基础、学习能力、学习生活习惯等各方面都较差。

其次，学生学习态度和积极性较差。通过调查了解到，很多学生对于学习没有激情，对未来缺乏规划，人生目标比较混乱，抱着得过且过的学习和生活思想。很多学生缺乏自信，对于自身的学习不敢正视，久而久之，学生学习缺乏主动性，对于学习不抱有太大希望，产生厌学、逃学的习惯。

再次，学生缺乏正确的人生观和价值观。在教学过程中部分学生难以沟通，如果教师在做思想工作时没有把握好尺度，就很容易遭到学生的顶撞从而发生冲突。

最后，作为高中教育的延续，高职教育过程中学生依然有着较为明确的学习目标，同时多年的教育经历也使学生积累了一定的学习方法。但是由于无升学压力的影响，很多学生学习动力不足，在学习上不愿意投入更多的心思，遇到学习难题既不愿自己努力思考也不愿与老师进行沟通，自然很难养成良好的学习习惯。

三、学习心理视角下高职大学生学习能力的特点

与普通高等教育相比，高职教育以及教育对象都具有一定的特殊性，如果在教育的过程中忽略了这种特殊性，就会使教学体制难以科学的发展，很难真正找到适合高职学生学习能力提升和发展的有效举措。因此，要促进高职学生学习能力的提升，首先就要了解高职学生学习能力具有的特点。就学习心理视角而言，高职学生的学习能力具有的特点主要有以下几个方面：

（一）从学习目标上来看，学生受到理想信念和学习现实同一性迷失的心理危机挑战

从年龄上来看，高职学生通常都处在17～21岁间，正处于心理发展的自我同一性时期。经历过高考迈入高职院校，学生不仅要进行专业学习，还新增了升学的压力，这一阶段的学习是对前一阶段学习以及自我进行整合与调整的新阶段，是对自我进行反思，进行选择，对责任进行承担，把握机会的重要生涯决策的阶段。在这一时期，最为核心的目标就是要通过学习专业知识，对职业知识以及社会知识有所了解和掌握，对自我有清晰的认识，能够准确对自身进行定位，为将来的职业发展奠定基础，做好准备。然而，在此过程中，学生会收到理想信念和学习现实同一性迷失的心理危机的挑战。因为高职生普遍存在文化基础较差、缺少学习的内部动机，学习十分散漫，积极性较低，课堂上常常出现纪律性不强，甚至行为不当的现象。

（二）在理论学习和实践学习的二元性统一上缺乏

职业教育是职业性和教育性两者的统一，自然应该将理论和实践的统一作为基础，实施以实践作为导向的能力本位教育。高职学校学生能力的发展与形成是高职生通过主客体的相互作用在学习的过程中逐步构建而形成的，同时也是在获取以及积累知识、技能以及规范等个体经验基础上，利用对学习进行的迁移，对所获取的经验进行系统与概括而形成的，而更高层次的能力则是在原有能力的基础上不断形成和发展起来的。知识是能力构成中必不可少的构成部分，是个体活动开展的定向工具；技能是能力构成中的基本成分，在个体的活动中可以起到对执行进行调控的功能；规范则是活动实施的准则和标准。在个体能力素养的形成上，三个方面相互制约又相互联系，既不能彼此替代，也不可以削此废彼。职业教育是知识、技能与行为规范三者的统一，尽管专业技能十分的重要，然而理论知识的学习也不能缺少。就高职学校的生源来看，学生的知识底子十分的薄弱是客观存在的，然而学校不能由此就给学生扣上形象思维的帽子，对文化课乃

至专业基础课进行削减，不能片面地追求短平快，不能急功近利地培养学生掌握一技之长。

（三）学习方式比较单一

对于企业来说，学习最为基本的方法所采取的是师徒进行传授的方式，其最为主要的目的是让学徒掌握一门技术，这对于培养高技能人才具有非常重要的作用和价值。不管是非正规的培训，还是比较正规的学校教育，其学习方式都是要遵循学习规律进行模仿，强化记忆和练习。而随着科学技术的快速发展以及管理方式的创新，不但要求劳动者应该掌握岗位所需要的专业技能，同时还要掌握认知技能、社会能力以及生涯规划以及资源管理等可持续发展必须具有的学习能力。一个具有丰富知识、精湛技艺、成熟心智，且具有学习潜力，了解应该采取哪种经验以及在什么地方、什么时候来对工作情境以及学习当中存在的问题进行解决的学生，其所采取的学习方式一定具有社会文化性，能够进行自我调节的有意义学习，具有比较清晰的生涯目标，能够丰富灵活地运用规范的知识、技能学习策略。然而，从当前我国高职院校学生的学习实际情况来看，其学习方式还比较单一，主要体现在以下三个方面：

(1) 在学习理论知识方面，大部分学生都不愿意学，有些学生认为到职业学校就是学习技能，理论知识的学习毫无用处；还有的学生死读书，首选的学习方式就是进行记忆，有时甚至成为其唯一的学习手段，缺少比较高级的策略，例如组织策略、反思策略、概括以及问题解决策略。而很少会对自己的学习进行反思，不能利用框架图、列提纲，对要点进行提炼等方式对学习内容进行整理，不能够进行批判性的学习，趋向于对问题全盘接受，不会应用目的策略对问题进行分析和解决。

(2) 在技能学习上，在校企合作、工学结合深入推进的人才培养模式下，很多高职院校对于实训基础建设以及实习管理越来越重视，学生受到系统性的专业技能培训的机会也越来越多，社会实践以及实际操作的机会也越来越多，可以很好地采取一些基本的学习方法进行工作过程或是任务式、项目式的课程学习，然而在不少高职院校确实还存在实习与实训等实践教学没有依照学习规律进行设计，学习上也停留在形式表面等问题。

(3) 在对学习资源进行管理上，因为缺少足够的自我调控能力，加上受到不良环境因素的干扰，大部分高职生在对学习资源的有效利用和安排上常常表现出被动性与无助感。

四、学习心理视角下高职大学生学习能力提升的途径

作为职业院校教育教学活动主体的学生，其学习心理状况是影响教学及学习效果的主要因素之一。目前高职院校学生学习过程中普遍存在厌学、自卑、学习动机不高、学习自我效能感低等心理问题。为了提高教学质量，高职院校应注重在结合专业特色的基础上，对学生的学习心理特点和发展规律展开深入研究，必须遵循心理学的规律，以便更好地改进教学方法、改善教学效果，提升学生的学习能力。作为一项科学系统的工作，学习能力的培养不能只是依靠主观的经验，或者是简单对一些教育理论或是原理进

行套用，而忽视高职院校学生的学习实际以及学习能力特征，粗劣简单的进行学习方法或是学习策略的讲授，而是要对教学系统进行优化，进而不断促进学生学习能力的提升。基于此，本书认为从学生的学习心理角度出发，职业院校学生学习能力提升的策略主要可以从几个方面着手。

（一）转变教育观念，重视对学生终身以及创新学习能力的培养

从发展心理的视角来看，高职学生的认知正处于形式运算思维发展阶段，在此阶段，随着个体差异的存在，背景知识的不同以及任务的变化，形式运算思维能力也会随之发生改变。虽然因为教育方式不当、家庭和社会环境以及学生自身长期所具有的生理因素，都会导致学生出现注意力不集中、学习能力低下，甚至学习障碍等问题，然而这并不是无计可施，最为糟糕的是进取心、自信心的缺失。就当前信息化发展，技术推广以及管理创新等对人才的要求，加之职业院校学生就业专业不对口，岗位稳定性较差等实际情况来看，尽管教育无法给学生提供所需要的所有经验，然而却可以给学生打下可持续发展必备的知识理论基础，让其具有可持续学习的能力，因此，作为高职院校来说，一定要转变观念，重视对学生终身以及创新学习能力的培养。

（二）激发学习动机，认识和强化学习兴趣

1. 激发学习动机

学习动机是激励、推动以及指引高职生进行学习活动的强大动力和内在原因。学生的需要，对学习的认识、兴趣、信念和目标等都是影响学习者学习动机的重要因素。课堂教学应尽可能提高学生的学习动机。首先，教师要通过巧设悬念，让学生在设定好的情景当中激起学习新知识的欲望。在这一方面，教师可使用多种教学媒体等现代信息技术手段让教学内容呈现方式多样化，促进提高学生对学习内容的好奇心。其次，在教学的目标的设定要具有一定的挑战性，让学生通过努力才能实现，以提高学生学习的自我效能感。再次，要激发学生的成就动机，提高其内心体验。成就动机直接影响学生的学习毅力。它是学生学习动力永不枯竭的主要保证。学生学习情绪积极健康，对成功的期望估计比较高，而成就动机弱的学生则相反，他们对成功没有多大的追求，反而害怕失败，畏首畏尾，焦虑程度高，对未来成功的期望估计偏低。高职学生学习基础相对比较薄弱，自身接受新事物的能力不强，可能在某些时候达不到任课教师的要求。根据激励理论的观点，这时候老师应该对学生多以激励、鼓舞为主，增强学习的自信心，降低学生对于学习的恐惧感，引导他们学习；而对于获取较好成绩的学生来说应该予以及时的鼓励，以增强学生在学习上的自尊心与自信心。此外，如果只注重学生成绩的提高，忽视了其他方面的发展，学生的积极的情绪体验就会消失。所以，学校应该采用各种途径和方法不断创造条件提升学生积极情绪体验，不断催生学生成就感和满足感。最后，教师应该适时的对学生的学习进行评价，指导学生对学习结果进行合理归因，充分利用反馈信息，调整教学进程和要求，激励不同层次学生参与学习的积极性。最后，教师要强化教学互动，重视和学生之间的情感交流，激发学生的学习热情，强化学生的学习动机。

2. 认识和强化学习兴趣

正所谓“兴趣是最好的老师”。当人们从事与自己兴趣一致的学习活动时便感到轻松和愉快，反之则容易感到烦躁和疲劳。所以就职业院校而言，要提高学生的学习能力，必须强化学生对本专业的了解，通过多开展本专业发展前景的专题讲座活动，多介绍本专业学生毕业后成才、创业的优秀典范，或者聘请已取得成功的毕业生回学校做回访讲座，讲他们的奋斗经历，或者聘请行业企业的专业人才和能工巧匠到学校担任兼职教师，逐步加大兼职教师的比例，逐步形成实践技能课程主要由具有相应高技能水平的兼职教师讲授的机制等，使学生可以在学习的过程中，真正看到企业的实际需求，明白自身在学校期间努力学习理论知识和专业技术的必要性等，从而不断提高学生的学习兴趣。

（三）强化对学生进行生涯辅导，提升其对学习的自我调控能力

高职学生内部学习动机缺少稳定性，最为主要的原因就是缺少清晰的职业生涯发展方向，导致其缺乏明晰的学习目标和足够的学习后劲。从当前来看，把专业课程的教学和生涯辅导进行紧密融合，在专业知识和技能学习中进行生涯教育的渗透，是一种有效且可行的方法。具体来说，在制定专业教学标准时应该在帮助学生对自身的个性特征、兴趣、价值观以及职业取向、学习方式有所了解的基础上，考虑学生的专业特点、继续学习的领域以及工作要求，选取适宜学生发展的生涯道路，进而帮助学生树立客观积极的学习理念，对其生涯发展所需的各种素质进行发展。例如，可以利用职业生涯规划决策技术（CASVE 循环）进行技能辅导，对高职生的自我认知、规划以及引导和抉择等进行自我调控能力以及负责人态度的培养，进而使学生意识到当前的学习和未来发展的密切关系，从而更好地调动其学习的积极和主动性。具体来看，职业院校可以从以下方面强化对学生的生涯教育。

1. 在尊重学生心理需求的基础上，坚持个体辅导与团体辅导相结合

很多教师对于团体职业生涯辅导都非常的痴迷，认为团体辅导过程不仅场面比较大，而且很有气势，效果也肯定较好。实际上，通过调查表明，不少同学对于团体辅导，例如听报告或是开大会等方式十分的厌倦，结果导致出现“上面大讲，下面小讲”“台上热烈，台下沉闷”“堂上唾沫横飞，堂下短信连连”“台上激情昂扬，台下不以为然”等状态，还有的同学甚至在下面睡觉、谈恋爱。由此可见，这种广谱式的职业生涯辅导教育对于职业院校的学生所起的作用微乎其微，还有可能造成学生的反感和麻木。而与团体辅导相对应的个体辅导也不适合过度使用，因为当前职业院校的学生数量较多，所以都进行单独辅导也不现实。同时有些比较胆小、羞怯的同学真到了面对面进行交流时，就不知道该说什么了。所以，就职业院校而言，在学生职业生涯辅导的实践当中，可以先进行调查，再结合调查的结果将兴趣或爱好相似，或是对未来有着相似规划的学生放到一起。这样所开展的辅导就具有了针对性，而且因为规模小也容易控制，容易对效果进行量化观测；同时也能够避免单独面对面的师生交流为某些学生带来的心理压力。

2. 对辅导平台不断地进行充实和完善，调动学生的积极性

一直以来，很多职业院校职业生涯辅导教育都采用的是教师讲，学生听，或者开会动员的方式，效果比较差。实际上，对于职业院校学生的职业生涯辅导来说，可以采用很多载体。首先，教师可以多搜集身边真实感的事例，尤其是身边已经毕业的校友如何进行个人的职业生涯规划，在面对挫折的时候，屡败屡战、最终取得成功的例子，将其制成感性直观的图片、音像等形式的教学材料，形成“案例库”；其次，学校可以通过举办“个人职业生涯规划大赛”，对于优胜者或者有明显可行性和创新性的规划设计要给予物质和精神的奖励，以此为平台激发学生科学合理的去为自己的职业生涯规划做设计；再次，通过吸引各企业管理人员来校讲学、派学生利用假期深入各企事业单位顶岗实习、开展企业-学校联谊活动等都可以作为大学生接触社会、明确个人未来发展方向的载体；最后，教师可以在课堂教学中开展情境教学，在课堂上模拟各种真实的就业场景，比如面试、招聘，如何投递简历，以及就业中所涉及的各个环节的礼仪和用语等。然后在模拟面试的现场，由学生和老师一起给表演者打分，最终确定优胜者。通过这种真实的场景来让学生感觉到职业生涯规划的重要性，并从中发现自己的问题，以更加有针对性地去解决问题。

3. 对课程设置与辅导体系进行完善，构建完整的职业生涯规划思路

从职业院校当前职业生涯教育的实施来看，很多学校采取的是“快餐式”的辅导，即在临毕业前给学生讲讲职业生涯规划的重要性，让学生了解一下各地区的就业特点，怎么才能更加准确地为自己的个人发展定位等。甚至还有些学校把职业生涯辅导当成了提供就业岗位信息的平台，一到了辅导的时候，教师就开始搜集一些就业或者招聘信息给大家读一读了事。但实际上，职业生涯辅导是一个系统的过程，涉及的是一个人对自己从人生定位到目标的设立，从发现问题到解决问题，最终为自己设定一个合理发展方向的工作。基于此，学校应该对课程设置和辅导体系进行完善，构建完整的职业生涯规划思路。学校在课程设置时可以把《大学生职业生涯规划》和《大学生就业创业指导》课程作为平台，把学生整个学习过程的职业生涯规划辅导串联起来，形成一个体系。从新生入学开始，就要开设《职业生涯规划课程》，并结合学生自我认知、自我了解，对未来的规划等一些初步的工作来引导学生进行职业生涯规划，这样既能帮助学生正确地认识自我，深入的剖析自我，同时也可以帮助学生进行正确的专业认知，增强学生学习动力。到二年级后，要促进学生通过各种方式不断地把职业生涯规划的意识融入学生的学习、生活中去。并可以结合各门专业课，有意识地渗透进去职业生涯规划，并逐步通过各种面对面、群体辅导等方式，提高学生的就业能力。尤其是要融入一些真实场景模拟的就业招聘会、面试等，有针对性地给学生心理提供一个适应过程。

（四）对教学系统进行优化，促进学生学会学习能力的提升

对高职生进行职业生涯的辅导，无法让学生学会学习，而对教学系统进行优化却是对问题进行解决的关键。一直以来，职业教育教学活动以及教学改革都将学生素质以及效能的提升作为中心，然而其逻辑起点却通常都是外在的专业要求，而对于学生学习能力以及生涯发展则比较忽视，导致学生的专业兴趣不高，学习受到影响。因此，作为高职院校来说，要对教学系统进行不断地优化。

1. 科学的设置专业教学标准以及课程内容

作为与普通高等教育并行的独立教育类型，高职教育是将“培养具有一定理论知识与具有较强实践能力的技术应用型人才”作为人才培养目标，其发展主要是为了与社会对高层次技术型人才需求相适应。但是，从实际来看，受到社会对高职教育的重视程度，专业设置范围、加之高职院校盲目扩招等方面因素的影响，高职生的学习基础普遍较差，也是其成为与普通高校学生相孤立的高教系统当中一个特殊的教育群体。而从学校层面来看，其教育教学是将就业作为主导方向，因此其课程设置也以技术掌握，实践操作为主。基于此，高职院校在对专业教学标准以及课程标准进行制定时应该进行系统的思考，不但要考虑专业对于人才的总体要求，还要考虑到学生当前的发展状况，同时还要考虑课程内容设置的形式和要求和学生现有的发展水平相适应，不但要使学生学习的需要得以满足，还要让学生能够达到课程目标。当前，绝大部分高职生都不愿学习文化课和专业基础课，这在一定程度上是由于课程内容的选取与学生当前现有的发展层次具有较大的差距，学生在必备的经验基础上比较缺乏。所以，在对课程内容进行选取时，要充分考虑到学生已有的经验和知识基础。

2. 改革教学方法，教授学生必要的学习方法

在教学当中，不仅要对教学方式进行改革，同时还要教给学生必要的学习方法。要灵活地应用情境教学、角色扮演、小组合作、项目教学、信息化教学以及实训等多种教学方法，对教学方法进行创新，进而使学生的学习积极性可以得到激发，积极地投入到学习活动中来。例如，在技能学习过程中，要重视实践教学所具有的原型定向功能，根据情景导向、过程导向以及效果导向原则来实施教学。在过去的学习当中，大部分学生对有效的学习方法知之甚少，所接受的相关训练也不多。因此，教师可以在日常的教学当中强化对学生相关知识、技能以及学习方法方面的训练和指导，促进认知加工能力的提升。例如，在理论知识学习的过程中的图式策略等；技能学习当中的操练策略等。要通过对教学规律进行研究，改进教学方法和教学手段，激发学生学习的兴趣，调动学生学习动机，培养学生的学习能力。“知之者不如好之者，好之者不如乐之者。”学生有无学习习惯，能否自发自主学习与学习兴趣有着很大的关系。学习兴趣是学生积极认知事物与活动的倾向。人对某种事物一旦发生兴趣之后，就会优先并且愉快地去认识这种事物。同样，教学一旦引起学生的兴趣，学生的学习积极性就会大大提高，进而可以提升学生的学习能力。

3. 强化学习资源建设，促进学生对学习资源使用与管理能力的提升

优质丰富的学习资源、先进的现代化教学条件等对于学生学习能力的提升具有非常重要的价值。从高职院校的实际来看，由于种类不丰富、质量整体较低、数量不足等客观因素的存在，加之对学生期望过高，学生学习方式被动消极等主观因素的存在，都导致高职生不能充分的利用学校提供的各种资源。所以，作为高职院校来说，一定要强化学习资源建设，促进学生对学习资源使用与管理能力的提升，例如要重视图书资源、实训基地以及技能教室等硬件建设。

4. 重视多样化评价方式的结合

在教学的过程中，高职院校要转变仅重视技能大赛以及考取职业资格等表现性与

终结性评价，同时还应重视对学生的学习过程以及学习能力的评价。教师可以通过多媒体设备，成长档案袋等方式方法，对学生的学习活动以及过程，例如学业成绩、实操测评以及认知能力等进行客观全面的评价，从而准确的了解学生学习能力的发展状况。

（五）对学生的学习能力以及学业水平进行诊断和监测

学习能力低下不但受到学生自身生理的影响，同时还包括学习方法、知识基础以及学习环境等方面因素的影响。因此作为教育人员来说，既不可以单纯地依靠经验随意下结论，也不能轻易对学生进行放弃，而是应该对学生的身心健康情况以及学习质量进行准确的诊断，对其学习能力影响的相关因素系统、深入、全面地进行监测，这是高职院校实施教学改革，开展教学活动的基本点。在这一方面，要结合当前职业发展、终身学习以及社会适应等大环境，对监测标准进行拟定，编制出适宜高职院校学生实际，能够客观的对高职学生学习现状进行考察的规范且科学的学习监测工具，进而能够有针对性地对高职学生学习能力的培养方式进行探讨。

（六）培养和增强学生自我认知度和自我效能感

良好的自我认知和高自我效能感是提高学生学习动力的助推器，也是学习动机得以改善的关键。首先，学生在学习上是否具有强烈的学习意愿来源于其是否具有较强的成功动机，所以提高学习能力的起点是激发学生的成功动机。通过刺激成功欲望或是弱化负增强作用，都可以起到成就动机的作用。成功动机的增强有两条途径：一是人的成功欲望的高低取决于对行动结果的需求程度，也就是有无明确的很有诱惑力的行动目标。一般而言，一个人拥有的目标越具有诱惑力，越明确，那么他的成功欲望就会越强。在传统教育中，树立目标多是从国家、集体、组织等“他人”的需求出发，很少鼓励学生从自己真实欲望需求出发而定位，结果学生所意识到的学习目标仅仅是教育者愿意听到的，而不是自己内心的真实欲望需求，这样在实际行为中并不能起到激励作用。学习目标只有真实体现个体内心欲望需求而且预期利益明确，才具有呼唤个体潜力的作用。因此，只有增强学生的自我认知度，才能让学生更好地找到学习目标，增强学习能力。从学生学习目标上来看，主要包括自我需求、生存需求、职业需求三个角度。自我需求是指目标一定要体现自己内心深处真实的愿望；生存需求是指要让学生构想自己满意的未来生存状态，分析为了实现这种状态需要学会什么；职业需求是指让学生明确与现在专业对应的职业有哪些，自己真正感兴趣并擅长的职业是哪个，为了干好这个职业需要学好什么。根据相对心理向度理论，个人成就动机会随着多次的成败经验有所调整。职业院校学生之所以成就动机低下，是因为受到以往学业上一些失败经验的影响，形成负增强作用。为了改变这种负向度，必须增加他们在学业上的成功经验，减少失败经验。因此，多表扬、少批评，增强正面的促进作用，以调整学生成就动机的状况。二是注意引导学生对学业失败进行正确归因，总结经验、增强信心，避免挫折可能导致的学生学习动机减弱。因此，培养和增强学生的自我认知度，增强正面的促进作用，对于学习能力的培养来说十分重要。

其次，自我效能感也是推动学生学习能力发展的重要方面。所谓自我效能感，指的是个体相信自己有能力完成某种或某类任务的程度，它是个体能力自信心在某些过程中的具体体现。具有较好的自我认知和效能感的学生，通常在学习价值的理解、任务的选择、学习策略的运用以及学习的自我监控等方面都会起到积极的作用。良好的自我认知不仅是对自己是否有能力进行学习的判断，更会影响到个人心理功能的有效发挥。自我认知度高的学生，更倾向于选择适合自己的、具有一定挑战性的学习目标，而自我效能感低的学生学习目标往往不符合自身实际，有时候学习上遇到困难更容易退缩、而不愿付出努力。所以，不断增强学生的自我认知度和自我效能感对于学生学习积极性的提高，学习能力的提升都起着重要的作用。

（七）强化和提升师资队伍建设水平

为了更好地促进学生学习能力的提高，学生素质的发展，加快提升职业院校师资水平也是必不可少的方面。这是因为教师自身的水平直接影响到学生的学业水平和学校教育质量的高低。学校里的教师是传播知识的关键，在提升学生学习能力的过程中教师也扮演着举足轻重的角色，因此重视对教师的教学方法及个人能力的提高是必然的要求。师资队伍的建设是职业学校建设管理中的重要构成部分，高素质人才的培养，需要高素质的师资队伍，建设一支素质优良、结构合理、专兼结合、特色鲜明、相对稳定的“双师型”教师队伍是职业学校的当务之急。因此，职业院校应该加大力度打造一支具有高水平、高道德的教师队伍，利用高知名度的教师队伍培养一批品学兼优的学生，进而提高学校的知名度。要加强教师队伍的建设，提升高职院校教师的学习能力、教育科研能力、创新能力等，这对于提升高职院校学生的学习能力至关重要。

1. 重视“双师型”教师队伍建设

尽管很多职业院校都在不同程度地进行“双师型”教师队伍建设，但由于目前政府就“双师型”教师队伍建设方面没有相应的、针对性的具体的政策法规，所以，大部分学校“双师型”队伍建设都是为了应付上级的评估与检查而从形式上做文章，缺少“双师型”教师队伍建设的长远的整体规划、政策规定及相应的建设措施；没有从职业教育的特点、本质去认识“双师型”教师队伍建设的紧迫性。此外，从当前职业院校“双师型”教师的培养上来看，普遍存在轻技能、重学历的问题。很多学校在教师技能提高方面，并没有制定出鼓励和支持的优先政策，很多学校都觉得具有“双证”就是“双师型”，很少重视对“双师型”教师素养能力进行培养。此外，部分专业课教师自身对于技能水平提升也不重视。如果没有这种对“双师型”教师队伍建设重要性的认识，教师本身就不可能朝“双师”目标努力，师资队伍的建设很难取得更大的提高。所以，职业院校管理者不能总是等着政府下文件，等着政府的号召，而应该主动对职业教育以及“双师型”教师队伍建设进行探讨和研究，充分意识到“双师型”教师队伍建设的重要价值，意识到“双师型”教师队伍建设的紧迫性与必要性。

2. 为“双师型”教师队伍建设做出全面分析、系统规划

“双师型”教师队伍建设是一项系统工程，职业院校“双师型”教师队伍建设要切合自身实际，有的放矢，必须根据自身发展需要，规划“双师型”教师队伍建设目标。

3. 构建完善系统的“双师型”教师培训制度

为了促进“双师型”教师的发展，各职业院校应该经常为教师提供学习和培训的机会，同时给予相应的支持。首先，学校应该制定“双师型”教师培训与继续教育制度，重视长期培训与短期培训的结合，校内培训与校外培训的结合，促进“双师型”教师素质的全面提升。其次，学校要确保教师每年有一个月的时间到企业进行学习锻炼，重视对“双师型”教师进行培养的重要途径之一。

4. 制定完善的“双师型”教师队伍建设激励机制

“双师型”教师队伍的质量提高，不但要通过证书以及资格等对其进行要求和规范，还要利用激励机制促进“双师型”教师质量水平的提高，使其可以转化成教师本人的内在需求。所以，作为职业院校来说，应该建立健全骨干专业教师的培养机制；建立健全教师继续教育和培训机制；建立健全培养名师工程计划；建立健全教师准入机制；建立健全自身培养人才机制。

5. 职业院校应该充分利用校企合作

第一，要让企业为教师提供专业实践的机会，有计划地选送中青年教师到对口企业进行专项培训或跟岗实践，培养教师的操作技能，学习企业的管理，让教师掌握真正的实践本领，熟悉学生需要“学什么”，而后才真正懂得自己要“教什么”，缩短校企之间的距离。第二，教师参与企业的项目开发或者带着课题到企业进行研究，既利于教师开展教育科研，又利于企业的发展。第三，职业院校可以聘请企业派出的技术骨干、工程师到学校辅导教师，指导教师掌握技能，传递产业发展的方向，传授企业管理理念、企业文化。第四，通过从行业、企业聘请行业专家和有经验的工程技术人员作为学校的兼职教师，返聘一些确有技术专长的职工，各职业或高级技师，充当技能训练课教师，直接给学生上课，学生会觉得这是企业的要求，是将来谋生和发展的需要，学习目的会更明确，态度会变得更认真。此外，也可以增大职业院校“双师型”教师比例，壮大“双师型”教师队伍。

6. 构建“五位一体”的过程评价机制

各职业院校要创新“双师型”教师评价机制，构建学生评价、专家评价、企业评价以及学校评价和自我评价相结合的过程评价机制。把考核的结果作为教师实施奖惩、职称评聘的重要依据。

总之，为了提高教学质量，高职院校应注重在结合专业特色的基础上，对学生的学习心理特点和发展规律展开深入研究，必须遵循心理学的规律，以便更好地改进教学方法、改善教学效果，提升学生的学习能力。基于高职生学习心理的特征以及学习能力的特点，考虑到高职生学习现状以及学习能力的现状教学质量的提高，高职院校应注重在结合专业特色以及学习心理的基础上，转变教育观念，重视对学生终身以及创新学习能力的培养；激发学习动机，认识和强化学习兴趣；培养和增强学生自我认知度和自我效能感；对学生的学习能力以及学业水平进行诊断和监测；强化对学生进行生涯辅导，提升其对学习的自我调控能力；对教学系统进行优化，促进学生学会学习能力的提升。

第四节　大学生学习心理辅导

从表面上看，大学生进入大学学习阶段以后，因为没有升学的压力和学习自由度的提高等方面的原因，由学习而带来的心理压力比高中阶段有所降低。但实际上，一方面由于大学阶段的学习任务的难度、高度、深度和数量增加，另一方面由于大学阶段进入专业学习阶段，客观上要求每个学生从学习策略和学习方法等各方面都需要有一种转型和改变，再加上大学阶段对大学生综合素质和学习能力的要求以及考试、考研、就业等竞争压力，使得大学阶段的学习压力实质上反而有所增加。

一、适应大学生活

（一）调整自己的方位

每个人在现实生活中，随着外界环境的变化，都要不断地调整自己的位置，使自身的需求和发展与社会的需求和发展相一致，这就需要我们尽快地调整自己，寻找自己在大学生活中的最佳位置。首先，要平定情绪，不要被一时的不适应吓倒。其次，尽快从高考后的失落、成功的陶醉和入学后的新奇中摆脱出来。最后，努力去探索大学学习的特点和规律，做学习的主人。

（二）培养自信心

大学是人才云集之处，自己过去的某些优势已不再那么明显，甚至不复存在，许多大学生因此而产生自卑感，对自身的智力产生了疑问，甚至失去了学习的信心，所以培养自信心是至关重要。如美籍物理学家钱致容在 1982 年参加南京大学校庆时，讲述了他在中学时期的一段经历，解放前社会风气很坏，很多学生不求上进，一位责任心很强的老师为了改变这种状况，就从全校 300 多名学生中挑选了 60 人组成了一个“荣誉班”，“荣誉班”的学生被告知，是因为他们的智商高，有发展前途而被选中的，所以，“荣誉班”的学生个个信心十足，严于律己，勤奋学习，结果这个班的大多数学生都成了有成就的人。后来有人问那位老师是怎样发现他们的智商比别人高、有发展前途的？那位老师说，并没有经过专门的选拔，是随机抽取的，最主要的就是培养和树立了他们的自信心。

（三）寻找最佳的学习方法

寻找最佳的学习方法，是保证学习顺利进行并取得良好效果的一个重要前提条件。大学学习的一个突出特点就是以自学为主，所以，围绕这个问题，大学生寻找最佳学习方法应在以下几个方面给予重视：

1. 阅读

大家知道，阅读是获取知识的必由之路，当今知识的更新与发展越来越迅速，以个

人的精力一切从头做起是不可能的。所以，掌握阅读的方法，特别是学习书本知识是十分重要的。牛顿曾有句名言：“如果说我看得远，那是因为我站在巨人的肩膀上。”所以，我们说阅读是至关重要的。但是，能阅读不等于会阅读，对于识字的人来说，都能阅读，但是大多数人不会阅读，区别就在于“能”阅读的人，读书只是个过程，把自己的头脑变成了名家、名著的复印机和保存室。而“会”阅读的人，能在书中找到有利于自身发展的智慧，并以此为基础去发挥自己的潜能。这正所谓“活读运心智，不为书奴仆。”

2. 积累文献资料

大学的学习既然以自学为主，那么，我们有一位非常好的帮手——图书馆。作为知识的宝库，也可以说它是一位无声的老师，每一位大学生都要与它多接触，成为它的朋友和学生，那么，如何充分有效地利用好图书馆呢？

（1）要提高我们的检索能力。前人云：“凡读书最切要者，目录之学，目录明，方可读书，目录不明，终是乱读。”

（2）做好索引和卡片。把有用的资料按自己的方式做成索引或制成卡片，一旦需要的时候，可以及时准确地查找到，这样，既可以节省时间，又提高了学习的效率。

（3）记好笔记。俗语说：“好记性不如烂笔头。”在记笔记的过程中，可以随时记录下自己当时的灵感和想法。有人说，好的读书笔记就是论文的雏形。所以，我们在阅读的时候要做到“手勤、脑勤”，要养成良好的习惯。

3. 科学运用时间

英国博物学家赫胥黎有一句非常有哲理的话：“时间最不偏私，给任何人都是24小时；时间也最偏私，给任何人都不是24小时。”其差异就在于能否合理和充分地利用时间。对于时间在学习中的价值谁都明白，但是，由于一下子从紧张的中学学习进入宽松的大学学习，一个明显的感觉就是时间特别宽裕，于是很多同学不知道如何开打发课余时间，加之个别同学目标不明确，干什么事情总会说“等明天再说”。那么，如何安排好时间呢？

（1）养成珍惜时间的好习惯。有人说，人的一生有三分之一的时间是在睡觉、吃饭和娱乐中度过的，而真正用在学习和工作上的也只有三分之一。所以，前人才会感叹“一寸光阴一寸金，寸金难买寸光阴”。

（2）要善于安排时间。要充分利用有限的时间多去学习和工作，要巧用时间，积少成多。

（3）丰富充实自己的生活。大学有形的学习只是其生活的一部分，我们还要善于从无形的学习中获取更多、更直接的知识和能力。要充分利用好休息日、节假日、寒暑假到社会实践中去发现自身的不足，努力提高自己。

二、提高心理效能

（一）增强学习动力

增强学习动力需要内外部环境共同来调节。从外部环境而言，需要有一种重视教育、重视知识、尊重人才的良好社会氛围和学校浓厚的学习、学术风气。这还有赖于社会的发展、教育改革的深入，但这并不是一朝一夕就可以达到的，因此，增强学习动力更需要自身的调节能力。

1. 确立明确的奋斗目标

大学生要根据大学学习的规律结合自身的特点，制定出新的奋斗目标，目标的确立要注意使个人目标与社会责任联系起来，要把近期目标与长远目标结合起来，只有这样制定的目标才有生命力，由此产生的动力才会强烈。

2. 培养学习兴趣

爱因斯坦曾说过："兴趣是最好的老师"。兴趣是人们将注意力集中于某一对象，并伴有喜欢、愉悦的感情体验的心理状态。大家知道，一个人若对一件事有兴趣，那么，他就会深入持久地去做。兴趣不是天生就有的，而是随着年龄和实践丰富培养和发展起来的。俄国著名的教育家乌中斯基说："没有丝毫兴趣的强制性学习，将会扼杀学生探索真理的欲望。"兴趣是求知的动力、热情的凝聚、行为的指向、成功的起点。所以，这就要求我们在学习中善于发现和激发自己感兴趣的问题，并由此深入其中，逐步地从中体会奋斗与创造的乐趣。学习兴趣的培养方法有以下几个方面：

（1）培养明确而强有力的学习动机。学习动机对学习兴趣的形成起着积极的促进作用，只有具备了明确而强有力的学习动机，有对知识的渴求和对成才的强烈愿望，才会对学习产生浓厚的兴趣。

（2）扩大知识掌握的深度和广度。知识的巩固和不断扩大、加深是导致兴趣产生的重要条件。大学生对某门课程的知识掌握越多、越牢固，产生兴趣的可能性就越大。大学生常有这样的感受：听懂了就有兴趣，听不懂就没兴趣，对专业的兴趣问题也是如此，对专业不感兴趣往往造成对学习不感兴趣，而对专业前景的了解，丰富专业的有关知识，就有可能逐步培养起对专业的兴趣。

3. 增强克服困难的毅力

有这样一则古代寓言故事，有一个人肚子很饿，于是他来到一家饼店，他吃完一张饼没有吃饱，再吃一张还是不饱，直到吃完第十张后，他打起了饱嗝，此时他非常后悔，他说："既然吃第十张饼能饱，为什么一开始不吃这一张呢？白白浪费了那么多钱。"这个故事告诉我们这样一个道理，这就是没有积累，就没有提高和飞跃，只有不断地进行量的积累，才能达到质的飞跃。所以，在学习中，要调动自身的积极性去克服各种困难，才能顺利地完成大学的学业。

4. 培养良好的注意力

注意力是知识的窗户，没有它，知识的阳光就射不进来。法国生物学家乔治·古维叶曾说过："天才，首先就是注意力。"那么。如何有效地控制自己的注意力呢？

（1）提高对注意力作用的认识。俄国著名的教育家乌中斯基曾把注意力比喻为"获取知识的门户"，这就是说要想获得大量的知识，进行创造思维，就必须最大限度地开放"注意"这一门户，高度集中注意力。

（2）要有不倦的好奇心。巴甫洛夫说："好奇是专注的第一要素。"要保持不倦，首先就要对所学内容不断地回顾和不断地发问，这样才能永保好奇和新鲜感。

（3）要有顽强的意志。注意力说到底是个人意志的一种表现，学习中的挫折往往是集中注意力的劲敌。因此，我们要有败不馁的精神，在困难时要冷静观察和思考，最后做出可行性的探索。

（4）要有健康的人格。注意力在我们的学习中起着重要作用，其他心理活动依靠注意力才能逐渐完善起来。如果没有健康的人格，很难控制注意力。爱因斯坦说："我的所为，就是想给我存在的祖国留一点属于我个人的东西。"显然，没有崇高的心志，就没有爱因斯坦的相对论。

（5）建立有效的学习规律。这里包括规划固定的学习时间，选择合适的学习地点，学习要劳逸结合、有张有弛。每天必须规定出一段时间来全神贯注地进行学习。在这段时间里，抱着坚定的意愿把注意力集中在一项学习任务上，肯定能明显地促进学习的进度。在选择学习地点时，无论是在学校还是在家里，学习的地点必须要舒适、安静、光线好、通风好、无干扰。要想使头脑保持清醒、精力充沛，生活就要有规律，不要搞疲劳战术。

（6）学会运用思维阻断法。人在注意力不集中时，常常会胡思乱想，及时阻断这种纷乱的思维对于提高学习效率大有必要。当纷乱思想出现时，把眼睛闭上，反复握拳、松开，使肌肉收缩，并同时对自己说"停止！"如此反复做若干次，可以帮助集中注意力。

5. 掌握记忆方法

记忆力是智慧的仓库。一些优秀人才的较高智能，是与他们具有很强的记忆力分不开的。然而在日常生活中，有的大学生常常因记忆力不佳而忧虑，有的同学在考试来临之前感到记忆力不够用，有是同学在考试时出现考前记住的东西，忽然间忘了。针对这些记忆障碍，我们要积极地进行化解。

德国心理学家艾宾浩斯的记忆实验证明，记忆与遗忘总是相对出现的，在记忆的同时，遗忘就开始发生。要保持最佳记忆，就必须克服遗忘。识记后的一个小时内遗忘速度最快，遗忘量最大，而后逐渐变慢。学习过的材料过了一个小时之后，记住的材料仅仅剩下40%左右，再过一天，会忘掉全部材料的2/3，六天之后只剩下5%左右。遗忘规律告诉我们，必须重视及时复习，从而提高学习效率。最好的办法就是趁热打铁，当天的功课当天消化。在复习时间上，对新学到的知识开始每次复习的时间要长一些，间隔时间短一些。

有些大学生认为记忆力好坏是天生的，因而不注意寻求记忆规律和技巧，致使学习效率不高，知识基础不牢。事实上，每个普通人都有强大的记忆力。现代心理学研究证明，目前，人的记忆力一般只发挥了全部脑机能的几十分之一或几百分之一。如果重视记忆，经常锻炼记忆力又掌握记忆规律和科学的记忆方法，人的记忆就会放射出奇异的光彩。下面介绍几种主要的记忆方法：

（1）目的记忆法。心理学研究表明，在所有条件相同的情况下，有意识记的效果比无意识记的效果好得多。因为记忆目的明确，使大脑细胞处于高度活动状态，大脑皮层形成兴奋中心而注意格外集中，接受外来信息显得主动，大脑皮层留下的痕迹也颇清晰、深刻。比如第二天要考试，当天晚上记忆效率就特别高，因为此时的记忆目的性很明确。所以首先要加强记忆的目的性。

(2) 选择记忆法。为了记忆有效，大学生还应对记忆材料有一定的选择，去粗取精，有重点有选择地记忆，这样才能扩大自己大脑的记忆容量。著名科学家钱伟长曾说过："一本书要能够读得它变薄，也要能由薄变厚。"这里的变薄，就是指要有选择重点识记，取其精华；至于变厚，则是指运用知识时要触会贯通、举一反三。因此，遗忘那些不需要的材料是一种积极的提高识记效率的方法。

(3) 过度记忆法。现代记忆理论认为，进入脑中的信息开始时是一种神经冲动的回路活动，经过一段时间以后，记忆痕迹才得以固定。在此过程中需要多次强化才能记忆牢固。所以要反复记忆。有实验证实，识记 50 个外语单词，反复次数在 4 次以内记忆效果一般，超过 4 次，记忆量就有一个突增，到 7 次时，差不多可以全记住。可见，适当的过度记忆，多反复几次，记忆效果大不一样。

(4) 联想记忆法。联想记忆是通过事物在时间、空间、性质、因果等方面的联系来帮助记忆。它利用事物之间的接近性、类似性、对立性、因果性等关系从一事物去回忆另一事物。如学习外语，就可以把同义词、近义词、反义词放在一起学，容易把这些词记住。

(5) 歌诀记忆法。歌诀记忆就是将有些记忆材料编成顺口溜，这样朗朗上口，易读易记。如把圆周率编成"山腰一寺一壶酒"等。

(二) 保持适度紧张

心理学的研究表明，适度的心理紧张是心理活动所需要的，它能有效地发挥智力水平，调动心理潜能，提高学习效率。

1. 提高学习的紧张度

我们要有意识地脱离沉浸娱乐、混日子的人际环境，加入到学习刻苦，学业优良的人际群体，多到图书馆、自修室、实验室等学习气氛浓厚的环境，制定内容具体、分量适当的学习计划，并保质保量地完成，利用对学习活动结果正、反两方面的想象产生奖惩的心理感受，从而增加学习压力，提高心理紧迫感。

2. 克服学习过度焦虑

要正确认识和评价自己的能力，调整抱负水平和期望目标，增强自信和毅力，要重视努力过程，淡化结果、价值，保持愉悦稳定的情绪；探索、掌握切合自己特点的学习方法；把握大学学习规律，增进学习效率。

(三) 预防、消除心理疲劳

1. 善于科学用脑

人的大脑左右两个半球有着不同的分工，一般来说，左半球主要负责语言、逻辑、数学、符号、线性分析等抽象思维活动；右半球主要负责想象、图形、色彩、音乐、情感等形象思维活动。而且人脑左右两个半球对身体进行交叉控制，即左半球控制身体的右半部活动；右半球控制身体的左半部活动。此外，大脑活动还有一种"优势现象"，即当大脑某一功能区的活动占优势时，可使其他功能区的活动相对处于休息状态。所以，我们要根据大脑的活动特点，应该不同学科交替进行，就能有效地预防学习心理疲劳，提高学习效率。

2. 注意劳逸结合

大脑工作时，神经细胞处于兴奋状态，根据神经活动兴奋与抑制过程相互诱导的规律，可以知道，长时间兴奋就会转入抑制状态。当我们长时间看书学习，觉得头昏脑涨、注意力不集中，如果不适当休息，就会使兴奋与抑制失去平衡，并有可能导致神经衰弱。因此，在学习之余，应该多休息，或参加一些文体活动，使身心都得到放松和调节，保证充足的睡眠时间，培养广泛的业余爱好，使生活内容丰富多彩。

第五节　大学生学习心理之心理素质拓展训练

一、心理训练

（一）学会管理时间

1. 体验时间

先根据你的回忆，将你典型一天中的24小时的每个活动占据的时间按比例画在一个圆中。然后，准备一个小本子，记录你每天所做的事情，以及这些事情所花费的时间，坚持一个星期。然后，将你的记录与你刚刚画的“时间馅饼”进行对照，看看差别有多大。

写下你的感受____

____

2. 按重要性安排事情

（1）首先写下所有你需要在今天完成的工作，不用考虑次序：

日期：______________________

1.　　　　4.

2.　　　　5.

3.　　　　6.

（2）ABCD等级次序方法

按照你的责任和事情的重要性将它们排序：你写下的事情分为A、B、C、D四类：A类事情是指重要又紧急的事情；B类事情是重要不紧急的事情；C类事情是紧急不重要的事情；D类事情是不重要也不紧急的事情。

A	B	C	D
______	______	______	______
______	______	______	______
______	______	______	______

正确的时间管理观念是先做A类事情，然后做B类事情，少做C类事情，不做D类事情。

（二）学会设置目标

1. 建立课程学习目标

为每门准备学习的课程建立一个目标，可以使学习的目的性更明确，从而产生学习的主动意识。

2. 学习时间的安排与控制

通过每天的自我监督，不断提高自己对学习时间的安排和控制能力，以培养良好的学习习惯，提高学习效率。

3. 具体操作

（1）在纸上画出含有以下栏目的表格：

课　程　名　称	
课　程　性　质	
学　时（学　分）	
主　要　内　容	
知识学习的目标	
技巧方法的目标	
能力培养的目标	

（2）填入课程名称、学时数或学分数、课程的性质（包括必修或选修、专业课或基础课等）。通过向老师询问或查阅有关资料，了解并填写该课程的主要内容，要求简明扼要。

（3）根据课程的要求及自己的情况和意愿，在知识学习、技巧方法和能力培养 3 个方面，分别写上自己的学习目标。

在确立目标时要注意结合自己的特色，目标越具体越详细越好。这里提供一些基本样式供参考。

关于“知识学习”类的目标：

学习有关的基础知识＿＿＿＿＿＿＿＿＿＿＿＿

了解这一学科的基本结构＿＿＿＿＿＿＿＿＿＿

熟悉该领域的最新动向＿＿＿＿＿＿＿＿＿＿＿

搜集某问题的理论依据＿＿＿＿＿＿＿＿＿＿＿

关于“技巧方法”类的目标：

学习解决有关问题的方法＿＿＿＿＿＿＿＿＿＿

掌握对未来工作有用的技术＿＿＿＿＿＿＿＿＿

了解该学科的思维方法＿＿＿＿＿＿＿＿＿＿＿

关于“能力培养”类的目标：

提高用事实说明各种问题的能力＿＿＿＿＿＿＿

培养综合考虑问题的能力＿＿＿＿＿＿＿＿＿＿＿＿＿＿＿＿＿＿＿＿＿＿＿＿＿

提高文字表达能力＿＿＿＿＿＿＿＿＿＿＿＿＿＿＿＿＿＿＿＿＿＿＿＿＿＿＿＿

(4) 平时复习和作业时读一遍此表，考试前和上课前也应读一遍此表，以使自己明确努力方向和目标，增强学习的目的性和针对性。

(5) 在纸上画出如下坐标：横轴以天为刻度单位（如星期一至星期六），纵轴以小时为刻度单位。

在纵轴适当的地方，画上一条横向的虚线，表示希望达到学习时间的平均水平（此学习时间为课堂学习时间之外的可以由自己独立支配的时间），如要求每天完成3小时的学习，就从刻度“3”作一条虚线。

(6) 每晚临睡之前，在表上记录当天学习的情况，即在对应日期和时间的坐标上画一个圆点。时间的计算，可以是直接用于学习的小时数，也可以把用于学习的小时数再乘上时间的利用效率。

(7) 隔几个星期（大约一个月左右）分析一次。可能出现以下几种情况：

①所有的点都在虚线以上。这表明你已很好地完成了计划用时。如果经常出现这种情况而不觉得紧张和吃力，说明你还有很大的潜力，你的用时指标还可以适当地加以提高。

②有的点在虚线之上，有的点在虚线之下。可能是由于你还不能较好地控制自己，学习的自律还要加强。也可能是出现了一些特殊情况，但要注明原因。

③所有点均在虚线以下。这表示你未能达到目标的要求，需要加倍努力，尤其要加强自我约束。以克服自我惰性和外界干扰。如果连续几次出现这种情况，你应该分析一下，是没有严格执行时间计划，还是目标过高，应当加以调整。

二、复习思考题

1. 大学学习与中学学习有何不同？我们如何适应大学的学习生活？

2. 为促进学习，我们应该保持一种什么样的动机状况？

3. 为了更好地适应大学的学习生活，我们应有意识地培养自己哪些学习心理品质？

第九章　心理障碍，解铃还须系铃人

※ 心灵导读

“在艰苦中成长成功之人，往往由于心理的阴影，会导致变态的偏差。这种偏差，便是对社会、对人们始终有一种仇视的敌意，不相信任何一个人，更不同情任何一个人。爱钱如命的悭吝，还是心理变态上的次要现象。相反的，有气度、有见识的人，他虽然从艰苦困难中成长，反而更具有同情心和慷慨好义的胸襟怀抱。因为他懂得人生，知道世情的甘苦。”

——南怀瑾

在人生旅途中，任何人都会遇到挫折和坎坷。由于人们的认知能力、辨别能力和心理适应性的差异，难免会产生不健康的心理倾向，而这种不健康的心理倾向会直接影响人们对周围事物的正确判断，甚至导致决策的失误。大学生刚刚跨进校门时，由于他们的单纯和幼稚，往往在这样或那样的挫折和困难面前，会显得不知所措，出现苦闷、烦躁、抑郁等情况。这种心态如果不能及时排除，有可能形成心理障碍，会直接影响他们的正常学习和生活，妨碍其健康成长。

第一节　心理障碍概述

心理障碍和心理异常有密切的联系，因此在认清心理障碍之前，首先应弄清心理异常的概念。

一、什么是心理异常

关于“异常”的界定，有其相对性。这里所说的异常是指低于界定的界限，带有一定否定意义的病态心理。一般来说，按其程度划分有三种：轻度心理异常为心理问题，中度心理异常为心理障碍，重度心理异常为心理疾病。作为轻度的心理异常，即心理问题，一般人人都发生过，而且也随时可能发生。如受老师批评而产生的不快；因自尊受损而产生的反感、抗议等。如果自我调节能力较强，或由于情境转移等因素，多数心理问题能随时得到解决。但也有的人因心理适应性差，自我调节能力较弱，或得不到及时的正确心理疏导，一些心理问题不能随时排除，积淀已久，就会加重心理异常的程度，

导致心理障碍。如果心理障碍再得不到及时矫治，就会发展到严重的程度，成为心理疾病，即人们所恐惧的精神病。

二、心理障碍的含义

心理障碍是指心理异常反应剧烈，又持续时间长久，形成其内容充分泛化和自身难以克服的精神负担。心理障碍一般是由心理问题积淀过久而演变的，往往发生在认知环节上。在心理发展过程中，由于人们认知能力的局限，常出现不正确的认知，从而得出片面的、不准确的结论，直接影响情绪的变化，而这个过程的时间越久，越易“泛化”。例如，某高校一位女生，某一天晚上突然出走，留下纸条，上边写道：“姐妹们，我走了，别为我担心。我实在受不了啦，精神要崩溃了，我要散散心，请别告诉老师，通知我家长……”后来，经过班级同学寻找，终于在火车站找到了她。经了解知道：这位女孩在其不满周岁时父母离异。不久母亲又组成新的家庭，但继父对待她们母女俩并不好，酒后总辱骂她们母女俩。当这位女孩在初三读书时，她的生父悄悄来看过她。由于继父待她不好，便萌生了寻找生父的念头。后来，她得知生父成立了新家，并又有一子时，她失望了。从此，她开始不相信人们说的话了，认为人与人之间是虚伪的，没有什么真诚可言。她认为：母亲瞒她 20 年不讲真话，是欺骗她，继父又不爱她，生父又不尽其责，她周围的人都不能接受她。因此她很痛苦，而当她在大学读书时，有一天生父突然出现在她面前，声称认女儿。面对突如其来的情况，她心乱如麻，百感交集，痛苦万分，不知所措。送走生父后，她一直徘徊在痛苦之中，没跟任何人讲。思考了三天后，实在想不开，于是决定出走。这是一个很典型的由心理问题发展到心理障碍的例子。

三、如何区分心理正常与异常

为什么要区分心理正常与异常呢？这是因为心理疾病的诊断主要是依据心理症状反应，而心理症状就是心理状态异常的表现。要认识心理异常就必须与心理正常状态作比较，通过分析比较，才能确定哪些心理反应是正常或异常的。

一般来说，心理正常与异常之间必然存在一种界限，两者存在着实质性的差异，而且应该有一个区别它们的标准。但实际上要找到一个判定心理正常与异常的固定不变的、通用的标准是困难的。因为个体心理正常与否是与他所处的时代环境、社会文化和风俗习惯等有密切关系的。如我们现在的家庭关系是男女平等，男女在家庭中享有同等权利，而至今在我国个别山区仍存在着母系氏族群体，在那里的家族中，女尊男卑，一切都要服从女当家的，丈夫只是这一家的客人，不是家庭成员，男女婚姻被称为“走婚”，丈夫晚上到妻子家住，白天要返回生养自己的家中去，如此行为和心理反应属于正常，否则，有人若要求男女平等，则是异常，为族群的人们所耻笑、所不容。

但是，在相同的社会文化背景下，人们还是可以制定出一般人正常心理活动的常态范围，将个人的心理状态与社会认可的行为常模比较，以及与其本人一贯的心理状态和人格特征加以比较，就可以判定此人的心理是否异常，其心理异常的程度如何。

划分心理异常的标准是困难的，没有绝对的分界线。但是，多数专家认为，如果根据心理科学的理论原则，还是可以从以下三个方面来认识和判定个人心理状态是否正常。

1. 心理与环境的统一性原则

心理是客观现实的反应，因此任何正常的心理和行为，无论是心理形式还是其内容都必须与客观环境保持一致性。例如，在街道上出现一条疯狗，人们都很害怕，一些人拿起棍棒，把疯狗打死，以免伤了他人，这些人的思想、感情和行为是正常的表现。假如眼前没有疯狗，有的人却清楚地看到一条疯狗在咬人，在场的其他人均未看到，那么，此人也可以说是心理异常的一种表现。所以正常的心理活动必须保持与环境的一致，如果人的认识、情感和行为与客观现实相脱离，则这个人的心理可能就是不正常的了。

2. 心理活动的内在协调一致性原则

人类的心理活动过程是由认知、情感和意志行动等部分组成的。知、情、意各种心理过程是一个动态的、有机的、完整的统一体，各种心理活动之间具有协调一致的关系。在心理活动过程中，如果它们之间表现出不统一和不协调，就是说失去了心理活动的统一性和协调性，就出现了心理异常。如正常人想到了或遇到了高兴的事，就会产生愉快的心情而发笑，遇到悲伤的事就会伤心甚至哭泣，这是心理正常的表现。假如一个人无缘无故地发笑或哭泣，或者是遇到伤心的事反而不停地笑，这就是心理活动异常的表现。

3. 人格的稳定性原则

人格是个人在长期的生活历程中形成的独特的个性心理特征。每个人的个性特征也是人格特征都具有相对的稳定性。俗话说："江山易改，禀性难移。"这说明人的个性是不易改变的。如果在没有重大的外部变化的条件，一个人的个性特征却发生了明显变化，那么这个人的心理可能会产生异常。如一个一向比较开朗、达观、外向的人，没有什么明显变故，突然变得沉闷、寡言、悲观、内向，这个人的心理和行为偏离了正常轨道，可能打破了人格稳定性，有可能是心理异常反应。

※ 探索自我

症状自评量表（SCL-90）

【测试说明】以下90个问题中，可能会有对你有影响的病痛或问题，请仔细阅读每一条，然后根据现在或一周以内的感受从5个备选答案中选择一个最符合自己实际情况的，在括号内打"√"。

	从无 1	轻度 2	中度 3	偏重 4	严重 5
1. 头痛。	（ ）	（ ）	（ ）	（ ）	（ ）
2. 神经过敏，心中不踏实。	（ ）	（ ）	（ ）	（ ）	（ ）
3. 头脑中有不必要的想法或字句盘旋。	（ ）	（ ）	（ ）	（ ）	（ ）
4. 头昏或昏倒。	（ ）	（ ）	（ ）	（ ）	（ ）
5. 对异性的兴趣减退。	（ ）	（ ）	（ ）	（ ）	（ ）

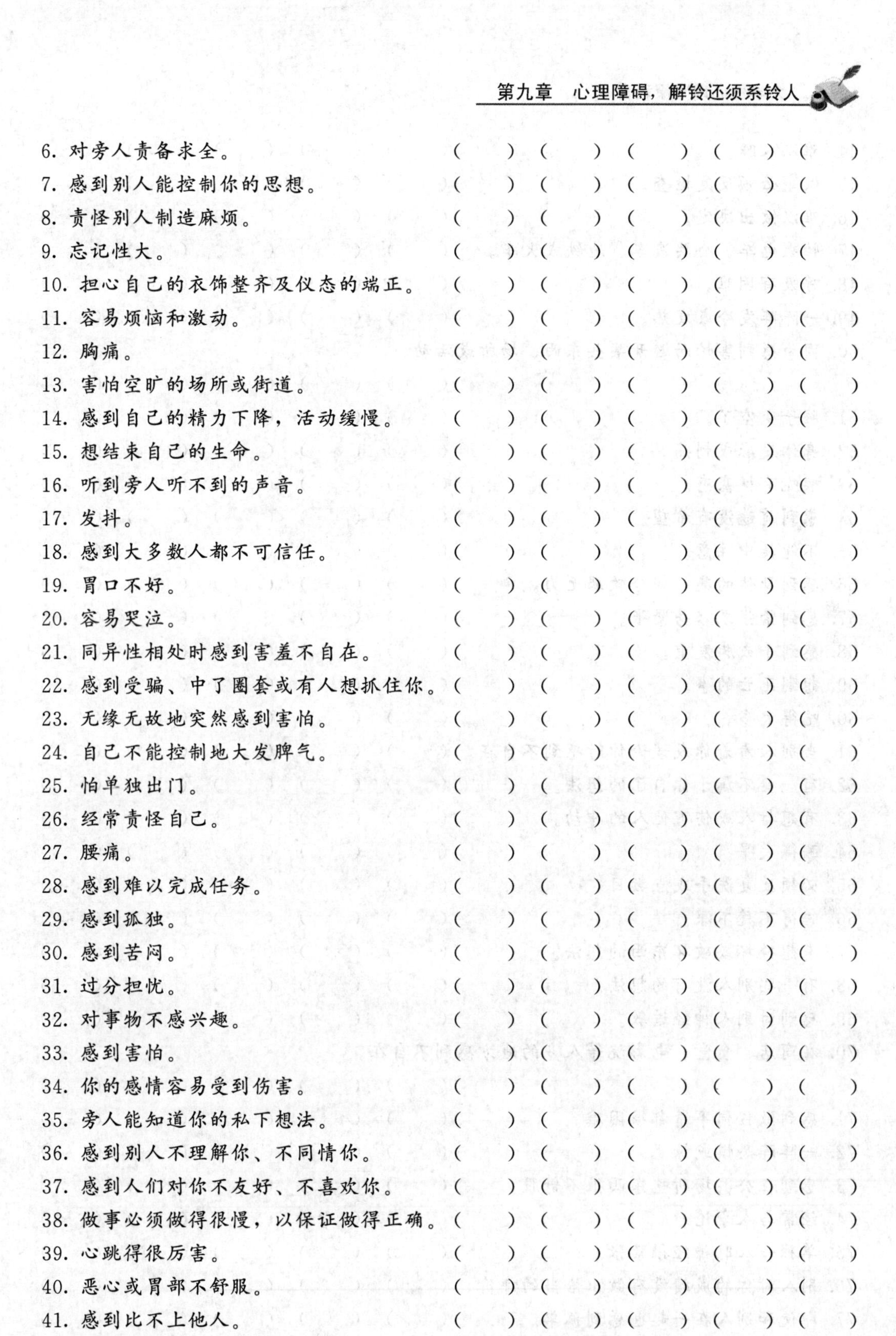

6. 对旁人责备求全。（　）（　）（　）（　）（　）
7. 感到别人能控制你的思想。（　）（　）（　）（　）（　）
8. 责怪别人制造麻烦。（　）（　）（　）（　）（　）
9. 忘记性大。（　）（　）（　）（　）（　）
10. 担心自己的衣饰整齐及仪态的端正。（　）（　）（　）（　）（　）
11. 容易烦恼和激动。（　）（　）（　）（　）（　）
12. 胸痛。（　）（　）（　）（　）（　）
13. 害怕空旷的场所或街道。（　）（　）（　）（　）（　）
14. 感到自己的精力下降，活动缓慢。（　）（　）（　）（　）（　）
15. 想结束自己的生命。（　）（　）（　）（　）（　）
16. 听到旁人听不到的声音。（　）（　）（　）（　）（　）
17. 发抖。（　）（　）（　）（　）（　）
18. 感到大多数人都不可信任。（　）（　）（　）（　）（　）
19. 胃口不好。（　）（　）（　）（　）（　）
20. 容易哭泣。（　）（　）（　）（　）（　）
21. 同异性相处时感到害羞不自在。（　）（　）（　）（　）（　）
22. 感到受骗、中了圈套或有人想抓住你。（　）（　）（　）（　）（　）
23. 无缘无故地突然感到害怕。（　）（　）（　）（　）（　）
24. 自己不能控制地大发脾气。（　）（　）（　）（　）（　）
25. 怕单独出门。（　）（　）（　）（　）（　）
26. 经常责怪自己。（　）（　）（　）（　）（　）
27. 腰痛。（　）（　）（　）（　）（　）
28. 感到难以完成任务。（　）（　）（　）（　）（　）
29. 感到孤独。（　）（　）（　）（　）（　）
30. 感到苦闷。（　）（　）（　）（　）（　）
31. 过分担忧。（　）（　）（　）（　）（　）
32. 对事物不感兴趣。（　）（　）（　）（　）（　）
33. 感到害怕。（　）（　）（　）（　）（　）
34. 你的感情容易受到伤害。（　）（　）（　）（　）（　）
35. 旁人能知道你的私下想法。（　）（　）（　）（　）（　）
36. 感到别人不理解你、不同情你。（　）（　）（　）（　）（　）
37. 感到人们对你不友好、不喜欢你。（　）（　）（　）（　）（　）
38. 做事必须做得很慢，以保证做得正确。（　）（　）（　）（　）（　）
39. 心跳得很厉害。（　）（　）（　）（　）（　）
40. 恶心或胃部不舒服。（　）（　）（　）（　）（　）
41. 感到比不上他人。（　）（　）（　）（　）（　）
42. 肌肉酸痛。（　）（　）（　）（　）（　）
43. 感到有人在监视你、谈论你。（　）（　）（　）（　）（　）

44. 难以入睡。（ ）（ ）（ ）（ ）（ ）
45. 做事必须反复检查。（ ）（ ）（ ）（ ）（ ）
46. 难以做出决定。（ ）（ ）（ ）（ ）（ ）
47. 怕乘电车、公共汽车、地铁或火车。（ ）（ ）（ ）（ ）（ ）
48. 呼吸有困难。（ ）（ ）（ ）（ ）（ ）
49. 一阵阵发冷或发热。（ ）（ ）（ ）（ ）（ ）
50. 因为感到害怕而避开某些东西、场所或活动。（ ）（ ）（ ）（ ）（ ）
51. 脑子变空了。（ ）（ ）（ ）（ ）（ ）
52. 身体发麻或刺痛。（ ）（ ）（ ）（ ）（ ）
53. 喉咙有梗塞感。（ ）（ ）（ ）（ ）（ ）
54. 感到前途没有希望。（ ）（ ）（ ）（ ）（ ）
55. 不能集中注意。（ ）（ ）（ ）（ ）（ ）
56. 感到身体的某一部分软弱无力。（ ）（ ）（ ）（ ）（ ）
57. 感到紧张或容易紧张。（ ）（ ）（ ）（ ）（ ）
58. 感到手或脚发重。（ ）（ ）（ ）（ ）（ ）
59. 想到死亡的事。（ ）（ ）（ ）（ ）（ ）
60. 吃得太多。（ ）（ ）（ ）（ ）（ ）
61. 当别人看着你或谈论你时感到不自在。（ ）（ ）（ ）（ ）（ ）
62. 有一些不属于你自己的想法。（ ）（ ）（ ）（ ）（ ）
63. 有想打人或伤害他人的冲动。（ ）（ ）（ ）（ ）（ ）
64. 醒得太早。（ ）（ ）（ ）（ ）（ ）
65. 必须反复洗手或点数目。（ ）（ ）（ ）（ ）（ ）
66. 睡得不稳不深。（ ）（ ）（ ）（ ）（ ）
67. 有想摔坏或破坏东西的想法。（ ）（ ）（ ）（ ）（ ）
68. 有一些别人没有的想法。（ ）（ ）（ ）（ ）（ ）
69. 感到对别人神经过敏。（ ）（ ）（ ）（ ）（ ）
70. 在商店、食堂、电影院等人多的地方感到不自在。（ ）（ ）（ ）（ ）（ ）
71. 感到做任何事情都很困难。（ ）（ ）（ ）（ ）（ ）
72. 一阵阵恐惧或惊恐。（ ）（ ）（ ）（ ）（ ）
73. 感到在公共场所吃东西很不舒服。（ ）（ ）（ ）（ ）（ ）
74. 经常与人争论。（ ）（ ）（ ）（ ）（ ）
75. 单独一人时神经很紧张。（ ）（ ）（ ）（ ）（ ）
76. 别人对你的成绩没有做出恰当的评价。（ ）（ ）（ ）（ ）（ ）
77. 即使和别人在一起也感到孤单。（ ）（ ）（ ）（ ）（ ）
78. 感到坐立不安、心神不定。（ ）（ ）（ ）（ ）（ ）
79. 感到自己没有什么价值。（ ）（ ）（ ）（ ）（ ）

80. 感到熟悉的东西变成陌生或不像是真的了。
（ ）（ ）（ ）（ ）（ ）

81. 大叫或摔东西。（ ）（ ）（ ）（ ）（ ）

82. 害怕会在公共场合昏倒。（ ）（ ）（ ）（ ）（ ）

83. 感到别人想占你的便宜。（ ）（ ）（ ）（ ）（ ）

84. 为一些有关性的想法而很苦恼。（ ）（ ）（ ）（ ）（ ）

85. 你认为应该因为自己的过错而受到惩罚。
（ ）（ ）（ ）（ ）（ ）

86. 感到要赶快把事情做完。（ ）（ ）（ ）（ ）（ ）

87. 感到自己的身体有严重问题。（ ）（ ）（ ）（ ）（ ）

88. 从未感到和其他人很亲近。（ ）（ ）（ ）（ ）（ ）

89. 感到自己有罪。（ ）（ ）（ ）（ ）（ ）

90. 感到自己的脑子有毛病。（ ）（ ）（ ）（ ）（ ）

【计分方法】选择“从无”记 1 分；“轻度”记 2 分；“中度”记 3 分；“偏重”记 4 分；“严重”记 5 分。将每一种症状所包含的各题相加得出总分，用总分除以小计的分就是得分（保留两位小数），然后再与“标准值”相对照（表 9-1）。

【测试结果】所得得分在“标准值”最高分以下即为正常，超过“标准值”的分数越多，某一方面的症状也就越严重。如果某一症状的得分超过了 3 分，便可认为该症状已达到中等以上的严重程度。

表 9-1 症状自评量表（SCL-90）统计表

症状	题号	总分	小计	得分	标准值
躯体化	1、4、12、27、40、42、48、49、52、53、56、58		12		1.37±0.48
强迫	3、9、10、28、38、45、46、51、55、65		10		1.62±0.58
人际关系	6、21、34、36、37、41、61、69、73		9		1.65±0.61
抑郁	5、14、15、20、22、26、29、30、31、32、54、71、79		13		1.50±0.59
焦虑	2、17、23、33、39、57、72、78、80、86		10		1.39±0.43
敌对	11、24、63、67、74、81		6		1.46±0.55
恐怖	13、25、47、50、70、75、82		7		1.23±0.41
偏执	8、18、43、68、76、83		6		1.43±0.57
精神病性	7、16、35、62、77、84、85、87、88、90		10		1.29±0.42
附加题	19、44、59、60、64、66、89		7		

躯体化：主要反映身体不适感，包括心血管、胃肠道、呼吸和其他系统的不适，以及头痛、背痛、肌肉酸痛和焦虑的其他躯体表现。

强迫：主要是指明知没有必要，但又无法摆脱的毫无意义的思想、冲动和行为，还有一些比较一般的认知障碍的行为征象。如出了家门或寝室后，总是怀疑门没有锁好，窗没有关好；走楼梯时总是数台阶等。

人际关系：主要表现为在与别人交往中有自卑感，心神不定，感到不自在，或者消极被动地与人交往。

抑郁：主要表现为对生活的兴趣减退、动力缺乏、活力丧失、苦闷烦躁、悲观失望；或觉得什么都没意思，什么也不愿意做，把一切都看成是灰暗的，感到胸闷、心紧、胃空、疲劳乏力、失眠、有自杀的想法等。

焦虑：主要表现为坐立不安、心神不定、紧张、神经过敏、怀疑自己的能力、夸大自己的失败、怨天尤人、不知所措、闷闷不乐等。

敌对：主要表现为对谁都不信任、遇事好冲动、喜欢争论、爱挑剔别人、有摔东西、毁物等行为。

恐怖：主要表现为怕黑暗、怕与人交往、怕空旷的场所、怕老师、怕异性等，明知恐惧没有必要，但在生活中，一旦遇到自己所恐怖的对象就害怕。

偏执：主要表现为极度的感觉过敏，对侮辱、伤害耿耿于怀，思想行为固执死板，敏感多疑，心胸狭隘，爱嫉妒，自以为是，自命不凡，喜欢把自己的过错、失败、责任归咎于别人，自卑，过高要求别人，不相信别人等。

精神病性：主要表现为经常出现幻听、幻想、情感色彩浓重，时常有大哭大笑、大喊大叫、捶胸顿足、撕衣毁物等行为。

附加题：主要是为了各因子分之和等于总分，因此，不做统计。

第二节　大学生常见的心理障碍

有些大学生长期以来受到某种心理障碍或心理异常的折磨，十分痛苦，严重影响了他们的生活和学习。但遗憾的是本人不知道这是怎么回事，不知道自己的心理已经出了问题，因而也不懂得去寻求心理咨询人员的帮助。有的同学的病情已经非常严重了才来咨询，此时他的病情已超过了心理咨询的范围。还有一些大学生，从报刊上或书本里读到有关心理障碍（或异常）的知识介绍，便硬是与自己联系起来，以致整日忧心忡忡，惶惶不安，唯恐自己精神不正常，因此严重地干扰了正常的学习和生活。鉴于上述情况，根据人们日常生活中所常见的心理、行为异常的表现，我们把心理障碍或异常分为五大类。

一、神经症方面的障碍

神经症或称神经官能症，是指人的整体心理的某些方面受到影响，即大脑一般没有组织上的器质性损害，只是在高级神经系统活动方面表现失调。患者心理活动各个方面的协调性受到一定的影响，对周围环境的适应能力有明显的减弱，人际关系处理往往不够和谐。但他们能理解并认识到自己心理失常状态，因而主动寻求改善自身不正常状态的办法和措施；能自理生活，日常工作和社会生活可以正常进行。其主要表现为精神活

动能力降低（如注意力不集中、记忆力减退、学习与工作效率降低等）；情绪失调，表现为波动、烦躁、抑郁等；慢性疼痛，如紧张性头痛、腰痛等；睡眠障碍，如失眠、噩梦、早醒或睡眠过多等；有疑病强迫观念；有各种明显的躯体不适应感，但体检时找不到器质病变。

（一）神经衰弱症

神经衰弱是一种很常见的神经症，患者多数是青壮年脑力工作者，尤其在青年学生中居多。但是，有的青少年对其认识不够，仅仅因为自己失眠健忘就给自己扣上了“神经衰弱”的帽子。根据我国制定的诊断标准，神经衰弱症状有以下五个方面的表现：

（1）衰弱症状。患者经常感到精力不足、萎靡不振、脑力迟钝、困倦思睡，特别是工作、学习稍久即感到注意力不集中、思考困难、记忆力下降，学习效率不高，即使得到充分的休息也不能恢复其疲劳感。

（2）兴奋症状。患者在阅读书报或收看电视等活动时精神容易兴奋，会不由自主地产生回忆和联想，而且控制不住。

（3）情绪症状。主要表现为容易烦恼和容易激动，烦恼的来源主要是生活中难以解决的各种矛盾。

（4）紧张性疼痛。患者经常感到头昏脑涨，头有紧压感或颈项僵硬，有的则是腰酸背痛或四肢肌肉疼痛。

（5）睡眠障碍。最常见的就是入睡困难，躺在床上辗转反侧，心情烦躁，难以入睡；其次是多梦、易惊醒或感到睡的不稳不深，似乎整夜都未曾入睡。

如果以上的五种症状在一个人身上同时存在或符合其中三种以上，那么我们才能怀疑可能患有神经衰弱，只符合其中的一种或两种，那么，我们绝不能给自己扣上神经衰弱的帽子。其实，神经衰弱并不可怕，可怕的是对神经衰弱的焦虑、紧张、担心。因为，过分的紧张、焦虑、担心会加重神经衰弱本身的症状。

（二）癔症性神经症

癔症性神经症简称癔症，又称歇斯底里症，是由精神刺激或不良暗示引起的一类神经精神障碍。大多突然起病，可出现感觉运动和神经功能紊乱，或短暂的精神异常。检查常不能发现有相应的器质性病变。这类症状可因暗示而产生，也可因暗示而改变或消失。

癔症发作与精神因素关系密切。使患者感到委屈、愤怒、羞愧、窘困或惊恐等突然的刺激，常为本病的初发病因，以后可因联想或重新体验到当时的情感而发病。躯体症状大多由暗示和自我暗示引起，而精神症状则由明显的强烈情感因素所促发，有易感素质者，遇到较轻的精神刺激即可发病。有癔症个性特点者较易发生本病，这种个性特点是情感反应强烈而不稳定，容易走向极端，对人对事常感情用事，富于幻想，易受暗示，好表现自己。

1. 精神障碍

（1）情感爆发。在精神受刺激后立即发病，情感反应强烈，具有尽情发泄的特点，一般历时不长，约 10 分钟至 2 小时渐安静。

（2）意识障碍。表现昏睡、木僵或朦胧状态。有的答非所问、每答必错，呈痴呆表现者称为癔症性假性痴呆；有的针对问题回答，但答案近似而不正确称干舍综合征；有的患者言语表情幼稚如儿童，称为童样痴呆。

（3）精神病状态。类似重精神病精神运动性兴奋的表现，意识障碍不明显，可有幻觉或妄想，但时间短暂，常在3～5分钟内安静下来，此外尚可有阶段性遗忘、神游、双重人格或重人格、附体体验等表现。

2. 运动障碍

表现为痉挛发作、瘫痪、抽搐、舞蹈样动作或失音等。

3. 感觉障碍

突然失明，呈现弱视、管状视野或单眼复视，或突然耳聋，出现躯体感觉缺失或感觉过敏区，或有咽部梗阻感称为癔症球。

4. 植物神经和内脏功能障碍

可表现为神经性呕吐、呃逆、腹痛、尿痛、尿急、假孕等症状。

本症可以通过暗示作用，影响患者近亲或周围人群，引起短暂的癔病流行。无论患者有何症状，但检查不能发现相应的器质性病变，其症状体征不符合解剖生理规律，且可在暗示影响下改变或消失。

（三）强迫性神经症

强迫性神经症是指患者主观上感到某种不可抗拒的和被迫无奈的观念、意向或行为的存在。表现为强迫观念、强迫意向、强迫行为。

1. 强迫观念

强迫观念是强迫症的核心症状，生活中最为常见，如有些患者在头脑中反复思考某些并无实际意义的问题："动物为什么要分雌雄？""树为什么要往上长？"出门后总是怀疑门、窗有没有锁好、关好等；有的人看到或听到某一事物时就会联想到可怕的、不愉快的情景，如见到别人抽烟就联想到火灾，见到"黑"就不由自主地想到"白"，见到"友好"就联想到"危险"。

2. 强迫意向

强迫意向是最折磨人的一种强迫状态，患者常常为某种与正常心理相反的意向所纠缠，产生一些令患者感到害怕和紧张的冲动，虽然他们也知道这种冲动和意向是违反自己的意愿和人格的，但却难以摆脱这种不堪设想的状态。如患者来到窗前便产生跳楼的冲动等。事实上，冲动不等于行动，他们绝对不会真正做出这种行为，只是由于此种强迫意向似乎显得"强有力"让他们不能控制，从而反复出现在脑海里，常常给患者带来焦虑和恐惧的情绪反应。

3. 强迫行为

强迫行为有的人表现为洁癖，如反复洗手、洗脸或某一部位。有的表现为强迫计数、有的表现为强迫检查，还有的表现为强迫性礼仪或动作等。

（四）恐怖性神经症

恐怖症是指对某种特定的事物或情绪产生持久的、特殊的、不合理的强烈的恐怖感。这种恐怖感与引起恐怖的情境很不相称，让人难以理解。患者明知这种恐怖没有必要，但无法控制，于是就千方百计回避恐怖源，行为退缩得十分明显，从而影响正常的工作和学习。恐怖症依据恐怖对象的不同而分为：社交恐怖、水恐怖、空旷恐怖、疾病恐怖、动物恐怖、登高恐怖、声音恐怖等。

（五）抑郁性神经症

抑郁症是一种以持久的心情低落状态为特征的神经性障碍。表现为心情压抑、郁闷、沮丧，遇事老往坏处想，对生活失去信心，对日常活动缺乏兴趣，对各种娱乐或令人高兴的事体验不到乐趣，遇到亲友聚会或热闹场所尽可能回避，常常夸大自己的缺点，自卑、自责、内疚、精神疲惫、思维迟钝，对前途暗淡，感到生活没有意义，生不如死，有自杀的企图或想法等。

（六）焦虑性神经症

焦虑性神经症简称焦虑症，是以发作性或持续性焦虑紧张为主要特征的状态。患者焦虑情绪并非由现实情况所引起的，常伴有植物神经功能障碍和运动性不安，严重者可有惊恐发作。主要表现为没有明确对象和内容的恐惧，提心吊胆，惶惶不安，似乎大祸即将临头或死亡将至，但说不出怕什么，或会发生什么危险和不幸。常出现头痛、头昏、失眠、晕厥、震颤、多汗、心悸、恶心、呕吐、胸痛、呼吸急促、窒息样感觉、腹泻、尿频等。生化改变可有血糖升高，肾上腺素、皮质类固醇、白细胞增加等。

根据疾病表现形式可分为以下三种类型：

（1）急性焦虑症。发作可持续数分钟或数小时，但以后又可再发，或一天发作多次。

（2）亚急性焦虑症。表现为遇到困扰或受到刺激而产生焦虑—紧张反应。患者个性特征多为胆小羞怯、自卑过敏、忧心忡忡，这种情况可持续终生。

（3）慢性焦虑症。患者有如上性格特点，常处于持续焦虑状态之中，为一些小事而苦恼、自责，对困难过分夸大，遇事往坏处想，常无病呻吟，对躯体不适特别关注，注意力不集中，记忆不佳，常失眠、多梦。

（七）疑病性神经症

疑病性神经症简称疑病症，又称臆想症，表现为对自身健康状态过分关注，对身体的微小不适或感觉过于夸大和做出不切实际的解释，深信自己患了某种躯体或精神疾病，到处求医，迫切要求治疗。各方检查和医生对疾病的解释也不能消除患者固有的成见，从而焦虑、恐惧，担心得了不治之症而惶惶不安。

二、人格障碍

这种障碍是指明显偏离正常人格并与他人和社会相悖的一种持久和牢固的适应不良

的情绪和行为反应方式。人格障碍一般始于童年或青少年，而持续到成年或终生。一般认为它是在不良先天素质的基础上，遭受到环境的有害因素（特别是心理社会因素）影响而形成的。人格障碍通常有不同表现类型。

（一）偏执型人格障碍

偏执型人格障碍又称妄想型人格障碍，其主要特点是思想固执，敏感猜疑，不信任或者怀疑他人，过分警惕与防卫，将别人的友好行为误解为敌意或轻视；强烈地意识到自己的重要忭，有将周围发小的事件解释为“阴谋”，不符合现实的先占观念；过分自负，认为自己正确，将挫折和失败归咎于他人：不接受批评，易冲动，缺乏幽默感；容易产生病理性嫉妒；对挫折和拒绝特别敏感，不能谅解别人，长期耿耿于怀，特别好斗；对个人权利执意追求，常与人发生争执或沉湎于诉讼，人际关系不良等。

（二）分裂型人格障碍

分裂型人格障碍在日常社会中是比较常见的，主要表现为：

(1) 关联观念。患者会毫无道理地将与自己无关的事情联系起来而深感不安。

(2) 过度的社会焦虑。患者在有陌生人在场的时候，表现出极度不安。

(3) 奇特的信念和想法。有些患者感到自己有透视能力、有心灵感应或“第六感官”，别人可以体验到自己的情感，对奇异功能特别着迷。

(4) 奇怪的、反常的、特别的行为或外貌。有的患者穿衣戴帽非常的奇特；有的不修边幅，行为不合时宜，不符合习俗或自己的行为目的不明确。

(5) 言语怪异。患者说话离题或用词不当，表达意思不清楚。

(6) 不寻常的知觉体验。患者经常产生错觉或幻觉。

(7) 缺乏温情、行为怪异。患者的人际关系较差，难与别人建立起深切的情感关系，没有亲密朋友或知己；对别人的意见漠不关心，无论是赞扬还是批评，均无动于衷，过着一种孤独寂寞的生活。

以上七种表现，只要符合其中的四种，我们就可以认定他是一个具有分裂型人格障碍的人。

（三）反社会型人格障碍

反社会型人格障碍在现实生活中也是常见的，主要表现为缺乏道德情感，没有怜悯、没有同情心、没有内疚感，做了坏事心里一点也不觉得难过，对别人的痛苦漠不关心，脾气暴躁，不能容忍丝毫的挫折，总是责怪他人或环境，不真诚、不坦率，没有责任感和义务感，常常会做出一些违反社会的行为。

（四）自恋型人格障碍

自恋型人格障碍主要表现为：

(1) 不能接受批评。患者受到批评后往往产生强烈的愤怒、羞愧和耻辱感。

(2) 喜欢指使别人。自己什么都不干，指使别人干这干那，要他人为自己服务。

（3）过分的自高自大。对自己的能力夸大其词，特别希望受到别人的关注。

（4）过分自信。认为的家庭、长相、气质等是别人无法比拟的。

（5）想入非非。患者对成功、权力、荣誉、理想、爱情等有非分之想。

（6）唯我独尊。自己想干什么都行，别人不行，他可以指使别人，别人绝对不能指使他。

（7）虚荣。特别好面子，把自己的脸面看得比什么都重，特别希望得到别人的赞扬。

（8）冷漠。只关心自己，对别的人和事漠不关心。

（9）多疑。疑心比较重，总是怀疑这怀疑那。

以上九个方面，只要符合其中的五项，那么，我们就可以认定是自恋型人格障碍的人。

（五）冲动型人格障碍

冲动型人格障碍也称爆发型人格障碍。其特点为对人对事往往做出爆发性反应。稍不如意就火冒三丈，易于爆发愤怒冲动或与此相反的激情；行为有不可预测和不考虑后果的倾向；不能在行动之前事先计划，有不可预测和反复无常的心境，行为爆发时不可遏制；特别在行动受阻或被批评时易与他人冲突和争吵，这种人经常变换职业和酗酒。

（六）回避（焦虑）型人格障碍

回避（焦虑）型人格障碍的主要特点是懦弱胆怯，自幼表现胆小，易惊怒；有持续和广泛的紧张、忧虑感觉；敏感羞涩，对任何事情都表现得惴惴不安。表现为过敏、自卑、退缩，面对挑战采取逃避态度或无力应付，日常生活中惯于夸大潜在的危害，达到回避某些活动的程度。个人交往十分有限，对与他人建立关系缺乏勇气。与分裂型人格障碍不同的是，他们并不乐于孤独或安于退缩状态，他们不与他人来往并非出于自己的意愿。他们常被迫采用多种心理防御机制来应付外界的要求。

三、性行为变态

性心理障碍又称性变态或性欲倒错，是指人的性心理以及性行为由于种种原因而丧失常态。在青春期，个别青少年由于性心理畸形发展而导致种种性变态行为，虽然人数不多，但对个人身心发展以及社会的危害极大。性行为变态最常见的有以下几种：

（一）恋物癖

恋物癖是指经常收集异性使用过的物品，并将此物品作为性兴奋、性满足唯一手段的性变态患者。患者大多数为男性，主要表现为：

（1）千方百计、不惜一切代价收集其偏爱的异性物品。患者在得到恋物的前后心里相当复杂、矛盾，未得手时，情绪焦虑、紧张和不安；而一旦得手，虽然性心理得到了满足，却有会对自己的行为产生自责、悔恨、忧郁、痛苦、自卑等心理冲突。

（2）恋物癖对异性本身毫无兴趣。患者把性欲专门指向物品，至于这些物品是什么人的无关紧要，只要是异性的就行。

（3）有不良的性行为习惯。患者一边摸着、看着、闻着这些物品，一边以各种方式达到性高潮。

（4）恋物癖的患者往往有改过之心，却无改过之举。患者在遭到了嘲笑和歧视时，会受到了很大的心理压力，往往决心痛改前非，但当他们见到恋物后往往会不由自主地去收集。

（二）窥阴癖

窥阴癖是指以窥视异性的裸体或性生活而获得快感和性满足的行为。患者多数是男性。窥阴癖的患者自身没有正常的性要求，不图谋接触异性，而是通过窥视别人的性生活，或偷看异性裸体、生殖器官来获得兴奋和性快感。

（三）露阴癖

露阴癖是指通过显露自己的生殖器或完全裸体来求得性快感的心理异常表现。多数是男性。露阴癖患者经常出没于一些偏僻的角落、公共汽车上、商场、影剧院等，当遇到女性时，就解衣显露生殖器，一边手淫一边说下流话，他们一般都不接近女性，保持相当的距离，也没有攻击行为，只是从女性的惊慌、害怕、羞怯、厌恶的神态和惊叫中获得性欲的满足。

（四）异装癖

异装癖是指以穿异性服装而获得性满足的一种变态心理。以男性为主。异装癖患者常常是独自关上门，穿上异性的内衣和服装，有的是在夜深人静时穿上异性的服装到街上散步。异装癖患者主要是通过穿着异性服装引起兴奋，部分患者主要是通过穿着异性服装来消除烦恼，获得安宁和舒畅感。

（五）异性癖

异性癖的人在心理上不能接受自己的生理性别，而对自己的生理性别深恶痛绝，因此其中有些人强烈要求以药物或手术来改变性别。严重者会产生自杀心理倾向。有许多国家（包括中国）都曾报道过异性手术。异性癖的发生率大约在十万分之一。异性癖男女都有，但男性居多。社会学者刘达临曾对3000余名大学生进行过调查，结果2.6%的男性和15.6%的女性厌恶自己的性别。

（六）同性恋

同性恋是指以同性为满足性欲对象的行为。同性恋患者对异性不感兴趣，甚至厌恶异性，他们往往对同性产生好感。同性恋在男女中都有，但男性多于女性，据统计，男性同性恋在男性中占3%，在女性中占1%。男性同性恋往往追求性快乐，双方的关系一般不固定、不持久；而女性同性恋更重于感情上的爱恋，比较专一，维持时间长。同性恋是否属于心理障碍，有许多的争论，到现在也没有一个统一的结论，我们把同性恋列在这里，只是为了教学方便。同性恋有三种情况：

（1）真性同性恋。也称素质性同性恋，真性同性恋者的身心素质与普通人相比有极大的不同，他们大多具有较多的异性特征。他们的性活动不仅是感情之间的相互吸引和依恋，而且还包括肉体上的性行为。

（2）假性同性恋。也称境遇性同性恋，通常是指由于长期生活在与异性隔离的生活环境，如军营、海轮、监狱等地方，由于没有合适的异性伙伴，而把同性作为满足自己性欲对象的同性恋者。这类同性恋者主要是由生活情境造成的，一旦生活情境改变，他们就会改变自己的情欲对象，与异性相恋。

（3）精神性同性恋。也称同性爱慕，这种同性恋只表现在个人精神上，把对同性的欲望存于心底或幻想、梦境之中。

性心理障碍除了以上介绍的6种以外，还有恋兽癖、受虐癖、施虐癖、恋童癖、恋尸癖等。

四、特殊意识状态

（1）催眠状态下或梦境状态下的心理变化。主要表现是意识模糊或意识范围狭窄，并在此基础上产生各种心理变化，只要催眠状态解除，梦境状态结束，心理变化即恢复正常。

（2）社会交往或感觉剥夺状态。这是由于大脑失去了适度的兴奋刺激的支持，而造成大脑功能失调，主要表现为注意力涣散、记忆力减退、意志力和自控能力受到严重削弱、思维混乱、情绪不稳、烦躁不安、焦虑压抑或出现孤独感。

（3）宗教徒入化状态。如气功的销魂状态以及练功者的“走火入魔”状态。

（4）服用精神活性物质或物质滥用所致的精神障碍。这里所说的物质是指能够影响人们的心境、情绪、行为，改变人们意识状态，并可能有依赖作用的物质，如一氧化碳、香烟、酒精、镇静解痛药、兴奋剂、毒品等。这种中枢兴奋剂所致欣快、兴奋、不安、过分警觉、判断失误或站立不稳、妄想等，在一定情况下易引起精神障碍，某些药物如致幻剂等作用下所产生的心理行为异常表现。这类心理、行为异常表现大多是属于正常心理和变态心理之间的交叉或边缘状态。而且许多表现都是一过性的，即引起异常表现的各种状态消失以后，患者的心理与行为便恢复正常，大多数人无须治疗即能恢复常态。

五、严重的心理异常

这一类是指人的整体心理机能的瓦解，不仅心理活动本身的各方面的协调一致遭到严重的损害，而且机体与周围环境的关系也严重失调。概括起来主要有以下三方面的异常表现：

（1）病人的反应机能受到严重损害，对客观现实的反应是歪曲的，可出现精神失常现象，如幻觉、妄想、思维错乱、行为怪异、情感失常等，因而丧失正常的言行、理智与行为反应。

（2）社会功能有严重损失，不能正常处理人际关系，不能理解个人生活，也不能正常参与社会活动，甚至可以给公众社会生活造成危害。

(3) 不能理解和认识自身现状，不承认自己有精神病，对自己处境完全丧失自知力。各种精神病都属于这一类。

(一) 精神分裂症

精神分裂症是最严重且常见的精神病，患病率为0.3%～0.7%，发病多在青春期及成年初期，病程多迁延；其发病原因，在遗传、生化、心理、社会方面都能找到一定的证据，但并未完全说明问题。这也影响到对该病的理解和诊断。其特点是患者基本个性改变，出现感知、思维、情感和行为障碍，精神活动各方面及与环境的关系均不协调，但一般无智力缺陷和意识障碍，其症状复杂多样，较常见的有思维联想障碍，原发性妄想、幻觉，原发性幻想、情感倒错或淡漠，紧张综合征，被控制感、被操纵控制感、被洞悉感等。本病可分为急性和慢性两种，急性起病预后较好，慢性起病预后较差。精神分裂症可分多种类型，如单纯型、青春型、紧张型、妄想（偏执）型等。

由于精神分裂症多在青年期发病，因此在大学生中发病率相对较高。如何进行早期发现、早期治疗，是大学生心理健康教育一项重要任务。如果大家都有一点这方面的基础知识，并能适当地关心，那么，情况就会好得多。精神分裂症的早期症状（或称前驱期症状）如下：①感知觉异常；②思维逻辑松散凌乱，说话语无伦次；③常发表奇特的想法或信念，并因此而影响行为；④情感迟钝或倒错等；⑤明显的怪异或奇特行为（如当众自言自语及诡秘动作等）；⑥明显的退缩或社会隔离；⑦兴趣、动机、意志力明显减退；⑧完成学习和工作能力明显下降；⑨生活懒散，个人卫生或修饰明显受损。

(二) 躁狂抑郁症

躁狂抑郁症是另一种重度精神疾患，它是以原发性情感情绪障碍为主要临床表现，且具有发作期和完全正常的间歇斯反复交替出现的一种精神病。躁狂发作期有言语明显增多、联想加快、观念飘忽、注意力不集中而随意转移；自我感觉良好，自我评价过高；情绪极端高涨，行为活动显著增多；精力充沛，行为轻率等特点。抑郁发作期则与此相反，有言语明显减少、联想困难、思维迟缓、思考能力下降、体感不适、自我评价过低、情绪极为低落，反复出现轻生念头，行为活动显著减少，自责、自罪等特征。

※ 阅读资料

逃避不能解决问题

有一则小故事叫做《小猫逃开影子的招数》是这样讲的：“影子真讨厌!”小猫汤姆和托比都这样想，“我们一定要摆脱它。”然而，无论走到哪里，汤姆和托比发现，只要一出现阳光，它们就会看到令它们抓狂的自己的影子。不过，汤姆和托比最后终于都找到了各自的解决办法。汤姆的方法是，永远闭着眼睛；托比的办法则是，永远待在其他东西的阴影里。

这个寓言似乎表明，一个小的心理问题是如何变成更大的心理问题的。可以说，一切心理问题都源自对事实的扭曲，什么事实呢？主要就是那些令我们痛苦的负性事件。

因为痛苦的体验，我们不愿意去面对这个负性事件。但是，一旦发生过，这样的负性事件就注定要伴随我们一生，我们能做的，最多不过是将它们压抑到潜意识中去，这就是所谓的忘记。

但是，它们在潜意识中仍然会一如既往地发挥作用。并且，哪怕我们对事实遗忘得再厉害，这些事实所伴随的痛苦仍然会袭击我们，让我们莫名其妙地伤心难过，而且无法抑制。这种疼痛让我们进一步努力去逃避。发展到最后，通常的解决办法就是这两个：要么我们像小猫汤姆一样，彻底扭曲自己的体验，对生命中所有重要的负性事实都视而不见；要么我们像小猫托比一样，干脆投靠痛苦，把自己的所有事情都搞得非常糟糕，既然一切都那么糟糕，那个让自己最伤心的原初事件就不是那么令人痛苦了。

真正抵达健康的方法只有一个——“直面痛苦”。直面痛苦的人会从痛苦中得到许多意想不到的收获，它们最终会变成当事人的生命财富。切记：阴影和光明一样，都是人生的财富。一个最重要的心理规律是，无论多么痛苦的事情，我们都是逃不掉的。我们只能去勇敢地面对它，化解它，超越它，最后和它达成和解。如果我们自己暂时缺乏力量，我们可以寻找帮助，寻找亲友的帮助，或寻找专业的帮助，让我们信任的人陪着自己一起去面对这些痛苦的事情。

美国心理学家罗杰斯曾是最孤独的人，但当他面对这个事实并化解后，他成了真正的人际关系大师；美国心理学家弗兰克有一个暴虐而酗酒的继父和一个糟糕的母亲，但当他挑战这个事实并最终从心中原谅了父母后，他成了治疗这方面问题的专家；日本心理学家森田正马曾是严重的神经症患者，但他通过挑战这个事实并最终发明出了森田疗法……他们生命中最痛苦的事实最后都变成了他们最重要的财富。

第三节　大学生心理障碍的成因

大学阶段是一个人身心成长发育的关键时期。大学生的内心体验越来越丰富，思想观念不断发展，他们对精神的需求、对爱与归属、对尊重的需求非常明显，对人生价值的实现充满幻想。但实际上，我们对大学生的这些心理和精神上的需求并没有给予高度的重视，许多大学生挣扎在理想与现实的冲突中不能自拔。影响大学生心理障碍的因素是多种多样的，既有生理原因，又有社会因素，还有个体发展过程中自身的心理因素。

一、生理原因的影响

人是一个身心统一的整体，其生理健康和心理健康是交互影响的，健康的心理寓于健康的身体。生理因素是形成大学生心理障碍的一个重要因素。

（一）遗传因素的影响

遗传是指父母把自己的生物性状，即生理结构和机能的特点传递给子女的现象。遗传是生物界共有的普遍现象。人的心理问题能否遗传，这是人们非常关注的一个问题。一般来说，人的心理活动是不会遗传的，它主要是在后天的社会环境影响下，在社会实践活动中形成和发展起来的。然而，作为一个整体的人与遗传的关系十分密切，尤其是一个人的体形、气质、神经结构及活动特点、能力等的某些成分直接受到遗传因素的影响。现代的大量研究资料表明，在精神疾病中，尤其是精神分裂症、躁狂抑郁症和癫痫等所谓内源性精神病的致病因素中，遗传占有十分重要的地位。

（二）发育因素的影响

个体生长发育及其速度的快慢，对其心理健康心展也有一定的影响。青春期的身体发育是影响学生心理健康的一个不可忽视的因素。青春期是一个人长身体、学知识的黄金时期，也是培养个性的重要时期。由于生理的剧变，不可避免地引起心理上的反应。这时，性发育给他们带来的最初的性冲动，如女孩的初潮和男孩的首次遗精，往往使一些缺乏必要性知识的学生产生羞耻感、罪恶感、内疚感、焦虑、烦恼甚至恐慌等情感体验；而体格发育的特点（如过高、过矮、过胖、过瘦）、发育的时间（过早、过晚）也都会引起学生的一些不良的心理反应。

（三）生理疾病和外伤、中毒等因素的影响

学生的身体疾病和外伤、中毒等因素，由于可能会给大脑带来伤害或者引起生理变态反应影响神经系统的机能，进而引起各种心理障碍，所以，对学生的心理健康也有不利的影响。

1. 生理疾病

发烧、炎症都能使脑组织的活动发生变化，对脑的局部或全部机能发生破坏作用，从而出现某些精神障碍状态，引起心理疾病；同时，有许多病原体都可以产生毒素，这些毒素也能侵犯脑组织而影响脑的机能活动；此外，有些传染病会使身体发生变态反应而影响神经系统的机能，进而引起各种心理障碍。

2. 外伤

当身体受到物理性的作用而引起伤害后，如机械性创伤、电伤、放射性伤害、热伤、烧伤、冻伤等，一方面可能使中枢神经系统发生直接伤害，而导致心理障碍的产生；另一方面还可能由于外伤而引起的个体强烈的心理应激反应，使心理发生异常。

3. 中毒

个体中毒的毒素可以是由体外输入的化学物质，如麻醉剂、兴奋剂、镇静剂及安眠剂等；也可能是由于系统性疾病使某些正常或异常代谢产物在体内聚集所致。如由于急慢性肝病会使肝机能严重损害，肝的解毒作用减弱，导致体内血氨含量增高，临床可出现意识障碍、记忆力减退或错乱、智能或个性改变等症状；由于肺功能不全，会导致二氧化碳潴留、动脉血氧含量及氧分压降低，二氧化碳分压增高，血 pH 值下降，大脑缺氧，临床可出现意识模糊等心理障碍等。有许多化学物质都能作用于人的中枢神经系统而改变人的心理的正常活动，从而造成心理障碍。在工业化越来越发达的现代社会，各种污染越来越多，毒素已成了影响人心理健康的重要因素。

（四）神经—内分泌系统异常因素的影响

人的神经系统包括中枢神经系统和周围神经系统。人们心理障碍的产生与整个神经

系统，尤其是大脑有着最为密切的关系，而周围神经系统对人的心理健康也有较大的影响。内分泌功能正常，人的发育就正常；其功能失调，人就会发生病变，从而直接或间接地影响其心理活动，并引起心理活动的异常。如甲状腺功能过盛，会引起新陈代谢的亢进；神经兴奋性增高，易激动、紧张、烦躁、多语失眠等；而甲状腺功能低下者，条件反射活动迟缓、智力下降、记忆力减退、联想和言语减少、嗜睡等。又如肾上腺功能发达的人，情绪易于兴奋、激动；而功能不足的，则易抑郁、疲劳、缺乏学习兴趣等。还有脑下垂体的功能过盛，会表现出淡漠无情、注意力易分散、语言迂缓、健忘等症状；而脑垂体的功能不足者，则会延缓其身心发展。近年来，对一些心理健康问题的研究都证明，神经—内分泌系统的种种异常因素确实可以影响人们的心理健康。

二、社会因素的影响

学生是在一定的社会环境中生活成长起来的。因此，一定的社会文化背景、社会经济地位、风俗习惯等因素都对学生的心理健康发生影响。

（一）社会文化背景的影响

不同的社会文化关系（或环境）不仅制约着人的心理异常表现的内容，而且影响到心理异常的表现方式。每个人在家庭、学校中所受的教育，都离不开社会文化因素的影响。在任何时候、任何情境下，作为教育者的父母或教师都是一定文化因素的“负荷者”。社会正是通过他们，把它的原则、规范、准则灌输到每一个新的成员中去，形成其理想、信念、世界观、需要、动机、兴趣等心理品质。因此，社会文化背景对学生的心理健康发生影响是不言而喻的。

（二）社会经济地位的影响

人的心理健康与一定的社会经济地位有一定关系，经济地位低的人往往整日为生存奔忙，其子女被剥夺了适当的食物营养、关心注意、居住条件、教育机会以及家庭中的慈爱和照顾。结果使他们在心理、生理成长发育方面都受到损害，很容易发生心理健康问题。

（三）社会政治局面的影响

社会政治局面的安定或动荡情况，也是影响人的心理健康的重要因素。对形势变化不能适应的人，由于对客观现实的变化不能认识、不能理解、不能接受，就会感到自己不能主宰自己的命运，感到自己不能与社会沟通，失去了社会的支持，常常体验到一种茫然或孤立无助，导致情绪上的彷徨、失望、怀疑、忧虑、悲伤、恐惧、愤怒以及绝望等，对其心理健康发展产生严重的影响，导致心理或生理上的异常表现。

（四）社会意识形态的影响

社会意识形态对人的心理健康的影响，是通过社会信息作为媒介的。现在一些不健康的电影、电视、录像、小说、报刊等已侵蚀了许多学生的心灵，对他们心理健康发展造成了极大的危害。

（五）社会风气的影响

社会风气，作为一种社会心理环境，不可避免地会对生活在其中的学生产生影响。如现今社会上“一切向钱看”“走后门”“拉关系”“请客送礼”“以权谋私”以及新的“读书无用论”等已严重污染了学生的心灵，有的学生甚至因此走上违法犯罪的道路。

三、心理因素的影响

大学生产生心理障碍最直接的原因是心理因素。不了解心理活动产生的内部机制，就不可能找到大学生心理健康问题产生的原因，以便“对症下药”，更不能找到防治的具体方法和措施。因此，探讨和研究影响学生心理健康的心理因素，对于提高学校心理卫生工作的质量，具有重要的现实意义。

（一）心理冲突与心理健康

心理冲突又称动机冲突。动机是直接推动个体进行活动的内部动因或动力。它一经产生，便会引导个体进行实现目标的活动。由于社会生活的复杂多样，个体在有目的的活动中，常常会同时存在着一个或数个所欲求的目标，同时又存在着两个以上相互排斥的动机。如果这些并存的目标不能达到或完全达到，动机不能获得满足或不能全部满足，就构成了心理冲突。这种使人难以做出抉择、左右为难的矛盾状态，就会形成动机冲突的心理状态。

人的动机冲突是非常复杂的。在心理学上一般把动机冲突分为四种类型。

1. 双趋式冲突

个体在有目的的活动中，同时有两个并存的目标，而且两个目标对其具有同样的吸引力或引起同样强度的动机。当个体因实际条件的限制（如时间、空间）而无法同时获取两个目标，即所谓“二者不可兼得”时，就会在心理上产生难以取舍的冲突情境，这便是双趋式冲突。这种冲突在学生中常见。如某一学期同时开设了两门选修课，上课时间在同一时刻，某学生对这两门课都感兴趣，都十分想学习和了解，但缺乏分身之术，只能择其一，这时其心理上就会产生双趋冲突。

2. 双避冲突

双避冲突是指同时有两个可能对个人具有威胁性的事件发生，因为对个体都是不利的，个体对两者都想躲避，但迫于情势，只能躲开一件，而无法避开另一件。这样在选择接受某一件时，就会产生双避式冲突的情境。如有既不愿学习，又怕挂科，二者都想逃避，但必须选择其中之一。这也是双避式冲突。

3. 趋避式冲突

趋避式冲突是指对于同一个目标，个体同时有趋近与躲避的两种动机。即同一目标，对于个体来说，可能会满足其某种需要，但同时也可能会构成威胁。一个目标对个体形成了既有好的一面又有恶的一面，既有吸引力又有排斥力的矛盾的心理情境，就是

趋避式冲突。这种动机冲突，在日常生活中最为普遍。如有的学生既想参加学校组织的各种活动，又怕耽误学习。人在生活情境中对任何一件事情做决断时，都要考虑决断后的利害得失。从“利”与“得”方面看，个体会倾向于做出趋向的决定；但从“害”与“失”方面看，个体又倾向于作躲避的决定，而所谓的利害得失，又没有一个客观标准，只凭主观感受。因此，在这种情况下，个人做出正、反两面的反复考虑时，常常会陷入犹豫不决的困扰情境之中。

4. 双重趋避式冲突

双重趋避式冲突是双趋冲突与双避冲突的复合形式，也可能是两种趋避式冲突的复合形式。即现实中两个目标或情境对个体同时具有吸引与排斥的两种力量。如在挑选工作时，可能会遇到一种是物质待遇优厚而社会地位却不高的工作，另一种是社会地位高但物质待遇菲薄的工作。这些都是双重趋避式冲突。

在现实生活中，动机的冲突情境不仅是经常发生的，情况也是错综复杂的，而且常常不能轻易地获得解决。如不能妥善处理，及时解决，就会造成强烈的情绪波动，使人陷入困惑和苦闷，甚至颓废和绝望之中，并使矛盾冲突加剧而无力自拔，从而给人的身心健康带来严重的威胁，甚至使人的精神状态趋于崩溃。

（二）心理挫折

在现实生活中，人人都会有抱负，有各种雄心壮志。但是“人生逆境十之八九”，任何人的一生都不可能是一帆风顺的，人在达到某种目标的过程中，常常会遇到各种障碍，碰到许多困难，使目标不能实现，即受到挫折。而心理挫折可以说是直接促成学生心理健康问题的内部因素。

个体在遭受挫折后，对自己这种因动机不能获得满足而产生的情绪状态总是要设法表现出来，常见的有如下几个方面：

1. 攻击行为

当个体受到挫折后，常常会引起愤怒的情绪，而出现攻击性行为。

（1）直接攻击。个体受到挫折后把愤怒的情绪和行为直接指向造成挫折的人和物。表现为对人反唇相讥、甚至咒骂、拳脚相加和损物伤人。

（2）转向攻击。转向攻击是不能直接攻击阻碍自己达到目标的对象，而把攻击行为转向某种代替物。这种攻击往往采取寻找“替罪羊”的形式，或者由于对自己缺乏信心而自卑、悲观，把攻击方向转向自身，产生自责、自残行为。

2. 倒退现象

倒退现象是指人们在受到挫折后，表现出与自己年龄不相称的幼稚行为方式来应付挫折情境以满足自己的欲望。如有的学生每当学校要举行考试时，常常声称自己“头痛”或者“肚子痛”。因为头痛或肚子痛就可以不去参加考试或上学。倒退行为在疑病症中最常见。有人认为疑病症本身就是一种倒退的表现。因为，在他们的意识中，认为有病就可能得到别人的帮助，有病就可以逃离现实，就可以像依赖父母一样依赖别人。

3. 冷漠

冷漠是指个体在挫折情境下持漠不关心与无动于衷的态度。冷漠大多出现在以下情况：

（1）长期遭受挫折。

（2）情况表明已无希望。

（3）情境中包含着心理上的恐惧与生理上的痛苦。

（4）个体心理上产生攻击与压抑之间的冲突。

冷漠并不表明个体不含有愤怒的成分，而是把愤怒压抑罢了。所以，冷漠往往对个体心理健康产生更为有害的影响。

4. 推诿

推诿是指一个人受到挫折后，把自己的不良行为诿过于人，以此来减轻内心的不安、内疚或焦虑。如有的学生考试不合格，往往归罪于教师教得不好，试题出得太难太偏或评分不公平，而不承认是由于自己平时不用心听讲，不充分复习或学习能力差等造成的。推诿是一种有害的受挫后行为反应方式，对人对己都没有好处。惯用这种方式的人，一般都人缘不佳，难以建立良好的人际关系，也不容易得到别人的谅解，严重的还可能导致人格的分裂。

5. 焦虑

这是人在遭受挫折时最普遍的一心理反应，是预期要发生不良后果时的一种复杂情绪状态。焦虑反应的心理活动状态很复杂。焦虑一般会导致心理活动的增强，以至于个体表现出忐忑不安、失眠并伴有头痛；在言语变化方面，有的说话越说越快而不间断，有的声音提高，有的变得吞吞吐吐、犹豫躲闪或因选择词汇困难而口吃，有的注意力不集中，对简单的问题也难以回答；在举止方面，无效操作增加，并出现一些看来很不协调的动作等。如果持续时间过长，会不可避免地给个体的心理健康带来影响。

6. 逃避

这是一种个体在挫折或冲突情境中常见的一种行为反应。生活中常见这样的学生，一拿起书本就打瞌睡。实质上，他们并非睡眠不足，而是用睡眠来作为一种应付挫折或适应困难的方式。所以，我们会看到有的学生明知第二天要考试，但晚上复习时却总打瞌睡。第二天，他又会向别人诉说自己由于睡觉没复习或由于失眠没休息好，以此来推卸考不好的责任。

7. 自我心理防御机制

这是指个体处在挫折与冲突的紧张情境时，在其内部心理活动中具有的自觉或不自觉地解脱烦恼、减轻内心不安，以恢复情绪平衡与稳定的一种适应性倾向。如有的人受到别人欺辱而又无力反抗时，常常自我解嘲地说“虎落平阳被犬欺”“脱毛的凤凰不如鸡”等话，来解脱现实中所遭到的不安和痛苦而暂时获得安慰，以补偿自己心理上的不平衡。

总之，尽管学生受挫后的行为反应方式多种多样，但不外乎积极方式和消极方式两类。积极方式，能正视现实、承认挫折、冷静地分析产生挫折的主客观原因，不断地总结经验教训，从而改善行为提高能力以战胜或减少挫折；消极的方式，究其实质都是回避矛盾，掩盖矛盾，从表现上看，能使心理冲突暂时缓和下来，但由于没有从根本上消除，潜在的冲突必然会逐步积累起来，结果使人的心理健康问题变得更为严重。

(三) 心理压力

心理压力是指受内外环境的强烈影响所产生的情绪上的波动和生理上的变化。一个人长久地承受巨大的心理压力，就会产生各种疾病，影响心理的健康发展。美国华盛顿大学的霍尔姆曾调查了 5000 名被试者，并据此制定了“心理压力量表”。当心理压力总分达到 150～199 分时，37%的人健康会受影响；达到 200～300 分时，50%的人体测到健康有变化；超过 300 分时，80%的人要病倒。当今的学生，面临着众多的心理压力：考试、升学、师生关系、同学关系、家庭关系、就业等，如果不能合理地减轻心理压力，就不可避免会给其心理的正常发展造成消极影响。

第四节　大学生心理障碍的调适方法

生活在复杂的社会集体中的个人，难免会出现心理失衡，产生心理障碍，严重时还会严重损害人的身心健康。因此，如何维护和保持心理健康，以及出现心理失调之时怎样恢复心理平衡，这对每一个人，包括大学生来说，都是一件十分重要的事情。那么大学生怎样维护和保持自己心理健呢？下面我们简要介绍一些被认为是行之有效的方法，供大学生参考。

一、精神分析法

精神分析法又称心理分析法。它是心理治疗中最主要的一种方法。它主要是通过移情分析、自由联想、释梦和直接分析等技术，深入患者内心世界，发掘患者潜意识中的心理矛盾，揭示病症的无意识动机，启发患者对自我获得重新认识，从而使病症自然消失，达到治疗的目的。

精神分析法是弗洛伊德所创建的一种心理治疗方法，主要用于对心理不健康或心理变态的治疗。它是西方心理治疗的一大派系。该学派认为，人的不健康心理主要来自于心理的压抑与创伤，尤其是幼年的压抑与创伤，这种压抑与创伤潜伏在潜意识的层面上，在一定的时机就会以象征性的行为形式表现出来，形成心理障碍的症状，而障碍者自己无法觉察出这种症状的根源。心理分析的任务是通过各种技术将其症状的根源探明，了解患者病源所在，然后向患者指明其不适应行为的象征意义及根源，使患者对此有所认识，这样就能使患者恢复到正常状态。进行心理分析的主要技术是追溯患者的童年经历、释梦、自由联想，分析口误、笔误等。总的来说，心理分析法的基本原理是：探明患者潜意识的心理创伤或致病情结，把它们带到意识领域，使患者对其有所领悟，然后在现实的原则下纠正或消除它们，从而使患者恢复正常健康状态。

精神分析法集多种心理治疗方法于一身，因此它可适用于多种心理病症，尤其对于精神分裂症、妄想症、思维障碍、退缩型人格、各种人格障碍等患者有较好的疗效。

二、行为主义方法

行为主义方法也称行为疗法，是以行为主义学习理论为指导，按一定的程序，来消除或纠正人们的异常或不良行为的一种心理治疗方法。这种方法认为，个体所有的异常行为或不适应行为，都是个体在其过去的生活经历中，通过对本章的学习而固定下来的。因此，也就可以设计某些特殊的治疗程序，通过条件反射作用的方法即学习的方法，来消除或矫正这些异常或不适应行为。行为疗法有许多技术，包括系统脱敏法、厌恶疗法、暴露法、自我调整法、行为演练法、行为塑造法等。行为疗法已经在很多领域中得到应用，以帮助人们改变各种问题行为，在心理健康教育中应用价值非常广阔。

（一）系统脱敏疗法

系统脱敏疗法是行为疗法的一种，是由交互抑制发展起来的一种心理治疗方法。当患者面前出现焦虑和恐惧刺激的同时，施加一种与焦虑和恐惧相对立的刺激，从而使患者逐渐消除焦虑与恐惧，不再对有害的刺激发生敏感。采用系统脱敏法治疗时都需经过以下三个步骤：

（1）建立恐怖或焦虑的等级层次。这是进行系统脱敏法的依据和主攻方向。

①找出所有使患者感到恐怖或焦虑的事件，并报告出对每一事件他感到恐怖或焦虑的主观程度，这种主观程度可用主观感觉尺度来度量。这种尺度为0～100，一般分为心情平静、轻度恐惧、中度恐惧、高度恐惧、极度恐惧10个等级。

②将患者报告出的恐怖或焦虑事件按等级程度由小到大的顺序排列。

（2）放松训练。一般需要6～10次练习，每次练习半小时，每天1～2次，以达到全身肌肉能够迅速进入松弛状态为合格。

（3）分级脱敏练习。在完成以上两项工作之后，即进入系统脱敏练习。脱敏练习须在患者完全放松的状态下进行。一般又分为三个步骤：

①放松。具体方法参照放松疗法。

②想象脱敏训练。由医生做口头描述，并要求对方在能清楚地想象此事时，便伸出一个手指头来表示，然后，让患者保持这一想象中的场景30秒左右。想象训练一般在安静的环境中进行，想象要求生动逼真，像演员一样进入角色，不允许有回避停止行为产生，一般忍耐1小时左右视为有效。一次想象训练不超过4个等级，如果在某一级训练中仍出现较强的情绪反应，则应降级重新训练，直至完全适应。

③实地适应训练。这是治疗的关键步骤。也是从低级到最高级，逐级训练，以达到心理适应。一般重复多次，直到情绪反应完全消失再进入下一等级。每周治疗1～2次，每次30分钟左右。

系统脱敏疗法是最常用的心理治疗法。它设计合理，疗效好，适用于神经症、焦虑症、恐怖症、自我封闭心理等各类心理障碍。但由于系统脱敏治疗时间长，方法繁杂，所以需要患者高度的配合和耐心，否则收不到应有的效果。

（二）放松疗法

放松疗法又称松弛疗法或放松训练。它是一种通过训练有意识地控制自身的心理生理活动，降低唤醒水平，改善机体紊乱功能的心理治疗方法。

人的各种行为和活动都是意识支配下产生的，当人的情绪紧张时，躯体也会产生紧张反应。因此，通过意识控制使肌肉放松，同时间接地松弛紧张情绪，从而达到心理轻松的状态，以便于治疗疾病。

放松疗法常和系统脱敏法结合使用，也可单独使用，它适用于神经症、恐怖症、焦虑症等各种情绪紧张症状，它对于身心系统疾病都有较好的疗效。具体方法如下：

①“深深吸进一口气，保持一会儿。（大约15秒）

好，请慢慢把气呼出来，慢慢把气呼出来。（停一停）现在我们再来做一次，请你深深吸进一口气，保持一会儿。（大约15秒）

好，请慢慢把气呼出来，慢慢把气呼出来。”（停一停）

②“现在，伸出你的前臂握紧拳头，用力握紧，注意你手上的紧张感受。（大约15秒）

好，现在请放松，彻底地放松你的双手，体验放松后的感觉，你可能感到沉重、轻松，或者温暖，这些都是放松的标志，请你注意这些感觉。（停一停）

我们现在再做一次。”（同上）

③“现在开始放松你的双臂，先用力弯曲绷紧双臂肌肉，保持一会儿，感受双臂肌肉的紧张。（大约15秒）

好，放松，彻底放松你的双臂，体会放松后的感受。（停一停）

现在我们再做一次。”（同上）

④“现在，开始练习如何放松双脚。好，绷紧你的双脚，用脚趾抓紧地面，用手抓紧，用力，保持一会儿。（大约15秒）

好，放松，彻底放松你的双脚。（停一停）

我们再做一次。”（同上）

⑤“现在，放松你小腿部位的肌肉。

请你将脚尖用力上跷，脚跟向下向后紧压地面，绷紧小腿上的肌肉，保持一会儿，保持一会儿。（大约15秒）

好，放松，彻底放松你的双脚。（停一停）

我们再做一次。”（同上）

⑥“现在，放松你大腿的肌肉。

请用脚跟向前向下压紧地面，绷紧大腿肌肉，保持一会儿。（大约20秒）

好，放松，彻底放松。（停一停）

我们再做一次。”（同上）

⑦“现在我们放松头部肌肉。

请皱紧额头的肌肉，皱紧，皱紧，保持一会儿。（大约15秒）

好，放松，彻底地放松。（停一停）

现在，转动你的眼球，从上，至左、至下、至右，加快速度。好，现在朝反方向旋转你的眼球，加快速度，好，停下来，放松，彻底地放松。(停一停)

现在，咬紧你的牙齿，用力咬紧，保持一会儿。(大约 15 秒)

好，放松，彻底地放松。(停一停)

现在，用舌头顶住上腭，用劲上顶，保持一会儿。(大约 15 秒)

好，放松，彻底地放松。(停一停)

现在，收紧你的下巴，用力，保持一会儿。(大约 15 秒)

好，放松，彻底地放松。(停一停)

我们再做一次。”(同上)

⑧“现在，请放松躯干上的肌肉群。

好，请你往后扩展你的双肩，用力向后扩展，用力扩展，保持一会儿。(大约 15 秒)

好，放松，彻底地放松。(停一停)

我们再做一次。”(同上)

⑨“现在，向上提起你的双肩，尽量使双肩接近你的耳垂，用力上提双肩，保持一会儿。(大约 15 秒)

好，放松，彻底地放松。(停一停)

我们再做一次。”(同上)

⑩“现在向内收紧你的双肩，用力收，保持一会儿。(大约 15 秒)

好，放松，彻底地放松。(停一停)

我们再做一次。”(同上)

⑪“现在，请抬起你的双腿，向上抬起双腿，弯曲你的腰，用力弯曲腰部，保持一会儿。(大约 15 秒)

好，放松，彻底放松。(停一停)

我们再做一次。”(同上)

⑫“现在，紧张臀部肌肉，会阴用力上提，保持一会儿。(大约 15 秒)

好，放松，彻底地放松。(停一停)

我们再做一次。”(同上)

(休息 3 分钟，从头到尾再做一遍放松)“结束放松：这就是整个放松过程，现在感受你身上的肌肉群，从下至上，使每组肌肉群都处于放松状态。(大约 15 秒)

请注意放松时的温暖、愉快、轻松感觉，并将这种感觉尽可能保持 1～2 分钟。然后，我数数，数至‘五’时，你睁开眼睛，你会感到平静安详，精神焕发。(停 1～2 分钟)

好，我开始数，‘一’感到平静，‘二’感到非常平静安详，‘三’感到精神焕发，‘四’感到特别的精神焕发，‘五’请睁开眼睛。”

进行放松训练时，要求患者有信心、有毅力，必须持之以恒，每天练习 1～2 次，每次 15～20 分钟。如果需要可以将指导语录音或打印成书面材料，便于患者自行训练和训练时指导语的准确性。

（三）厌恶疗法

厌恶疗法是把需要消除的行为或症状，与某种厌恶性或惩罚性的体验和刺激结合起来，以建立厌恶条件反射，从而消除某种适应不良行为的心理治疗方法。

人的各种不良的病态的行为既然可以在生活经历或心理创伤的体验中，通过条件反射的建立而逐渐形成并固定下来，那么，同样可以在痛苦的反应或惩罚性的体验中，通过厌恶条件反射的建立，抑制和消除原先的条件反射。例如，喝酒可作为“提神”的信号刺激，建立条件反射导致嗜酒，同时可让有酒瘾的人喝酒时口含能引起恶心的药物，使酒成为痛苦体验的信号刺激而建立厌恶条件反射，从而达到戒酒的目的。厌恶疗法有三种形式：

1. 电击厌恶疗法

将患者的习惯性不良行为反应与电击连在一起，一旦这一行为反应在想象中出现就予以电击。电击一次后休息几分钟，然后进行第二次。每次治疗时间 20～30 分钟，反复电击多次。治疗次数可从每日 6 次到第二个星期 1 次。

2. 药物厌恶疗法

当患者出现病态的行为欲望时，让其服用呕吐药，产生呕吐反应，从而将该行为反应逐渐消失。

3. 想象厌恶疗法

将医生口头描述的某些厌恶情境与患者想象中的刺激联系在一起，从而产生厌恶反应，以达到治疗目的。

厌恶疗法，操作简便，适应性广，主要用于强迫症和种种行为障碍的患者，如日常生活中想戒烟、戒酒、控制饮食等也可采用此方法。但因为厌恶疗法实施时会给患者带来极不愉快的体验，因此，一般要征得患者的同意后才使用此法。

（四）满灌疗法

满灌疗法是一种把患者发生恐惧反应的某事物或某刺激呈现在其面前，让患者暴露在各种刺激情境中，使他逐渐忍受并适应，从而使恐惧反应逐渐消退的心理治疗方法。

满灌疗法是一种快速脱敏疗法。如果患者合作得好，一般在几天或几周内，最多在两个月内就能取得明显疗效。采用满灌疗法时，治疗一开始就要让患者进入最使他恐惧的情境中，因对患者刺激越强，冲击越突然，时间持续越长，患者的情绪反应就越强烈，这样才称之为满灌，也才能使患者最焦虑或恐惧的反应消失。满灌疗法主要适应于恐惧症、焦虑症等。在具体运用中，还应当考虑患者的文化水平、受暗示的程度、病因及身体状况。对于体质虚弱、胆小、有心脏病和高血压的患者，最好不采用此疗法。此外，治疗时患者要医生密切配合，当患者体验到了恐惧反应时，一定要忍耐 1～2 小时。不许有回避行为，否则会加重病情，导致治疗失败。满灌疗法的实施步骤如下：

①确立引起患者恐怖、焦虑的人、事或物。

②向患者解释清治疗的意义、目的、方法和注意事项，必要时取得家属的配合。

③治疗过程中，坚持做“家庭作业”，以便巩固疗效。

④医生根据患者个体情况，可采用示范疗法，与患者一同进行练习，以促进暴露。

⑤学会放松训练，在做好充分心理准备的情况下进行满灌治疗。

三、患者中心疗法

患者中心疗法是人本主义心理学家罗杰斯创立的一种治疗方法。患者中心疗法用以治疗社会性孤独、接受和表达自己感情有困难及缺乏自尊心的人效果最佳。

这种方法认为，人类有自我实现的潜能，能够了解自身，使生活态度和行为产生建设性的改变。患者的这种潜力，在与治疗者建立起融洽的关系后，就能得到释放与发挥。因此，对于不正常的行为，只要患者得到治疗者的温暖与鼓励，就能发挥出他们内在的潜力，完全有能力做出合理的选择，使自己恢复正常。患者中心疗法在治疗中要求治疗者像患者的一个有专业知识的朋友，与患者建立融洽的关系，使患者感到温暖并产生信任感。治疗者不对患者发出指令，也不控制治疗的程序与内容，只决定治疗时间的长短，并努力创设一个环境，使患者感到自由、轻松、安全、无所畏惧、大胆倾吐；治疗者表示完全接受、了解与同情患者，抱着充分理解与宽容的态度，愿意倾听患者的陈述，并不需要去引导患者的讲述，也不需要表达自己的意见。患者在倾吐内心的痛苦经验过程中会恢复正常的自我，从而解决自己的心理问题。总的来说，患者中心疗法是主张给予患者充分的时间与注意，让他们以自己的方式与步调来探索其处境，使患者感到自己是独立自主的，而不像在日常生活中总是受他人评价、拒绝或劝说。这样就可以帮助病人从消极防御的情感中解脱出来，而产生健康的和自我实现的态度。

四、森田疗法

森田疗法是21世纪20年代初由日本学者森田正马教授创立的一种治疗神经症的心理治疗方法。森田疗法自创立以来深受广大心理学和医学工作者的欢迎。它主要适用于强迫症、恐怖症、神经症、疑病症等病人。

森田认为，神经症的特征是内向性、强烈的自我意识、过度地追求完美。具有这种特征的人，当他遇到生活环境的改变，甚至很轻微的精神创伤时，也会倾向于使自己产生自卑感而产生疑病素质。而疑病素质的人竭力追求尽善尽美，而越是追求，越感到焦虑、敏感，最终形成精神交互作用，产生神经症。森田疗法正是根据神经症产生的规律来引导患者正确认识自我，要求患者对症状有一个正确的认识。首先承认现实，不必强求改变，做到顺其自然，反而不改自变。因为，心理学规律表明，注意越集中，情感越加强，听其自然，不予理睬，反而逐渐消退。当然在进行森田疗法治疗时，必须使患者认识情感活动的规律，在“顺其自然”的同时，还要让患者忍受一定痛苦，即面对现实，不要把症状当作自己心身的异物，任意抵抗、排斥或回避。只有通过自己的内力，努力去做应该做的事，才能真正从痛苦中解脱出来。

第五节　大学生心理障碍之拓展训练

一、心理训练

做自己的医生

大学生面对心理异常，不必慌张无助，不要“病急乱投医”。大家都有这种常识，一般的轻感冒到药店买点药就可以自我治疗了。心理异常也是一样的，比如情绪不好或低落，或者出现了一些自认为不太正常的心理现象，都可以进行自我调整。如果调整了一段时间效果不理想，再去找心理医生也不迟。首先让自己成为自己的医生，掌握几种基本的小医术，备好一个基本的小药箱，也许就足以应付许多异常心理问题了。

（一）压抑法——“万能药”

望闻问切：如因为曾经患有脑部疾病，对自己的思维水平、智力程度、反应机敏性等产生怀疑，固执地认为自己的精神发育一定会受到影响，留有后遗症，陷入深深的自卑。请写下你无法“挥之即去”的苦恼，让它能反映出你的异常心理。

你的烦恼：（1）______________________________；

（2）______________________________。

药方：压抑法。

特点：能医治各种类型的异常心理。

使用说明：这是一种退让型方法，指个体尽量将过去遭受的失败所引起的痛苦、焦虑等深埋心底，避免正视它们，让一切痛苦都消失在时间中。时间是医治伤痛的最佳良药，任何伤口都可以被时间的妙手抚平。尝试忘记它吧！它只是你的过去。不要去刻意想起它，开始新的生活。

你具体怎么运用这种医术和药方解决问题？______________________________
____。

（二）文饰法——“去痛片”

望闻问切：如发现自己最近有某种程度的错觉或幻觉，看到了别人看不到的现象，听到了别人听不到的声音，从而陷入深深的恐惧之中。请写下导致你经常不能平静的想法，让它能反映出你的异常心理。

你的想法：（1）______________________________；

（2）______________________________。

药方：文饰法。

特点：有效去除疼痛。

使用说明：这是一种消极型方法，是指当个体有什么过失和遇到失败的事件时，尽量进行外部归因，即把事情发生的原因推给自身以外的一些因素，以缓解自己的痛苦。

你完全可以反过来思考，自己的这种异常心理只是周围环境和遭遇的偶然作用使然，并非自己的心理真的出现了什么问题，从而让内心摆脱痛苦、自责。

你具体怎么运用这种医术和药方解决问题？______________________________

____。

（三）投射法——“糖衣片”

望闻问切：如发现自己具有某种强迫症症状，想克服却欲罢不能，越刻意控制就越强迫自己去重复动作，从而陷入深深的担忧。请写下你类似的习惯性“毛病”，让它能反映出你的异常心理。

你的习惯性动作：（1）______________________________；

（2）______________________________。

药方：投射法。

特点：吃起来甜甜的却能治病，良药未必苦口。

使用说明：这也是一种消极型方法，指把自己内心一些不能得到社会允许的冲动、态乏、行为等转移到他人身上，以减少自身的压力。要树立这样的观念：自己有的毛病并非自己单独所有，其他人也有，只是程度上的不同，大可不必过分紧张。由于我们每个人可能都有这些类似心理，自己可以沾沾自喜了。

你具体怎么运用这种医术和药方解决问题？______________________________

____。

（四）转移法——“降压药”

望闻问切：如给自己制定了过高的目标，在客观条件不允许的前提下，背负了沉重的包袱，导致心理压力过大，出现焦虑等心理，甚至影响到身体状态，出现内分泌失调等生理症状。请写下你因压力而出现的种种症状，让它能反映出你的异常心理。

你的压力是：（1）______________________________；

（2）______________________________。

药方：转移法。

特点：明显降低和减轻压力。

使用说明：这是一种积极的调节方法，是指当个体遇到无法克服的困难或无法实现的目标时，尽量转移到难度小或比较容易实现的目标上，以便减少自己的精神负担。卸下压力，轻装上阵吧，这样自己也许反而能展开翅膀，飞得更高。

你具体怎么运用这种医术和药方解决问题？______________________________

____。

（五）补偿法——“营养液”

望闻问切：如自己缺乏社会适应能力，害怕陌生人，容易羞怯、退缩，从而陷入自我封闭之中。请写下你某方面的不如意感，让它能反映出你的异常心理。

你不如意的地方：（1）______________________________；

（2）______________________________。

药方：补偿法。

特点：补充营养，增强力量。

使用说明：这是指当一个人在某一（或一些）方面受到挫折时，尽量以其他方面的成功来弥补，从中找到自信，以减轻自己的精神压力。某一方面的小挫折只不过局限于特定的范围，你完全可以发现，自己在其他方面仍然是优秀的，自己并非一无是处。用那些成功来弥补这小小的不足吧，你将获得更大的自信。

你具体怎么运用这种医术和药方解决问题？________________________________

____。

(六) 升华法——“排毒丸”

望闻问切：如在经历了偶然的失败之后产生了反社会倾向，对很多现象都看不惯，甚至愤世嫉俗，从而陷入深深的压抑之中。请写下你潜意识里不符合社会常砚的内容，让它能反映出你的异常心理。

不符合社会常规的内容：(1) ______________________________；

(2) ______________________________。

药方：升华法。

特点：排除毒素使你更年轻美丽。

使用说明：是指当个体原有的冲动或欲望不能实现或不可能得到社会的允许时，就将它们改变成社会许可的形式，或者用更崇高的、具有创造性和建设性的、有利于社会的活动表现出来。如人们常说的“化悲痛为力量”就是典型的升华。

你具体怎么运用这种医术和药方解决问题？________________________________

____。

(七) 正视法——“消炎药”

望闻问切：如最近比较偏执，甚至容易歇斯底里，从而陷入深深的不安之中。请写下你反常的情绪，让它能反映出你的异常心理。

你的不良情绪：(1) ______________________________；

(2) ______________________________。

药方：正视法。

特点：消除炎症，杀灭病毒，战胜病魔。

使用说明：是指当一个人面临焦虑情境时，不是一味地采取逃避态度，而是寻找理由说服自己去正视它，并以主动的方式去克服它；或者采取放松情绪的方法，如找朋友倾诉自己内心的苦恼；或者使用一些应急措施，比如加强自身修养，提高自己的能力，付出更多的努力等，以便能从根本上解除苦恼或焦虑。正如鲁迅所说：真的勇士敢于直面惨淡的人生。正视问题，战胜它，你永远是强者。

你具体怎么运用这种医术和药方解决问题？________________________________

____。

二、复习思考题

1. 什么是心理障碍？如何区分心理正常与异常？
2. 大学生常见的心理障碍有哪些？大学生的心理障碍是如何形成的？
3. 大学生用什么样的方法来调适自身的心理障碍？

第十章 就业心理，开启人生的新视野

※ 心灵导读

“在前行的征途中，拄着双拐的人虽然步履艰难，但只要有一颗奋发不息的心则可以登上成功的峰巅。”

随着我国就业体制改革的不断深入，大学生就业有了更多的机遇和更广阔的市场，但同时也要面对越来越激烈的社会竞争及更大的心理压力。对大学生而言，求职择业是人生的必经之路，是人生真正的开始。选择适合自己的职业，充分发挥自己的潜能，是每一个有进取心的大学生梦寐以求的事。但是，选择职业是人生道路上面临的一次重要抉择，将会遇到比以往任何时候都严肃的课题、复杂的矛盾和深深的困惑。面对选择与被选择，以及竞争日益激烈的就业市场，大学生做好职业心理的准备就显得非常必要。

第一节 大学生就业择业心理

一、大学生就业现状

随着我国高校毕业生就业制度的改革和高等教育规模的迅速扩大，高校毕业生的数量迅速增加，就业难的问题日益突出。2015 年全国高校毕业生总数达到 749 万人，比 2014 年再增加 22 万人；2016 年高校毕业生达 765 万人，比 2015 年增加 16 万人，高校毕业生就业总体稳定，就业水平同上年基本持平。2017 年高校毕业生数量再创新高，预计达 795 万人，差不多占城镇新成长劳动力的一半多，就业任务非常繁重。

大数据显示，2016 年中国高校毕业生按专业大类统计，42.09％的高校毕业生是工学类，接近半壁江山，24.97％的高校毕业生是管理学类，11.80％的毕业生是经济学类，这三类合计占有 78.86％（图 10-1）。毕业生人数最少的三个专业大类是军事学、哲学、历史学。社会需要的人才概念也随着这一发展潮流而产生变化，掌握当今社会真正需要什么类型的大学生，对大学生以后就业大有裨益。

相对容易就业的专业，分布在一些供需量不大的冷门专业，比如军事类、医学类、

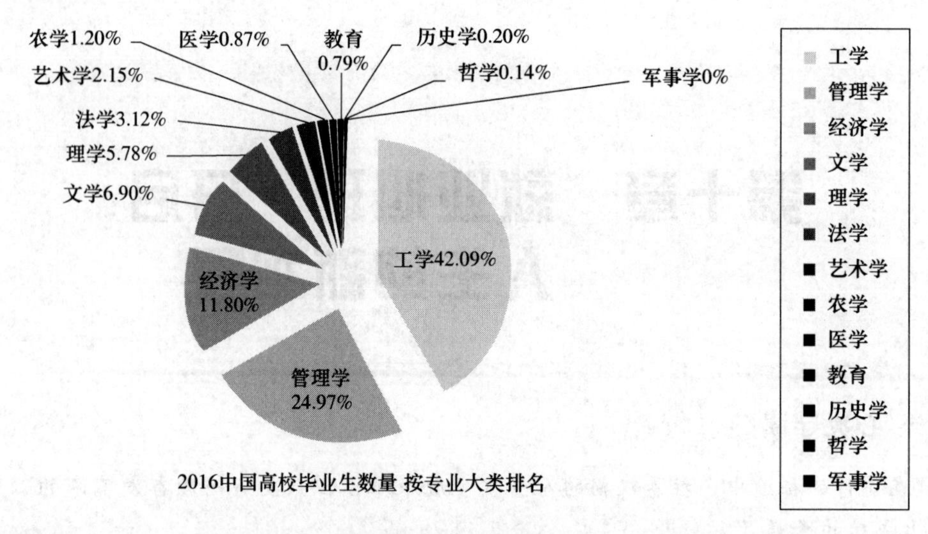

图 10-1　2016 年中国高校毕业生数量按专业大类排名

天文学类、艺术理论学等，其中尤其以医学供需矛盾最为突出，在最容易就业的 20 个专业中，医学类专业有 10 个之多，占据了半壁江山。从专业大类来分析毕业生就业难度指数，出乎预料的是，排在就业难度指数前三位的是经济学类、管理学类、文学类，这三大类专业的毕业生都已经供过于求，就业相对困难。

在供给持续高企而有效需求不足的情况下，毕业生就业的结构性失衡也更加突出。人社部调查显示，部分地方本科高校、部分地处三四线城市的高职、部分文史类专业毕业生市场需求不足，毕业生就业机会较少。一些高校反映，受外贸出口大幅下降、化解产能等因素影响，纺织、钢铁、采矿等相关专业的毕业生需求大幅下降，有的到目前为止仍少人问津。此外，部分少数民族毕业生、残疾毕业生和女性毕业生就业相对更为困难。

与此同时，毕业生的预期与市场需求也存在结构性失衡。人社部调查显示，一季度高校毕业生最希望去的工作岗位多集中在管理岗位（45.9%）和技术岗位（34.1%），两类占比达八成；但从企业需求看，多数企业需要生产岗位（51.0%）和销售岗位（19.2%），两类占比超七成。而从用人单位类型需求来看，国企、集体企业、港澳台企业和外资企业的用工需求都有所下降，而这些类型的企业是以往毕业生比较青睐的求职单位。加之，在当前经济条件下，企业更趋向于选聘具有工作经验的熟练人员，这对应届毕业生来说无疑是雪上加霜。

二、大学生择业就业心理与职业发展

大学生是否具有健康的心理素质，不仅对他们的求职就业有直接影响，而且对大学生的职业发展、人生发展都有着不容忽视的影响作用。充分认识大学生就业心理健康的重要意义，有助于大学生培养良好就业心理，预防不良就业心理，调整就业观念，积极面对就业。

就业心理和职业发展互为依托、互为补充。

一方面，诸多不良就业心理的形成，大多是由于个人定位、职业定位方面的问题而引起的，而这些正是职业发展方面的基础技能。通过职业规划，能够帮助完成个人职业素质的分析、完成社会对应职业的调查和个人职业目标的定位，以此为基础的就业观念的形成就有了更加科学的依据，就能够以良好的心理状态对待就业。

另一方面，拥有健康的就业心理，更是大学生科学规划职业生涯、获得良好职业发展的基础。首先，在进行职业规划阶段，良好的心理状态是完成设计、实施训练的保障，影响到职业规划的实施是否具有主动性、积极性、针对性、科学性，而不良心理状态会造成态度、深度、准确度方面的很多失误。其次，个人职业发展是一个漫长的过程，毕业就业不过是刚刚迈出的第一步。不良的就业心理不仅会影响到大学生毕业求职时的状态和行为，更会在今后的职业岗位上不断产生负面干扰，从而影响个体整个职业发展的各个阶段。

因此，从大学生活开始之时就要注意健康心理的养成，从职业规划开始之时就要注意健康心理的养成，在职业目标的选择时注意预防和调试不良就业心理，在职业发展的各个阶段都要注意培养和发展健康的就业心理，这样的职业人生才会更加辉煌。

第二节　大学生就业心理的误区

培养大学生良好的心理素质，认真研究并指导他们在择业过程中避免与跨越心理误区，对于积极做好高校毕业生就业工作具有重大意义。

一、大学生择业就业的心理表现

（一）功利心理

这种求职心理在受过高等教育的大学生或其他知识分子身上常常可以看到。他们求职或择业的动机既有为国家、为社会、为人民做出贡献的强烈愿望，也有获取高收入、高地位的渴求。许多大学本科生、硕士生、博士生涌向经济特区，涌向三资企业，或者是开创民办科、工、贸一体的公司，往往出于这种心理。在有关部门最近对北京高校2000多名学生的调查中，可以明显地看出这种择业倾向。当问及“您对人生价值怎么看”时，选择“人的价值既在于贡献，也在于取得功利”的答案，一年级至四年级学生分别为70.1%、69.0%、72.3%、74.3%；当问及“您追求怎样的人生”时，选择“既追求为社会作贡献，也追求个人生活的幸福”的答案，一年级至四年级学生分别为92.4%、92.9%、94.1%和90.3%；当问及“您的人生哲学是什么”时，选择“多贡献、多得利”的答案，一年级至四年级学生分别为80.3%、78.2%、80.6%、84.4%；当问及“您选择工作的标准是什么排序”时，大学生把“工作条件好、有利于发挥才能”排在第一位，把“经济收入高”排在第二位，把“社会地位高”排在第三位。从这些调查答案中，我们可以清楚地看到大学生们求职择业时的功利心理。特别是知识分子的清贫、社会潮流的影响以及校园经商的启发，诱发了择业中追求高经济收入的心理。

（二）安全心理

所谓安全心理，就是指在选择职业时有些人往往从职业的稳定性出发而选择那些全民所有制的企业单位。这种心理在受传统文化影响较大的求职者身上常常遇到。例如许多干部、知识分子家庭出身的大学生往往选择高校、科研单位，认为这些地方虽然收入不高，但安全稳定；一些工人家庭出身的大学生往往选择国营大、中型企业，也是出于安全稳定的考虑。此外，人们还发现怀着安全心理来求职择业的人群之中，家长越俎代庖的居多。一位大学生的家长说："我不要求孩子去冒风险挣大钱，只想帮他找一个稳定的工作，了却当家长的忧虑。"这种家长不在少数。

（三）求"名"心理

在消费者中，有一种求名心理，即追求商品的名牌，以显示自己的社会地位。在求职择业者当中也有这种求名心理，不了解职业的内在要求或不知道自己能否胜任某些工作，单纯追求"名望高、名誉好"的单位。

（四）竞争心理

商品生产的竞争是人们竞争心理产生的源泉。在高等院校实行奖学金和贷款制度、科研单位实行有偿合同制、人才流动以及取消干部终身制等，都是提倡竞争，保护竞争，从而强化了人们的竞争心理。竞争心理在求职择业过程中表现得十分明显。据一位已被上海希尔顿大酒店录用的大学生说："首先吸引我的是工资高，待遇好，另外，坦白地说，我不满意我原先所干的研究所的工作环境。有人说我不知足，在有名气的单位做清闲的工作够惬意的，为什么还要调动呢？可气就可气在这清闲上，没有多少活可干，人又不能调走。我愿意参与各种竞争，情愿快节奏、高效率地干，并希望工作之余能自由自在地享受，这多痛快！"这位大学生的直言不讳代表了许多人的求职心态。

（五）求闲心理

求闲心理是指在求职择业中追求舒适、清闲的心态。在一些大城市里常有这样一种怪现象，即有些工作无人愿意干，而有些人无工作干，使大批农村打工仔填补了空白。在一些招工见面会现场，常常看到许多手持求职证的人在"挑肥拣瘦"地寻求职业。他们宁可待业，也不愿去当煤矿工人、纺织工人、清洁工人……有些热门部门的招聘桌前却人山人海，拥挤不堪。当然，求闲心理在大学生的求职队伍里可能只占少数。

（六）求便心理

求便心理就是指那些为了离家近或追求生活便利的人的一种求职心态。事业与家庭、工作与生活常常有许多矛盾，造成许多不便，从而在择业时产生了求便心理。一位家在大城市而身在外地工作的大学讲师，为了全家团聚，竟然去当一名门卫。在大学生择业倾向上，也可以看到这种求便心理。

（七）奉献心理

这种心理常见于那些树立了正确的人生观、择业观的求职者。例如，放弃到国外继承万贯家财，立志保家卫国的解放军战士；甘当螺丝钉的国家机关干部；愿做“蜡烛”燃烧自己而照亮别人的教师；甘为人梯的科研人员；为了国家的需要甘当“无名英雄”或自愿到边疆工作的人等，他们以过硬的思想素质和对人民、对祖国、对事业强烈的献身精神，义无反顾地选择国家急需的工作，这些人是我们中华民族的脊梁，往往更能做出较大的成绩。奉献心理是我们在择业指导中应大力提倡的一种职业品德。

（八）从众心理

从众心理在求职择业时也会常常遇到。一些大学生在求职现场寻找热门职业，报考的人数越多，他们对那些职业的渴求越大。于是人们在求职时纷纷拥挤在“三资”企业、大饭店及外贸部门等狭窄的小路上，甚至有人为此“献身”或受骗。因此，我们在就业指导中再三告诫学生，求职择业是一项严肃郑重的大事，一定要认真考虑，谨慎从事，决不能“跟着感觉走”，盲目从众。

（九）依赖心理

“在家靠父母，出门靠朋友”，这句流传很广的社会俚语也在左右着当代大学生的择业心理。很多大学生在高考填报志愿时就是由家长或中学老师做主的，临近毕业时，这些人又把就业的希望寄托在学校和老师身上，怀着“车到山前必有路”的依赖心理。即使毕业分配制度已经发生了巨大变革，但仍有为数不少的大学生盼望国家继续“统分统配”。他们一方面也希望找到称心的工作，另一方面又不愿意自己到处奔波。于是有的向千里之外的家长寻求帮助，有的对职业左顾右盼，拿不定主意，以致贻误选择。

二、大学生择业就业的心理误区

（一）盲目攀高心理

部分大学生受传统就业意识的影响，还未完成从“天之骄子”到普通劳动者的思想转变，缺乏恰当的自我职业定位，择业期望目标高于自己的实际状况，表现为单向考虑自己的择业要求，要求用人单位十全十美，对工资待遇、住房、地理位置、工作环境无不考虑，却忽视了单位能否接纳自己，往往把“工作条件好、经济收入高、社会地位高”作为择业目标。某些大学毕业生走出校门时往往踌躇满志、心比天高，认为参加工作就是要干一番大事业，而不愿脚踏实地地从日常平凡工作做起；如有的单位准备先让同学到基层锻炼两年再调回机关工作，之前跃跃欲试的同学立即就心灰意冷、犹豫不决了。一部分毕业生，特别是一部分从所学专业到自身条件自我感觉良好的毕业生往往用一种错误的方式方法处理就业问题——他们从不急于与用人单位签订就业协议，而是一拖再拖，目的是为了能落实一个自己认为各方面条件十分完美的单位，但结果常常是事与愿违。正所谓“不积跬步，无以至千里；不积小流，无以成江河”，没有充分的从日常平凡的工作岗位干起的思想准备，很难在日后的工作中有所作为。

（二）被动依赖心理

一些大学生由于缺乏必要的心理素质的培养和基本的自理自立能力的锻炼，致使他们养成强烈的依赖心理，在择业过程中往往缺乏独立自主性、主动性和计划性，在就业机会面前顾虑重重，不知所措，只是一味地依赖学校的联系，听从家长的安排。

（三）择业从众心理

由于缺乏择业主动性，缺乏对现实就业市场和政策的充分了解，缺乏对就业信息的主动收集与分析判断，对自己的职业目标、需要、价值观以及自身特点等没有明确认识，在就业时不能正视自己的能力、素质和择业的客观环境，“跟着感觉走”而盲目从众。

（四）自负心理

部分毕业生或因所学专业比较紧俏，或因自身就读于名牌学府，或因自己无论专业学习还是综合素质都高人一筹，从而滋生出一种藐视一切、目空天下、高人一等的极端自负心理。有些大学生往往对自己估计过高，自认为超群拔萃，高人一等，傲慢自大，目空一切。他们在与用人单位洽谈时，往往表现出一种“舍我其谁”的态度。有的大学生被专业对口、工作条件不错的单位看中，但却不屑一顾，挑三拣四，看不起这个部门，瞧不起那个岗位。殊不知，用人单位对这种学生往往很是忌惮，大多“退避三舍”。严重脱离实际，以幻想代替现实，使自己的求职目标和现实产生极大的反差。当面对现实时，往往情绪一落千丈，产生孤独、失落、烦躁、抑郁等心理现象。

（五）自卑心理

与自负相反，自卑心理表现为对自身的能力和素质评价过低。在竞争激烈的求职场上，因所学专业较偏或因求职屡屡受挫，产生强烈的自卑感，进而转化为自卑心理，不敢充分展示自我，缺乏大胆尝试、积极参与竞争的勇气，从而错失就业良机。过度的自卑，还会产生精神不振、心理扭曲、沮丧、孤寂、脆弱等心理现象，久而久之还可能导致自卑型人格的形成。

（六）实利主义

部分毕业生择业时片面追求实惠，过于看重工资收入、住房待遇，而对自己所学专业是否与所用对口，是否能发挥自己的特长则考虑得较少。他们图的是生活安逸，工作没有压力。须知，随着我国市场经济的发展，行业之间、人与人之间的竞争也已越来越激烈。那种存在不思进取、只图安乐享受想法的人，注定要被社会淘汰。此外，直面现实需要理性的分析，工资收入、住房待遇等的高低并不是体现求职者自身价值大小的唯一衡量标准，大学生在择业中也没必要对其过分关注。有关调研结果表明，职业发展已

成为驱动员工敬业度的首要因素，职工对自己的职业发展已经超过了对薪酬的关注度。因此大学生择业过程中应该顺势而为，调整“收入第一”的观念，转而关注单位的发展潜力，关注自己在单位的发展前途。

第三节 大学生就业心理的调适

一、大学生就业心理的影响因素

严峻的就业形势和激烈的就业竞争致使当代大学生出现抑郁、焦虑等一系列心理问题，这种状况必将严重影响他们的生活和就业，为解决大学生就业心理问题困扰，综合以往研究我们认为影响大学生就业心理的因素主要有以下几个方面的因素。

（一）相关法律制度不健全

帮助和促进大学生就业的法律制度不完善，影响了大学生的正常就业。当前，政府重视经济的发展而忽视人力资源产品的供给，致使经济增长和就业岗位增长不同步，忽视了就业岗位的创造，以致大学生就业供过于求。而且大学生就业利益得不到保障，虽然《劳动法》，以及刚制定的《就业促进法》中一些条款涉及毕业生就业，但法律具体条款、细则过于笼统，如大学生就业过程出现的歧视现象概括不全面。同时，由于政府的就业政策由国家包办转轨到以市场为导向，而在转轨的过程中，由于责任不明确不清晰，政府往往逃避和推卸责任，把就业问题推向了市场。

政府责任的越位则表现为在大学生就业过程中，对于不该履行的职责、不在管辖范围的事做了。比如政府与高校之间，政府仍控制着大学的招生权、专业设置权，从而影响了高校根据市场调节供需的功能；有些政府出台地方保护主义政策，在选人用人方面限定生源地、性别、外语语种等人为障碍，如上海市曾出台严格控制非上海生源大学生留沪的规定，这些硬性规定限制了毕业生自由选择的权利，也侵害了用人单位的用人自主权。

（二）社会保障不完善

我国劳动力市场有主要劳动力市场和次要劳动力市场之分，在经济发达地区，社会保障体系起步早，受重视，已发展得相对成熟、完善，相形之下，在经济落后地区，社会保障力度和水平也是明显落后的。我国现阶段的社会保障体系还相当薄弱。国家劳动和社会保障部门公布的养老保险基金缺口巨大，医疗保险支付额度使许多参保对象仍然无力承担高昂的医疗费用，失业保险、工伤保险、生育保险等险种都还处于起步阶段，理赔能力十分有限。更关键的是，基本社会保险的覆盖面相对于我国庞大的就业群体而言非常微弱，一部分劳动力无法享受任何社会保障。社会保障水平的地区差异促成了大学生就业“一边倒”的现象，如大学生热衷于往党政机关、事业单位和国有大型企业挤，因为这些单位能提供较好的社会福利保障。如今，当公务员就意味着端上了铁饭碗，事业单位和国企的社会保障比较健全、规范，在很大程度上符合了中国人“求稳”的生存心态。因此，有学者指出，大学生就业出现的体制性矛盾理应由劳动保障部门埋单，教育部门反而过多地承载了舆论的批评和指责。

（三）就业环境欠佳，信息不完善

由于我国人事制度改革相对滞后，很多地方录用大学生有户口、用人指标的限制，而企业的用人自主权还不能落实；有些毕业生出地区、出系统要交费；一些毕业生就业市场的供需见面会对招聘单位审查不严，学生要买票参会，效率低、成效差。很多单位用人观念不切实际，盲目要求高学历、名牌大学学生，要求有实际工作经验的学生；有的单位甚至拒绝接收非名牌大学生、专科生、女毕业生；还有的单位拒绝招收外地生源等。这些给大学生就业造成很大不良影响和心理压力。另外，就业信息的流通渠道缺少统一的互联网信息发布平台，信息化管理手段得不到充分利用。高校之间各自为战，没有形成统一的联盟，大学生就业市场仍然是分散、闭塞的。

（四）用人单位的因素

随着国内大学生就业市场由“卖方市场”转向“买方市场”，有些用人单位盲目提高用人标准。陈俊在研究中说明了在求职过程中用人单位追求的名牌效应，名牌学校的毕业生会是招聘单位的首选，这是一个不能忽视的问题。增加就业市场需求和鼓励大学生自主创业，一直是各国政府主要实施的就业市场政策。美国、英国、日本三个国家虽然在促进大学生就业政策方面各有特色，但是都着眼于发挥私人部门、政府、高校及学生个人的优势，通过改进市场机制、改革教育体系、强化职业指导和刺激创业活动等方式，有效地推动了大学生就业工作的开展。

（五）就业指导机制不健全

当前就业指导中存在以下问题：一是对指导认识不到位。认为就业指导的对象就是即将毕业的大四学生，到毕业时才开就业指导课；指导教师局限于就业中心工作人员，缺乏广泛动员。二是指导机构不健全。没有成立专门的就业指导机构，工作由分管学生工作的领导和工作人员兼任，甚至有些高校校级就业指导和服务机构还与招生或学生工作合并办公，不少高校没有专门的就业活动场地等。三是就业知识内容指导不到位。很多学校以为就业指导的内容主要是签合同时盖盖章，向学生发布就业信息，组织供需见面会等，形式单一、内容简单、指导仅限于在毕业班开设就业指导课，偶尔开设几次就业讲座或设个就业咨询，就业指导课程建设及专业师资几乎为零。

（六）家庭因素的影响

家庭是一个人成长的摇篮，我们的人格、为人处事的方式、语言、行为习惯都是在这里养成的，出现问题的时候，往往根源也在于此。“学而优则仕”的观念一直都是造成就业难现状的原因之一。绝大多数家长仍抱着老观念不放，把自己的希望和整个家族的荣辱寄托在子女身上，认为子女读了大学，就理所当然当国家干部，就应该找到一份

轻松、体面、待遇又好的工作。父母对子女的期望过高也会让子女产生很大的心理压力。而家庭经济状况，影响着大学生现代就业意识的生成。实证研究验证：家庭经济状况良好的大学生在就业心理观念、就业能力、就业压力等问题上均显著的好于经济状况中等和较差的大学生。来自农村的学生比来自城市，尤其是比家庭富裕的学生更为关注职业的经济收入问题，而家庭富裕学生比农村学生对职业的轻松程度关注的略多一些。另外，父母的教育水平和职业也会子女产生影响，研究发现教育水平低的父母往往更看重孩子职业选择的经济收入。如在普遍受教育程度水平低的农村，他们对职业的经济条件往往最为看重。同时，如果父母的受教育水平低的话，他们普遍希望子女能获取较高的学历。有时子女由于家庭环境的熏陶往往会选择与父母相同或相近的职业，有时却会拒绝父母的职业道路。这种影响在大多数情况下是通过家庭生活的长期熏染，逐步向子女渗透的。

（七）个体就业观的影响

就业观，即对什么是就业、到哪里就业，以及怎样解决就业的认识观念。廖君华在有关就业观的研究中指出：大学生对就业形势认识不明确，就业意识淡薄，就业期望过高，普遍存在从众心理，创业意识淡薄。在人们的传统意识中，大学毕业生被人羡慕、尊重，甚至是被社会推崇的有着优越感的精英人才。这种观念多年来严重地影响着大学生们的就业观。甚至到今天，仍有少部分学生还抱着这种残余的思想。杜刚关于就业力的研究表明，大学生的就业观与社会需要错位；大学生缺乏自主和互动等核心能力；职业成熟度比较低。

目前，大学毕业生就业观念中的误区主要集中在以下几个方面：（1）从就业的空间看，认为就业应到大城市就业；（2）从就业的时间看，有些大学生存在着“从一而终”“一劳永逸”的观念；（3）从就业方式途径看，有些大学生存在着“等、靠、要”的依赖思想；（4）从就业的环境看，有的大学生只愿意在环境好的单位工作；（5）从就业岗位看，由于工作岗位不同，工作职责不同，有些大学生只愿到工作重要并有一定职位和权利的单位工作；（6）从就业报酬看，一些大学生只愿到工作报酬高的单位就业；（7）从某些大学生的就业心态来看，存在着一些心理障碍，一是畏难情绪，二是极端化心理。因此，大学生要解决就业问题，首先要指导大学生树立正确的就业观念。

二、大学生就业心理的调适

就业本身是大学生认识和适应社会的一个过程，在求职过程中遇到困难甚至经过几次挫折才成功是正常的；在就业中遇到许多心理冲突、困惑，产生一些不良情绪也是不可避免的，没有必要过度担心，关键是对于这些不良心态如何在主观和客观方面进行调适。

（一）接受客观现实，调整就业期望值

就业市场化、自主择业给大学生带来了机遇与实惠，但许多大学生对“市场”残酷的一面认识不足，对就业市场的客观实际了解不够。经过对就业市场、就业形势的客观

了解与深刻体验后，我们必须明白现实情况就是如此，无论是抱怨还是气愤都没有用，这种就业情况不可能是一时半会儿就能改变的。与其成天怨天尤人，浪费了时间、影响了自己心情，还不如勇敢地承认和接受当前所面临的现实，彻底打破以往的美好想象，脚踏实地地寻求解决问题的好办法。

在就业市场上的用人单位找不到人、大量的毕业生无处去的“错位”现象普遍存在，这是因为大学生的就业期望普遍较高的缘故。因此，要顺利就业就必须首先根据自己的实际情况和就业形势，调整自己的就业期望值。调整就业期望值不是对单位没有选择，只要有单位就去，而是要在职业生涯规划和职业发展观念的基础上重新确定自己的人生轨迹。这就是说要树立长远的职业发展观念，放弃过去那种择业就是“一次到位”，要求绝对安稳的观念。要知道现在再好的单位，将来也有下岗的可能，因此，在择业时要看得长远一些，学会规划自己整个人生的职业生涯。在当前获得一个理想职业的时机还不成熟时，应采取“先就业，后择业，再创业”的办法。也就是说，在择业时不要期望太高，可以先选择一个职业，不断提高自己的社会生存能力，增加工作经验，然后再凭借自己的努力，通过正当的职业流动，来逐步实现自我价值。许多大学生不愿意去经济落后的地区工作，可是随着西部大开发的进行，西部地区将成为经济发展的热点，也将给大学生们提供更多的发展机会，因此抢先到这样的地区去工作可能会更有利于自己的职业发展，取得事业的成功。

（二）充分认识职业价值，树立合理的职业价值观

传统认为人们工作就是为了满足生存需要，但是对于现代社会的人来说，职业对个体的意义已经远不是如此简单，职业可以满足人们从低层次到高层次的多方面需要。如最近有人对职业价值结构进行初步研究，发现了交往、义利、挑战、环境、权利、成就、创造、求新、归属、责任、自认 11 个类别的因子。因此，职业的价值是丰富的，我们要充分认识到职业对个体发展、社会进步所起到的重要作用。

在择业时不能只考虑工作的经济收入、工作条件、地点等因素，更要考虑职业对自我一生发展的影响与作用，应看重职业能否帮助实现自我价值。因此，要在考察社会需要的基础上，树立重自我职业发展、才能发挥、事业成功的职业价值观。对于那些虽然现在工作条件不怎么样，但发展空间大，能让自己充分发挥作用的单位要优先考虑；对于那些现在经济发展水平不太高，但发展潜力大，创业机会多的工作地点也要重视。总之，盲目到一些表面上看来不错，但不适合自己，自己才能不能得到有效发挥的单位去工作，是不会让自己的满意的。与其将来后悔，不如现在就改变自己，建立适应我国当前市场经济发展、人才需求规律的合理的职业价值观，以指导自己正确择业。

（三）认识与接受职业自我，主动捕捉机遇

大学生就业中的许多心理困扰都与大学生不能正确认识和接受职业自我有关，因此正确地认识自我的职业心理特点并接受自我，是调节就业心理的重要途径，并可以帮助自己找到合适自己的职业方向。要知道自己喜欢什么样的职业、需要什么样的职业、自己的择业标准以及依自己目前的能力能干什么样的工作，这样才能知道什么样的工作更

适合自己。许多同学通过亲身的求职活动后就会发现自己的能力与水平并不像自己以前想象的那么高，并容易出现各种失望、悲观、不满情绪。因此在认识自我特点后还要接受自我，对自我当前存在的问题不能一味抱怨，也没有必要自卑，因为自己当前的特点是客观现实，在毕业期间要有大的改变是不可能的，因此要承认自己的现状，学会扬长避短。另外，要用发展的观点来看待自己，要知道有些缺点并不可怕，可以先就业然后在工作岗位上不断发展自己。

大学生就业中的机遇因素也是非常重要的，因此了解并接受了自我特点以后，还要学会抓住属于自己的机遇，这样才能保证以后的求职顺利。要抓住机遇首先必须要多收集有关的职业信息，多参加一些招聘会，并根据已定的择业标准进行选择。需要注意的是机遇并不是对任何人都适用的。一份工作的好与不好，是相对的，对别人合适的，对自己不一定合适，因此一定不能盲从；要时时记住，只有合适自己的才是最好的。最后要注意机遇的时效性，在发现就业机会时要主动出击，不能犹豫，也不要害怕失败，应有敢试敢闯的精神。

(四) 坦然面对就业挫折，提高心理承受力

面对市场竞争、就业压力，大学生的求职总会遇到许多困难、挫折甚至是委屈，如一些专业“热门”，有些则“冷门”；又如女大学生找工作容易受到歧视等。面对这些问题仅抱怨是没有用的，更重要的是调整自我心态，提高自己对各种突发事件的心理承受能力。其实，就业的过程也是大学生重新认识自我、认识社会，并主动调整自我适应社会的过程。如果能通过求职而增强自我心理调节与承受能力，对大学生今后的职业生活都是非常有用的。

在求职中遇到挫折时，要用冷静和坦然的态度待之，客观地分析自己失败的原因，进行正确的归因。首先，在就业市场化、需求形势不佳、就业竞争激烈的条件下，出现求职失败是在所难免的，不能期望自己每次求职都能成功。要对可能出现的求职挫折有充分的心理准备。同时，应把就业看作一个很好的认识社会、认识职业生活、适应社会的机会，应通过求职活动来发展自己，促进自我成熟，因此“不以成败论英雄”。其次，自己求职失败并不一定就是因为自己的能力不行。出现求职失败有许多原因，可能是因为自己选择求职单位的方向不对，也可能是因为自己的价值观与单位的企业文化不符合，还有可能是其他一些偶然因素。总之，要正确分析自己失败的原因，调整自己的求职策略，学会安慰自己，以便在下次的求职中获得成功。

(五) 调整就业心态，促进人格完善

在求职时，自己或身边的同学出现一些不健康的心态是正常的，没有必要过度担心、害怕自己有心理障碍。当然对于这些不良心态也要学会主动调适，必要时还可以寻求有关心理专家的帮助。进行自我心理调适的方法有很多，首先，可以进行积极的自我心理暗示，鼓励自己、相信自己，帮助自己渡过难关。其次，可以向朋友、老师倾诉，寻求他们的安慰与支持。最后，还可以通过体育锻炼、听音乐、郊游等方式转移自己的注意力，排解心中的烦闷，放松自己的心情。

通过对自己在就业时出现的各种不良心态的分析，可以发现自己平时不容易察觉的一些人格缺陷。应该说这些人格缺陷是产生这种就业心理问题的根本原因，如果现在没有很好地完善自己的人格，那么这些问题还会在今后的工作、生活中继续带来困扰。因此，有关问题其实是暴露得越早越好，同时也不必为自己所存在的人格缺陷而懊恼，因为很少有人是绝对的人格健全的，关键是要在发现自己的问题的基础上，积极改变自己、发展自己，使自己的人格更加成熟，使自己将来的人生道路更顺利。

（六）开拓进取，勇于创业

大学生是有理想、有抱负、有创新精神、敢作敢为的青年先锋。因此大学生要有自主创业的打算，这既可以在毕业后马上实现，也可以通过一定的社会积累后再实行。大学生们一定要有开拓自己事业的信心与勇气。当前的一些大学生创业公司虽然遇到了一些困难，但也有相当成功的案例。大学生创业肯定是值得鼓励的，关键是要有准确的观念与思路，要对自己有一个合理的规划与定位，要与有市场经验的人合作，要摆脱学生公司的意识，要进行科学化、职业化的管理。

第四节　大学生择业就业心理之拓展训练

一、心理训练

（一）“我的职业生涯规划”

对于大学生来说，就业前就应该预先设计好自己的理想与规划，否则就会缺少准备，缺少目标和方向。生涯规划就像手中的棋盘，作为下棋的人，不能在举棋不定时才想起观察与预判的重要性，要下好一盘棋，就应该把每一步都进行设计，最终实现自己的目标。

请你将理想的职业生涯制成一份表格（表 10-1），其中每一项都至少包含两个方面的内容：其一是对各项词条的畅想描述；其二是如此畅想描述的理由。每项字数最好控制在 200 字以内。

表 10-1　职业生涯

理想的职业生涯要素	畅想描述	理由
职业种类、性质		
职务、职位		
日常工作状况、方式、内容		
工作地点、环境		
工资待遇、社会地位		

续表

理想的职业生涯要素	畅想描述	理由
工作伙伴		
职业发展前景		
职业的社会价值		
所需技能、专业		

（二）目标探索

1. 活动目的

通过该活动，让学生发掘大学应该完成的发展目标，从而激发学生的行动力。

2. 活动步骤

你是否发现了未来的职业发展和大学需要提高的能力之间的关系？请你把你的想法和理由尽可能多地写出来。

关系：____；

理由：____。

（1）在大学，我要努力完成的发展目标是____________________；

原因是____。

（2）我觉得完成该目标的困难是____________________；

调节的方法是____。

可以尽可能多地写出大学期间要努力完成的多项发展目标。之后，分组讨论目标的异同及理由的异同。

（三）"我的未来不是梦"

1. 活动目的

通过活动，帮助同学们设立自己的人生目标。让学生意识到设立人生目标的重要性；学生对自己未来生活有初步的规划和目标；改变学生现有的某些行为和习惯，为实现目标打好基础。

2. 活动材料

白纸，笔。

3. 活动过程

组织者准备一些有关于目标的故事，最好是可以比较的，如一个人没有目标时很迷茫，有目标时充满动力。让同学们根据故事判定自己是不是有目标的人。

（1）描绘自己目前的情况。将一张白纸画出平行且相等的四块地方，在最左端将自己现在的学习情况、家庭情况、兴趣爱好、人际关系等写上。

（2）对未来生活进行憧憬。憧憬自己的未来，如未来职业、家庭情况、社会生活、学习情况、人际关系等，并做一个详细的规划，写在另一张白纸的中间。

(3) 画出自己的未来之路。在原来写有自己目前情况的纸上开始新的工作。接着在第二块地方上针对自己所做的详细规划，做出 10 年后在各个方面的设想；在第三块地方写下自己在 20 年之后在各个方面的设想情况；第四块地方写 30 年后的生涯规划。最后，将四块地方用线条连接起来，形成自己的未来之路。

4. 活动评价

在活动中，形象生动地体现出学生的未来之路该如何走，这样让同学们制定了有关未来的目标规划，也让同学们知道了目标的重要性。有了方向，路会越走越远。

二、复习思考题

1. 通过对本章的学习，你感到有哪些心理因素影响你对职业的选择？
2. 你希望在即将毕业时，社会、学校、老师能给你提供什么样的帮助？
3. 如何调整心态，确立正确的择业心理？

参考文献

[1] 张金明，等．大学生心理健康教育［M］．北京：北京邮电大学出版社，2011.
[2] 马雁平，等．大学生心理健康教育［M］．吉林：吉林大学出版社，2011.
[3] 马振远．大学生心理健康教育［M］．吉林：吉林大学出版社，2012.
[4] 林少菊．DNA 心理密码探索［M］．湖南：湖南人民出版社，2014.
[5] 雷五明，等．大学生心理健康心理学［M］．北京：中国人民大学出版社，2010.
[6] 武绛玲．心理健康教育教程［M］．北京：北京师范大学出版社，2010.
[7] 刘晓明．大学生心理健康教育［M］．吉林：吉林大学出版社，2014.
[8] 中共辽宁省委高校工委，辽宁省教育厅．让快乐伴你成长（修订版）——大学生心理健康教育读本［M］．沈阳：辽宁大学出版社，2016.
[9] 马建青．大学生心理健康教程（第 2 版）［M］．杭州：浙江大学出版社，2015.
[10] 张金明，蒲文慧．大学生心理健康教育［M］．北京：北京邮电大学出版社，2011.
[11] 李明，邵璀菊．心灵方舟：大学生心理健康教育案例集［M］．北京：清华大学出版社，2013.
[12] 樊富珉，费俊峰．大学生心理健康十六讲［M］．北京：高等教育出版社，2013.
[13] 陈桂香．大学生心理健康教育［M］．北京：高等教育出版社，2013.
[14] 李汉华．大学生心理健康教育［M］．北京：北京理工大学出版社，2012.
[15] 潘彤光，赵金龙，等．高职学生心理健康教育［M］．北京：新华出版社，2014.
[16] 陈昉，王明娟．新编大学生心理健康教育［M］．北京：北京邮电大学出版社，2012.
[17] 李文．大学生心理健康［M］．天津：南开大学出版社，2012.
[18] 林琳，刘瑜，等．大学生心理健康教育［M］．西安：西安交通大学出版社，2014.
[19] 唐植文．当代大学生心理健康教程［M］．长春：东北师范大学出版社，2011.
[20] 俞国良．心理健康［M］．北京：高等教育出版社，2009.
[21] 赵红，于桂霞．大学生心理健康教育［M］．北京：现代教育出版社，2011.
[22] 张孝金．大学生心理健康教育［M］．北京：北京理工大学出版社，2012.
[23] 周虹．大学生心理健康教育实用教程［M］．镇江：江苏大学出版社，2016.
[24] 大学生职业生涯规划课题研究组．大学生职业生涯规划与职业素养［M］．北京：中央民族大学出版社，2014.

［25］何少庆，张婧，等．大学生职业生涯规划与就业创业指导［M］．北京：新华出版社，2014.

［26］周耀进，曾凡琪．职业素质修炼［M］．南京：南京大学出版社，2012.

［27］邱玥，陈恒．大学生就业，别慌！［N］．光明日报，2016-05-23（7）.

［28］刘春雷．当代大学生就业心理问题及其影响因素研究［D］．吉林大学，2010.

［29］耿晓颖．论大学生自我意识的完善与发展［D］．东北师范大学硕士毕业论文，2008.

［30］炎英．2017年应届毕业生就业数据统计及就业前景分析［EB/OL］［2016-12-12］．http：//www.yjbys.com/qiuzhizhinan/show-534412.html.

［31］2016年，各个专业上毕业生的就业分布数量是多少？［EB/OL］［2016-08-10］．http：//mt.sohu.com/20160810/n463557927.shtml.

［32］2017大学生就业形势严峻 毕业生逼近800万［EB/OL］［2017-01-09］．http：//www.dyhjw.com/gold/20170109-37882.html.